李泽厚话语

邓德隆 杨斌 编选

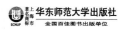

华东师范大学出版社
全国百佳图书出版单位

图书在版编目（CIP）数据

李泽厚话语 / 李泽厚著；邓德隆，杨斌编选 . —上海：
华东师范大学出版社，2014.4

ISBN 978 - 7 - 5675 - 2010 - 3

Ⅰ . ①李 ... Ⅱ . ①李 ... ②邓 ... ③杨 ...　Ⅲ . ①李泽厚—语录　Ⅳ . ① B262.5

中国版本图书馆 CIP 数据核字（2014）第 079291 号

李泽厚话语

著　　者	李泽厚	
编 选 者	邓德隆　杨　斌	
策划编辑	朱永通	
审读编辑	朱　颖	
封面设计	吴元瑛	
责任印制	殷艳红	

出版发行	华东师范大学出版社
社　　址	上海市中山北路 3663 号　邮编　200062
网　　址	www.ecnupress.com.cn
电　　话	021－60821666　行政传真　021－62572105
客服电话	021－62865537
邮购电话	021－62869887　地址　上海市中山北路 3663 号华东师范大学校内先锋路口
网　　店	http : //hdsdcbs.tmall.com/

印 刷 者	北京季蜂印刷有限公司
开　　本	700×1000　16 开
印　　张	18
插　　页	1
字　　数	270 千字
版　　次	2014 年 6 月第一版
印　　次	2014 年 6 月第一次
印　　数	6 100
书　　号	ISBN 978－7－5675－2010－3/G・7326
定　　价	39.80 元

出 版 人	朱杰人

（如发现本版图书有印订质量问题，请寄回本社市场部调换或电话 021-62865537 联系）

序一：中国的山水画有如西方的十字架

　　读过杨斌先生《李泽厚学术年谱》的人，都会为其执著于传播李泽厚先生思想的精神而感动。这很不容易，需要投入大量的时间与精力。随后，杨先生又在李老师的著作中摘编出一本集子——《李泽厚论教育·人生·美——献给中小学教师》，此书首印后马上加印，受此鼓励，杨先生再接再厉，于是有了这本新集子《李泽厚话语》。

　　交待这个背景，是要说明本书编者署我之名已是不妥，放在前面更是不实。杨先生执意要出，李老师坚决不干，我居中调停之后，李老师才答应，条件是要署我名，而且必须放在前面。因此我要对读者负全责，与李老师全无干系。为了能达成杨先生意愿，我只得答应下来。但摘编过程中的大量而具体工作，我干得很少，杨先生才是主要的编者。

　　读李老师的书十多年来，常有一种奇妙的体验，李老师著作中散落许多"一句顶一万句"（刘再复先生语）的话语，让我读后掩卷深思，浮想联翩。仅举一例，"中国的山水画有如西方的十字架"（《中国哲学如何登场？》）。我读到这句话就非常震撼。

先引我与安乐哲先生通信中的一段：

> 安先生，您一直以来立志要向西方传播中国哲学，我认为您的使命对世界（不只对中国）很重要。……学界谈儒家哲学或思想，学者们往往将之等同于古代。实则儒学一直处于消化吸纳外来思想后不断前行的动态之中。汉儒消化吸纳道法、阴阳家，宋明理学消化吸纳了佛家，李泽厚先生吸纳了康德、马克思、后现代、杜威等外来思想后，开出了第四期儒学，从而使儒学在全球化、大生产的时代，再获新的生命力——为人类的普遍性注入中国文化的独特性。在我看来，李泽厚先生对人类的贡献应是继康德之后的又一世界高峰。可惜学界像您这般有使命又识货的人太少，现在急需将李先生的著作译介出来。我相信"德不孤，必有邻"。

信中提到李老师消化吸纳康德、马克思、后现代、杜威，其实远未说全，比如基督教。这句"中国的山水画有如西方的十字架"就是消化吸纳了基督教两个世界的深邃传统，将之注入中国以追求平宁淡远为最高境界的文化之中，把中国文化原有的"生存不易"（未知生焉知死）及对天地宇宙的敬畏感通过转化性创造，大大强化提升了中国文化的悲剧性、深刻度、形上品格。改变、丰富、扩展了中国人的文化心理结构。使得中国文化在与基督教文化相遇时（这是儒学遇到的第四次挑战，也是最大的一次挑战），不但能将之包容进来，更在消化吸纳后，创造出另一种超越。并不需要神的拐杖，中国文化同样可以达至宗教高度，实现心境超越。又使中国文化不止于乐陶陶大团圆，而有更高更险的攀登，李老师说："使中国人的体验不止于人间，而求更高的超越；使人在无限宇宙和广漠自然面前的卑屈，可以相当于基督徒的面向上帝。"这不但让中国文化在遭遇基督教挑战后重获新生，更是为人类创造了一个诗意的栖居地，陀思妥耶夫斯基早就警告：如果上帝死了，人便什么事都干得出来。当脑科学发达到能解释，甚至复制宗教经验，从而打破"感性的神秘"之后，人类是否会如尼采一般发疯，或像后现代一般陷入虚无？或许第四期儒学设定的"理性的神秘"（物自体）将有望替代"感性的神秘"，成为人类新的心灵家园。"为人类的普遍性，注入中国文化的独特性"即此谓也。

读了这句话，你再稍微留意一下生活的环境，的确处处被山水画所包围，无论居家、办公、酒店、公共场所、私人会所，莫不如此。山水画就如西方的十字架一般无处不在。其"功能"即是把你带回到大自然当中，脱离俗尘，回归天地，与天合一，实现超越。尽管大多数人处于无意识甚至只是附庸风雅的装饰而已，但为什么出奇一致地要用山水画而不是其他什么来装饰，来附庸，可见这恰恰是文化心理结构的一种外化，虽然是集体无意识的外化。在这里有对宇宙自然的敬畏，所以人在山水画中非常细小（有此敬畏，"诗意栖居"的情本体才更丰富，更完美）。但不需要入黑暗，受苦难才能得救，而是当下即得，瞬间永恒的奇妙感受。甚至连这奇妙感受也不是必需，只要你在山水画中体悟天地之永恒，人生之短暂，宇宙之无垠，世事之有限，再大事功，再多苦难无非转瞬间的过眼云烟。"人生代代无穷已，江月年年只相似。不知江月待何人，但见长江送流水。"在这里并没有漠视生存的艰辛、生活的艰难，相反正因为生存不易，人世苦辛，才用山水画时时处处予以消解与慰安。"悲晨曦之易夕，感人生之长勤。"宋元以来，山水画在中国文化中一直就有这个生活支持与"人生解脱"的功用，但从没有谁这么明确、深刻地将无意识上升到自觉意识，更没人为之注入两个世界的基督教传统，从而升华其悲剧性格与形上品格……。近代以来，由于军事上的不断落败，经济上的巨大落差，使中国文化遭遇"二千年来未有之变局"。中国几代知识人在西方文化的冲击下，对中国文化陷入深深的自卑和绝望。其中基督教挑战最大。从第一代知识人的康有为立孔教，到第六代的"国父论"闹剧，都是试图模仿西方两个世界的传统，来"拯救"中国文化的"竞争力"，殊不知这恰恰丢弃了中国传统的神髓。其基本假设与集体无意识仍是"己不如人"的文化自卑。不少知识分子之所以接受，传播基督教或其他宗教，我以为与这种文化上的自卑感密切相关。因此，如何消化吸纳基督教，就构成了中国文化能否走进世界、焕发新生、重获自信的时代课题。

"看试手，补天裂"，李老师自觉承担起了这一历史使命。以"文王既没，文不在兹乎"、"吾非斯人之徒与而谁与"的气概与胆识，出色地开创了这一"为天地立心，为生民立命，为往圣继绝学，为万世开太平"的艰巨工作。以中国传统"天地之大德曰生"的"人类总体"解释、填补、替代柏拉图的"理式世界"，康德的"先验理性"，黑格尔的"绝对精神"，当然还有基督教的"上帝天国"。以"物自体"为情本体的最高实现，来替代上帝的圣爱。通读李老师作品，这一"野心"（消化吸纳基督教）昭然若揭。再举几例。

"宇宙本身就是上帝，就是那神圣性自身，它似乎端居在人间岁月和现实悲欢之上，却又在其中。人是有限的，人有各种过失和罪恶，从而人在情感上总追求归依或超脱。这一归依、超脱就可以是那不可知的宇宙存在的物自体，这就是天，是主，是神。这个神既可以是存在性的对象，也可以是境界性的自由，既可以是宗教信仰，也可以是美学享（感）受，也可以是两者的混杂或中和。"（《实用理性与乐感文化》）

"人生艰难，又无外力（上帝）依靠，纯赖自身努力，以参造化，合天人，由靠自身来树立起乐观主义，来艰难奋斗，延续生存。现代学人常批评中国传统不及西方悲观主义之深刻，殊不知西方传统有全知全能之上帝作背景，人虽渺小，但有依靠。中国既无此背景，只好奋力向前，自我肯定，似乎极度夸张至'与天地参'，实则因其一无依傍，悲苦艰辛，更大有过于有依靠者。中国思想应从此处着眼入手，才知'乐感文化'之强颜欢笑，百倍悲情之深刻所在。"（《论语今读》）

人生艰难，空而责有，纯赖自身努力，而生存，而生活，而立命，在使用一制造工具的合"度"的实践中获得美感，发现美的本质，掌握形式力量，实现自然的人化，这构成了人类生存的起点。同时这美感又可以替代宗教，甚至超越宗教，不仅精神超越，还有肉身的至乐，理性融化在感性之中，通过"以美启真"实现人的自由直观，"以美储善"实现人的自由意志，"以美立命"实现人的自由享受。从而人就不是机器也不是动物，真正实现康德提出的"人是目的"。（康德本身的"人是目的"有将人从神的统治中解放出来的巨大贡献，但仍止于启蒙与理性）成为人的最高实现与最终自由（人的自然化），可见美学既是人的起点，又是人的终点，这样美学就超越了伦理学而成了第一哲学。自康德以来伦理学替代认识论成为第一哲学，在伦理学的律令之下，人仍是知识权力话语下的"机器人"。仍是语言说人。人仍被置于必然王国之中，启蒙于现代之内。只有将美学设定为第一哲学，人才从语言、机器中解放出来，投身自由王国，从心所欲不逾矩，超越启蒙于现代。李老师说"美学是第一哲学，其终点是取代宗教，是以形式感对那不可知的'物自体'的归依和敬畏"。将美学推至第一哲学，以情本体为人的最高实现，将中国传统的"立于礼"（伦理学）推向"成于乐"（美学）实现转化性创造，这不但是李老师对中国思想的巨大贡献（应对了基督教的挑战），更是对世界哲学的巨大贡献，在世界哲学史上，必将产生划时代的影响，这就是我在致安乐哲先生信中所"预言"的"李泽厚先生对人类的贡献应是继康德之后的又一世界高峰"之意也。浮想至此，不觉文长，虽远未尽意，也只好开头就结尾，这句话蕴含的思想至少可以写一篇很有分量的博士论文。

类似的句子在李老师著作中俯拾即是：

对许多宗教来说，仰望上苍是超脱人世；对中国传统来说，仰望上苍，是缅怀人世。

生烦死畏，追求超越，此乃宗教；生烦死畏，不如无生，此乃佛家；生烦死畏，却顺事安人，深情感慨，此乃儒学……

昨日花开今日残，是在时间中的历史叙述，今日残花昨日开，是时间性的历史感伤，感伤的是对在时间中的历史审视，这就是对有限人生的审美超越……"逝者如斯夫，不舍昼夜"，孔老夫子这巨大的感伤就是对有限人生的审美超越，是时间性的巨大情本体，这本体给人以更大的生存力量。

佛知空而执空，道知空而戏空，儒知空却执有，一无所靠而奋力自强。深知人生的荒凉、虚幻、谬误却珍惜此生，投入世界，让情感本体使虚无消失，所以虽心空万物却执着顽强，洒脱空灵却进退有度。修身齐家，正心诚意，努力取得超越时间的心灵境界——这是否就是"孔颜乐处"？

字字珠玑，大有深意，也可大作文章，大加发挥，怎么不值得将之摘出，用以启悟有心之人呢？勉为序。

邓德隆

2014 年 3 月 5 日凌晨于宣城敬亭山度假村

序二：谁是李泽厚？

这本"话语"是在李泽厚先生不赞成、不看也不过问中编成的。为什么一定要坚持编这本书，其实说来话长。

十多年前，在易中天的随笔集《书生意气》里，第一次读到了下面的故事：

> 李泽厚已经不时髦了。2000年冬天，——也许正所谓"世纪末"吧，李泽厚应邀南下作客一家开在大学附近的民营书店。书店老板是个做事低调的人，对此并未大事张扬，只不过在店门口贴了一张不起眼的小告示，却也引得一群青年学子注目。他们兴高采烈地指指点点奔走相告：太好了！李泽楷要来了！

接下来，是易中天一番意气风发淋漓酣畅的议论，分"缘起""机遇""魅力""意义""历程""末路"，对李泽厚做了一次所谓全面"盘点"。那时，易中天还没有上过"百家讲坛"，其人其书远没有后来那样红火，但我还是毫不犹豫地买下了这本《书生意气》，吸引我的不是别的，正是这一番洋洋洒洒近二万言的"盘点"。多年来，我已经养成了不放过任何涉及李泽厚的阅读习惯。仔细读下来，平心而论，易中天对李氏哲学、美学、思想史等诸多学术成就以及世道人心的剖析评述，分寸拿捏大体还算准确到位，其娓娓道来如数家珍，的确也显示出其不俗学养和非凡才情。尽管易中天也说，听到上面这个真实的"笑话"时有些笑不起来，甚至，在那一瞬间，还感到了世事的苍凉，似乎表现出对李先生的无限同情和深刻理解；但是，掩卷之余，总有一个印象挥之不去，那就是多多少少还是有点近乎黑色幽默。

这个故事，后来流传甚广曾被多处引用，我就不止一次两次地看到过。后来，在写作《李泽厚学术年谱》过程中，我和李先生有过多次交谈。我曾就此问过李先生，他说："这是我一位香港朋友编撰的，并无其事，但很真实，因为我已过时了。"但说也奇怪，就这么一位"过时人物"的名字和书，却日甚一日地重又红火了起来：出版于 1998 年前后的《世纪新梦》《论语今读》《己卯五说》一印再印；新作也是一本接着一本，《历史本体论》《人类学历史本体论》《李泽厚集》（10 卷本）《哲学纲要》《伦理学纲要》《该中国哲学登场了？》《中国哲学如何登场？》《回应桑德尔及其他》；尤其是，李泽厚体大思精的"人类学历史本体论"哲学思想，内涵日渐丰富，思路愈益清晰，在国内外学术界的影响也与日俱增。

2009 年，由著名哲学家 Constantin V. Boundas 主编的《哥伦比亚二十世纪哲学指南》由哥伦比亚大学出版社出版，这是一部面向哲学研究者和研究生的权威性著作，其中中国哲学章节共收入九位哲学家，作者安乐哲将其分为两类，第一类包括梁漱溟、牟宗三、冯友兰等七位新儒家，第二类"马克思主义的改革者"仅收毛泽东和李泽厚两位，而且先以整整两页文字评述李泽厚，在全文所介绍的九位中国哲学家中所用篇幅最长。（参见《二十世纪哲学指南中的李泽厚》，《中华读书报》2013 年 12 月 11 日）同样值得一说的是《诺顿理论和批评选集》，这是一本甄选、介绍、评注从古典时期至现当代世界各国批评理论、文学理论的权威性著作，所入选的篇章皆出自公认的、有定评的、最有影响力的杰出哲学家、理论家和批评家。2010 年此书出第二版，共收入一百四十八位作者的一百八十五篇作品，始于古希腊的柏拉图、亚里士多德，号称"最全面深广"、"最丰富多彩"的选本，将成为理论和批评的"黄金标准"。编者在"前言"的开头自豪地宣称，第二版的最重要新特色之一是选入四位非西方学者的著作，其中就包括中国的李

泽厚。(参见《走向世界的李泽厚》,《读书》2010 年第 11 期)

诚然,那个误把李泽厚当作李泽楷的故事也不完全是空穴来风。1990 年代整整十年,李泽厚在国内主流媒体的确是被全面"冷藏",哲人的声音似乎是完全消失了! 在这个十年里成长起来的大学生只知李泽楷而不知李泽厚也就不足为奇。即使是进入新世纪,李泽厚的学术研究已然跃进了一个全新境界,但是再也没有重现 1980 年代"凡有井水处即能歌柳词"的繁华景象。那时候,几乎每个文科大学生宿舍都能找到李泽厚的《美的历程》,甚至有人说那一拨人就是"读朦胧诗和李泽厚长大的一代"。于是难免有人有世事沧桑白云苍狗之叹。

其实,真正的智者总是走在时间的前面;真正有力量的思想总是引领时代,尤其是在波谲云诡价值混乱的社会大变革时期。1980 年代的李泽厚,曾在哲学、美学、思想史三个领域刮起思想旋风,鳌头先占,风骚独领;1990 年代,浪迹天涯的李泽厚,看似远离国内学术中心,在科罗拉多高原上悠闲散步,其实,那与其说是"退隐",不如说是"迂回",他那犀利而温情的目光,一刻也没有离开过中华故园,没有离开正在深刻转型、急剧变革的中国社会。《世纪新梦》中的一篇篇长文短论,无不聚焦一点:在中国向着现代化目标高歌猛进的伟大历史进程中,人,如何自处? 如何生存? 如何不再是冷冰冰的数字,而寻找到自己的精神家园? 用李泽厚的话说,就是"伦理主义与历史主义的二律背反将来是否可能在这里获得某种和解"? 在关注现代化语境下人的个体命运的同时,李泽厚思想触角还一如既往地伸向家国天下:如何圆一场中华民族的世纪新梦? 呼啸奔驰着的现代化列车如何与传统的民族文化根基和谐共振? 为此,李泽厚开始了他的思想和文化寻根,《论语今读》的崭新诠释正是他的寻根心得,努力从古老的民族智慧土壤中生长出现代文明之芽,李泽厚谓之曰"转化性创造"。进入新世纪,李泽厚进入了又一个学术创造高峰。如前所述,他已赫然成为 20 世纪中国学术走进世界的标志性人物。在李泽厚的思想词典里,单单由李泽厚创造并且为学术界认可、充满理性光辉和逻辑魅力的学术概念就有近 20 个之多,诸如已经广为人知的"积淀"、"文化心理结构"、"人的自然化"、"西体中用"、"实用理性"、"乐感文化"、"儒道互补"、"儒法互用"、"历史主义与伦理主义的二律背反"、"情本体"、"社会发展四顺序",等等。哲学的使命是唤醒,思想的价值在启迪,这也许就是哲人的魅力!

不同于 1980 年代李泽厚风靡大学校园，此时的李泽厚却是在民间流行，而且，读者年龄和职业的覆盖面很广。既有 1980 年代的大学毕业生，带着深深的怀旧情绪从李泽厚那里重温往昔激情，也有 1990 年代以及之后的迷茫学子，面对乱花迷眼的社会现实，从李泽厚那里寻找生活、工作以及社会人生的答案；既有干部、教师，也有军人、学生，甚至包括商界人士（譬如本书的另一位编者邓先生），而且往往在相互信任的人之间口口相传，有老师影响学生，有同学劝勉同学。大家就这样不声不响悄悄地读着，层次不同但一样深爱，角度有异而各取所需，都能从中汲取到思想营养和人生智慧，乃至透视纷繁世相寻找生活慰藉的能力。

我自己还曾不止一次经历过这样的事。两个朝夕相处的同事，双方无话不谈，还曾一起出过差，有过不止一次的促膝交谈，但是，三五个甚或六七个寒暑下来，竟然都不知对方也是李泽厚的"铁杆粉丝"。直到有一天，这一层窗户纸被偶然地捅破，才恍然如人生初见，于茫茫人海中觅得知己，从此，在各自心灵深处，油然获得一种情感、志趣甚或人格的高度认同。如同列宁在《欧仁·鲍狄埃》一文中的经典言说："一个有觉悟的工人，不管他来到哪个国家，不管命运把他抛到哪里，不管他怎样感到自己是异邦人，言语不通，举目无亲，远离祖国，——他都可以凭《国际歌》的熟悉的曲调，给自己找到同志和朋友。"于是，热爱李泽厚，在这里成了一种精神密码，一座心灵互通之桥。

三年前，我曾编选过一本《李泽厚论教育·人生·美——献给中小学教师》，在该书"后记"中，我比较详细地回顾了自己多年沉浸于李泽厚中所获得的教益和惠泽。一位曾经在同一教研组共事的朋友给我打来电话，告诉我，他也是读着李泽厚成长起来的，也是从李泽厚那里获得极大的帮助，我的体会也正是他的感受。而在这之前，我们之间从来没有说起过彼此的这一阅读经历，更谈不上交流阅读体会了；尽管我们曾经是一个教研组的同事，尽管我们分开后还一直保持比较密切的联系。也许，如果不是读了我的这篇"后记"，我们就这么一直非常熟悉地"陌生着"。我不知道，在我们身边，还有多少这样熟悉的"陌生人"。一位朋友告诉我，他在商务印书馆买书，店员看他专在挑李泽厚的书，于是主动和他攀谈起来，一开口就滔滔不绝，对李泽厚的熟悉程度令我的这位朋友大吃一惊。

由此，我想到了一句古老的格言：学在民间。它可能包含两层意思：其一，真正的学问，特别是原创性的思想与学术，都是在民间萌生，也只能出自民间，而不大可能来自喧嚣势利的庙堂。其二，只有在民间流行的思想才是真正有力量的思想，老百姓不认同的思想不可能有恒久生命力。纵然权势力撑，或者还有豪华包装可以赢得一时风光，但终将在时间的淘洗中败下阵来，"总被雨打风吹去"；真正的风流，却是"吹尽狂沙始到金"。真正的思想者是不会寂寞的，因为它深深植根于民间这片希望的田野，也在温暖的民间找到自己的知音。这样的例子不胜枚举：从度关西去、自我放逐的老聃，到周游列国、栖栖遑遑的孔子，从终生隐居、足不出哥尼斯堡小城门户的康德，到远离故土、平生常与饥饿相伴的马克思……古今中外，概莫能外。江湖之远是思想的温床，民间立场是哲人的生命。

李泽厚之所以在民间流行，当然首先因为其哲学的深刻与高度，因为其思想的深邃与成熟，同时，也因为其独特的文风，因为其清新活泼珠圆玉润一般的文字。尤其是对于从"文革"走出来的那些饱受思想贫乏和假大空言语之苦的一代人。作者那睿智思想、优美文笔和平实态度的完美统一，曾为许多人所赞叹和玩味不已。作为当代著名学者，李泽厚的文字表达了对理论和现实中许多问题的思考，这种思考迸发出的思想火花往往十分耀眼；而这种深邃思想的表达，却又没有半点装腔作势、故弄玄虚，功力深厚而举重若轻，绚烂之极而归于平淡。著名文论家刘再复对李泽厚的文风也曾给予极高评价。刘再复认为李泽厚的文章是"学问"、"思想"、"文采"三者统一的范例："人文科学似乎无需文采，但是他的《美的历程》《华夏美学》的历史论述，却那么富有诗意，客观历史与主观感受乃至人生慨叹那么相融相契，这不能不说是一种人文异象。"其实，岂止是这两本谈美学的书，李泽厚所有著作都具备了学问、思想和文采的统一，即便只是一两百字的小序，也总是写得情理交融，饱满丰润，哲理与诗情交融，朴实与蕴藉同在，读来有清风扑面沁人心脾之感。我自己的体会是，读着那一篇篇或长或短、挥洒自如的文字，犹如和一位长于思辨的智者聊天，如坐春风，不经意间，时时感受到思想（动词!）的愉快和幸福。有人说，语言特别能体现一个人的质量、品格与气象。你一张口就暴露了你是谁，想瞒都瞒不住。诚哉斯言！这大概就是中国传统文论中的经典之谈：文如其人！对于诚实的写作者而言，文章即人。李泽厚的文章堪称是思想和文字完美统一的典范。一曰思想，一曰文字：这其实也正构成了本书选编的标准和原则。悬鹄若此，其实若何？知我罪我，唯唯否否。

1986 年，李泽厚在《中国现代思想史论·后记》中曾说过一段意味深长的话，他认为，在中国近百年六代知识者的思想旅程中，康有为、鲁迅、毛泽东是最重要的三位；但是，他们还不是世界性的大思想家。他们作品内容的深度和广度还不够用这种世界性的尺度来衡量，还不能产生真正世界性的巨大影响。因为当时的中国还没有走进世界。"因此，当中国作为伟大民族真正走进了世界，当世界各处都感受到它的存在影响的时候，正如英国产生莎士比亚、休谟、拜伦，法国产生了笛卡尔、帕斯噶、巴尔扎克，德国产生了康德、歌德、马克思、海德格尔，俄国产生了托尔斯泰、陀思妥耶夫斯基一样，中国也将有它的世界性的思想巨人和文学巨人出现。这大概要到下个世纪了。"弹指一挥间，三十年过去了！可能令李泽厚本人也没有想到的是：随着改革开放给中国带来的历史性变化，随着中国作为伟大民族走进世界的巨人般的脚步，这位声言只愿"为明天的欢欣而努力铺路"同时又执著地"走我自己的路"的孤独思想者，却以哲学、美学领域思想巨人的形象昂然走进了世界！当然，同样重要（也许更为重要）的是，也同时在自己民族的民间深深扎下了根，播下了思想的种子。如果说，是改革开放的伟大时代催生了李泽厚这一思想巨人，那么，李泽厚思想也必将对中国现代化的伟大历史进程产生更为深远和巨大的影响。历史已经证明并且还将继续证明这一点。

　　李泽厚是谁？时间已经作出说明，并且还将继续作出更为精辟的说明。

杨　斌

2014 年 2 月于苏州

目录
CONTENTS

卷一 人生

人活着，就有梦

1

　　总之，时代已走向多元，下个世纪更是多元的世界。在多元和解构中，我提出的三个问题是：（一）还可不可以允许有关于明天的梦想？（二）这个梦想可不可以不再是这个世纪的乌托邦社会工程而是心理工程，即关于人性、心理、情感的探索，从而把教育学放在首位？（三）从而，东方和中国的传统可不可以在这方面作出贡献？

　　我想强调的是，所有这些只是一种意见。它本身也可能"去如春梦了无痕"。但我希望，在与各种否定理想、否定梦、否定人性、否定前景的意见相对立中，它也有权利有能力作为一种意见生存下来，并竞争下去，别无奢望焉。

（《世纪新梦》，1992 年）

2

　　这个世纪，中国知识分子和中国人民"找到了"一个理想社会，即乌托邦，现在似乎放弃了。但是，放弃理想社会，却不能放弃社会理想，有各种各样的乌托邦，各种各样的社会理想，我们还是应当有自己的社会理想，大同也好，小康也好，桃花源也好，大观园也好，总得有个理想才好，人活着，总得寻找点意义，有所追求。我目前有兴趣的是关于人性的理想。……对梦的思索，也可以使内心激动，因为梦与人生关系太深。中国人受过许多梦的欺骗，所以现在许多人宣布不再做梦，只讲实惠、实用，但是在实惠中耗费生命，生命的意义又在何处？

当然，新的梦会不同于旧的梦，各种各样的梦都可以做。梦也应当是多元的，多种色彩的。……当世界都在拥抱金钱物质潮流的时候，总还有知识者在做着新的梦，否则，谁去关怀教育，关怀孩子，关怀未来？

（《世纪新梦·与刘再复的对谈》，1992 年）

3

对于人生意义的哲学探索，在下一个世纪可能会重新突出，这种探索，也可能是下一个世纪的哲学主题。人会消极、悲观、颓废，但不会都去自杀，总要活下去，要活下去，总得找找活下去的意义。

不能什么都嘲笑，不能对任何意义都嘲笑。人类如果还要继续生存、发展下去，在哲学上就得改变这种什么都嘲笑的方向。嘲笑意义一旦成为社会风尚，痞子就会成为社会明星，社会就不能成其为社会。

（《世纪新梦·与刘再复的对谈》，1996 年）

4

物质丰富了，灵魂失落了，上帝死了，一切解构了，古典的事物、传统和价值观失去意义。正如有人说的"情书才是最有价值的哲学"，存在变得更加个体化、私人化、瞬间化。所以后现代主义强调不要去把握什么，生活不可捉摸，那些所谓的精神、意义、本质、深度等等统统见鬼去吧。艺术成了装饰。这些也就是黑格尔所说的资本主义散文时代的极端化和具体化。所以我说后现代号称反现代，实际却是现代的极度延伸。今天，没有战争和革命，也不需要为生命而苦苦挣扎，生活反而变得极其无聊，人们嘲讽理想、人生的目的和意义。这与百年来中国人为救亡、为革命、为建设"社会主义"相比发生了质的变化。

九十年代的散文生活当然与经济的发展、商品化社会的来临联系在一起。现在许多艺术家的创作就是为了卖钱。但将来怎么办？后现代的最大的功劳就是消解，包括消解各种传统的权威和理性。但我关心的是消解以后怎么办。……当然对后现代来说，根本不存在这问题，但我认为这是问题，是现代人类面临的共同命运。所以我说回归古典，走出语言，重新寻求、探讨生存的价值和人活着、活得怎么样等等。

（《走我自己的路（对谈集）·"六经注我"和"我注六经"》，1999 年）

5

经济愈全球化一体，生活愈同质化，消费文化愈发达，活得愈繁荣、富强、"快乐"，人便愈要反抗各种异化。个体愈益成为权力机器（科技机器和社会机器）的附属品，也将愈发现自己这只一次的生存是如此之珍贵和无可替代。从而，多元的文化、信仰和精神世界，并不会因物质生活同质性的历史终结而同质而终结。也许，未来世界在"为科学而科学、为艺术而艺术"中，在"以美启真"、"以美储善"中，可以去寻找历史与伦理的某种统一？

（《己卯五说·说历史悲剧》，1999 年）

6

个体主体性的凸出，从历史角度看，就是偶然性的增大。在异化的社会中，似乎总是由整体主宰个体，社会主宰自然，理性主宰感性，"必然"主宰"偶然"。

实际上，从宇宙、地球到生命和生物，其存在和变化都充满了偶然，即机遇。……从人类看，所谓"必然"也只是从千百年的历史长河看的某种趋势和走向，如工具的改进、经济的成长、生活的改善。但对一个人、一代人甚或几代人来说，却没有这种必然。相反，无不充满着偶然。这偶然以前曾表现为少数统治者和领袖们的随意性很大地影响了历史的进程和路途。他们经常以"天命"、"规律"、"必然"名义出现，尽管不能最终决定或改变千百年来的生产、生活的总体趋势和路向，但常常决定、主宰、影响了无数人的命运。这个时代应该结束，现在应该是每个人都参与创造历史的时代。

随着并促使异化的逐渐减轻或消退，高扬个体主体性便意味着由偶然去组建必然，人类的命运由人自己去决定，去选择，去造成。每个人都在参与创造总体的历史，影响总体的历史。

（《实用理性与乐感文化·哲学答问》，1989 年）

7

从个体看更如此，个体的命运愈益由自己而不是由外在的权威、环境、条件、力量、意识……所决定。从而偶然性愈益突出。在时间上，人将愈益占有更多的纯粹由自己支配的自由时间，不再终日停留和消耗在某种服务社会的机器里，这便可以愈益自由地选择、把握、支配和决定自己的行动和生活。

在空间上，作为世界人，活动的空间急剧扩大，人际接触和交流愈益频繁多样，生活状态愈益多元和丰富，不可控制不可预计的成分也愈益加多，这也使偶然性急剧增大和变得非常重要。

从而，人对自己的现实和未来的焦虑、关心、无把握也愈益增大，这就是说命运感加重。求签卜卦的人会更多，人也会愈益深刻地感到自己被偶然地扔掷在这个世界中，孤独，荒谬，无可依靠，无所归宿，于是只有自己去寻找、去确定、去构建自己的命运。人生即在此偶然性的旅途中，自己去制造戏剧高潮。

（《实用理性与乐感文化·哲学答问》，1989 年）

8

个人出生，被扔在这个世界便是非常偶然的。人类的存在，世界的存在，也如此。因此硬要去问一个"什么是？""为什么？"，是没意义和难以回答的。这是一个"假问题"，不如不问。只问既有此世界，既有此生存，既有此人生，如何办？如何活？依据什么来活、来办？如前面所说，孔子总以"如何做"来回答"什么是"。因此也就少谈"命"，而多讲"仁"。"命"是什么，很难知晓；"仁"是什么，却可做到。如前所言，不是"What"而是"How"，才是儒学关注所在。

（《论语今读》，1998 年）

9

哲学是一种视角的选择，或称道路的探寻，可以有各种各样的视角和道路。人使用和制造工具才活着，作为一种最基本的事实，也可以是个很重要的视角。海德格尔也提出，人与人的世界共在，他其实也说了工具。不过他没有从这个角度去发挥。人如何活着这个现象看来不是问题，很普遍。人活的意义更像是一个哲学的问题。但我认为人首先是活着，然后才是活的意义。所以我认为"如何活"，比"活的意义"更首要的道理就在这里。有人认为我这是马克思主义，我并不在乎。

（《世纪新梦·与梁燕城的对谈》，1994 年）

10

人一定要想么？活着就要想。睡觉作梦，也还在"想"：在梦中吃饭做事，奋搏逃奔，离合悲欢。这不就是"想"么？"至人无梦"，这"至人"当是一念不生，一尘不想，免除和杀死一切想、梦的人？杀死之后，又仍活着，便如行尸走肉，不如真的自杀。

但并非每个人都会自杀。恰好相反，实际是每个人都在活着。活着就要吃饭穿衣，就有事务缠身，便被扔掷在这个世界中，衣食住行，与人共在，从而打交道，结恩怨，得因果，忧乐相侵，苦甜相扰。尽管你可以彻底排遣，精神解放，"境忘心自灭，心灭境无侵"。但这解放、排遣、"忘灭"本身，其所以必要和可能，不又仍然是人们努力"想"的结果么？

（《世纪新梦·哲学探寻录》，1994 年）

11

在世界而求超世界，在此有限的"活"中而求无限、永恒或不朽；或者，"打破沙锅问到底"，去追询"人活着"的（人生）道理、意义或命运；这种哲学或宗教课题，在"后现代"，或只可看作是庸人自扰？"本来无一物，何处惹尘埃。"硬要思量这些本无解答的问题，干什么？真实的存在不就在个体自我的当下片刻么？其他一切都只是空间化的公共语词，不足以表述那自意识而又不可言说的"××"。与现代追求"反抗"、"独创"、"个性"相反，这里完全不需要这些。一切均已私有化、瞬间化。无本质，无深度，无创造，无意义。中世纪思考和崇拜上帝；启蒙以来，思考和崇拜理性或自我。如今，一切均不崇拜、均不思考，只需潇潇洒洒，亦浑浑噩噩地打发着每个片刻，岂不甚好？游戏人生足矣，又何必他求？用完就完，活够就死，别无可说，历史终结。生活已成碎片，人已走到尽头，于是只一个"玩"字了得。这个世纪末正偶合"后现代"，不好玩么？

既然如此，也就可以有各种"玩"法。即使日暮无时，何妨强颜欢笑？"为君持酒劝斜阳，且向花间留晚照"。"绝望之为虚妄，正如希望相同"。明知无解，何妨重问？总有人要问人生意义这个本无可答的问题，毕竟人也有权利来问这问题，而哲学的可能性就在于人有权利叩问人生，探寻命运，来作出属于自己的决定。于是，以"人活着"这一原始现象作出发点，便可以生发出三个问题：

（一）历史终结，人类何处去？人会如何活下去？

（二）人生意义何在？人为什么活？

（三）归宿何处？家在何方？人活得怎么样？

（《实用理性与乐感文化·哲学探寻录》，1994 年）

12

当前最主要的挑战显然来自后现代主义。因为后现代主义在今天及明天的中国，颇有广泛流行的可能。

为什么？因为黑格尔所谓资本主义社会的散文时代在中国已开始到来。没有战争、没有革命、没有"宏伟叙事"，亦即"没有血腥的无聊生活"，使人在平平淡淡过日子中，走向个人主义不快乐的颓废。以前有伟大的奋斗目标、理想、信念、任务，今也无。因此即使生活富有，精神却无聊而萎顿。以前，人们不快乐主要是由于贫穷、匮乏等物质生活因素，从而为改变而奋斗，而斗争，而快乐。如今，特别是今后，物质生活如果大体满足（当然这方面的"满足"也不断增长变化，但在一定时期内毕竟有一定限度），人们感到无所希冀，无所追求，无所期待。精神失去追求，没有寄托，从而不快乐。人生意义何在？我为什么活着？变得不很清楚或很不清楚了。凡人皆有死，生又何为？于是，失魂落魄，处在危机中。所有皆虚无，nothing nothings，既无"本质"存在，当下均嬉戏而已，只有嬉戏能抵抗生活的虚无。

（《己卯五说·说儒学四期》，1999 年）

　　的确，如果不信神，不信鬼，那到底把人生意义放在哪里才好呢？去日苦多，及时行乐？精神上难得满足。著书立说，名垂后世？舍身饲虎，建功立业？贝多芬欢乐颂，浮士德上天堂……，就满足了？也未见得。佛说无生，那当然最好，生出来就是痛苦。但既然已生，又舍不得去自杀，如何办？这个最古老的问题仍然日日新地在压迫着人，特别是死亡将近，再一次回首人生的时候。本来，人的生存问题解决后，性的问题、自然本性问题、人生无目的问题，会像描写的流浪生活那样，更为突出，更为恼人。有没有、可不可以有无目的的合目的性呢？不知道，很难知道。也许，存在的深奥是有限的人和概念的理性所不能把握的？伟勋晚年"返璞归真"，由学问人竟回到"自然人"，是不是在对人生作这种最后的询问？是不是又一次陷入了对生死、对人生意义究竟何在作挣扎不已的无望追求和苦恼之中？我不敢作此肯定，只是在感伤中怀疑和猜想。

（《浮生论学：李泽厚　陈明 2001 年对谈录》，2001 年）

　　本来，人只能活一次，所以每个人都是重要的。千万个个体都应该取得自己的主体地位，不再是英雄主宰世界、帝王统治群氓、人只是盲目的工具和机器。每个人都应该把握自己每时每刻的此在，去主动地选择、决定、行动和创造。并且，人要活着，就得奋斗，海明威（E. Hemingway）的《老人与海》之所以扣人心弦，也正表现了生的力量，即使是孤独的生、寂寞的死。所以不必要害怕死亡、悲剧的结尾……许多东西毁灭了，人物、事件消失了，没有时间了，但实际却在人们心里活着、延续着，占据了人的心理时间。尼采论悲剧时曾认为，宇宙的可怕的毁灭性进程导致悲剧，但悲剧快感正在于生命之不可摧毁。悲剧实际是最深刻最强大的生的颂歌。

（《美学四讲》，1989 年）

　　康德继 "我能知道什么"（认识论）"我应该做什么"（伦理学）"我能希冀什么"

（宗教学）之后，再加一问"人是什么"（人类学）。人类学历史本体论恰恰从"人是什么"开始，提出"人活着"（出发点）"如何活"（人类总体）"为什么活"（人的个体），而将归结于"活得怎样"：你处在哪种生活境界和精神状态里？这种状态和境界并非描述是否有电视、空调之类，也并非询问你是兴高采烈还是满腹牢骚；它关注的是个体自身的终极关怀和人格理想。宗教性课题在一个人生、一个世界的中国，转换为生活境界和人生归宿的探寻。

（《世纪新梦·哲学探寻录》，1994 年）

不过，历史虽"终结"，社会仍存在。由百无聊赖而吸毒、而酗斗、而杀人和自杀，今日已然，明天更烈。于是，如何建构人性乌托邦，如何使每个个体的身心、潜能全面而健康地开发成长和实现，就要提上日程。它是乌托邦，因为它是一种无限追求，没有结尾。但它首先大概将要求已充分发展了的个人主义、科学主义、商业化限定在一定度量内，而不任其再恶性泛滥。"不仅是外部的生产结构，而且是人类内在的心理结构问题，可能日渐成为未来时代的焦点。语言学是二十世纪哲学的中心。教育学——研究人的全面生长和发展、形成和塑造的科学，可能成为未来社会的最主要的中心学科。这就是本文的结论。也许恰好这是马克思当年期望的自然主义 = 人本主义、自然科学和人文科学成为同一科学的伟大理想（拙作《康德哲学与建立主体性论纲》）。这也就是我所谓"新的内圣（人性建设）外王（天下太平）之道"。

（《世纪新梦·哲学探寻录》，1994 年）

17

我常以为，文学家可以极端地表达情感，只要能感染读者，便是成功。但文学作品煽起你的情感，却并不能告诉你究竟如何在生活中去判断、思考和行动。读文学作品，老实说，应该注意这一点，不要为其所宣扬的观点、思想、信念所迷惑。情感，即使是"健康"、"真诚"、"崇高"的情感，也仍然需要理智的反省或自觉，经由自己的理性判断，才能有益于生活和人生。

（《杂著集·关于胡适与鲁迅》，2001 年）

我一方面强调唯物史观，但另方面我又认为要走出唯物史观。走到哪里？走向心理。所以，我谈情本体、心理本体。我认为心理问题是二十一世纪、二十二世纪的大问题。如果人"怎么活"的问题解决到一定程度的话，"为什么活"就成为一个主要问题。革命为什么？还是为了活，主要是为了解决"怎么活"的问题。当社会两头变得非常小、中间变得非常大而告别革命以后，就会追问生存的意义了。到底为什么活着？……只好自己做选择。我说过有各种各样的选择，有人为名活，有人为利活，有人为子孙活，有人为国家活，等等。也有人说，自己就活在当下，过把瘾就死，其他都毫无意义。但这样真行吗？黑格尔说动物有空间，而没有时间，这有深刻的道理。野兽认为这个领地是它的，不允许其他动物进来，它的空间"观念"很强。而人除了空间，还有时间概念。

……

怎样走出唯物史观？这里最重要的是工作时间。我们现在每周工作五天，假如说全世界的工作日只有每周三天的话，那另外四天干什么？现代西方马克思主义和文化批判等理论指出：业余时间内我们也做了资本和广告的奴隶等等。那么，如何来摆脱这些？如何来解决人被异化的问题？这也是我为什么要讲教育将成为中心任务的问题，这与实践美学也是紧密连在一起的。

（《李泽厚近年答问录（2004—2006年）·实践美学发言摘要》，2004年）

我所说的人与动物的区别在于"制造工具和使用工具"，是从最本源的意义上说的。顺便说一句，我早说过我不同意把马克思所说的"人是一切社会关系的总和"作为人的定义。马克思并没有说这是关于"人"的定义。……

我认为，这个定义忽略了人是作为个体、感性的存在。

（《世纪新梦·与高建平的对谈》，1994年）

积淀既由历史化为心理，由理性化为感性，由社会化为个体，从而，这公共性的、普遍性的积淀如何落实在个体的独特存在而实现，自我的独一无二的感性存在如何与这共有的积淀配置，便具有极大的差异。这在美学展现为人生境界、生命感受和审美能力（包括创作和欣赏）个性差异。这差异具有本体的意义，即那似乎是被偶然扔入这个世界，本无任何意义的感性个体，要努力去取得自己生命的意义。这意义不同于机器人的"生命意义"，它不能逻辑地产生出来，而必须由自己通过情感心理来寻索和建立。所以它不只是发现自己，寻觅自己；而且是去创造、建立那只能活一次的独一无二的自己。人作为个体生命是如此之偶然、短促和艰辛，而死却必然和容易。所以人不能是工具、手段，人是目的本身。

（《美学四讲》，1989 年）

"知天命"、"畏天命"便不解释为外在的律令或主宰，而可理解为谨慎敬畏地承担起一切外在的偶然，"不怨天不尤人"，在经历各种艰难险阻的生活行程中，建立起自己不失其主宰的必然，亦即认同一己的有限，却以此有限来抗阻，来承担，来建立，这也就是"立命"、"正命"和"知天命"。"五十而知天命"着意在这种承担和建立的完成，即一己对"命运"的彻底把握。这大概一般非五十岁左右难以实现。总之，认识并安宁于一己存在之有限性，仍强自建立，并不悲观、焦虑，或作徒劳之无限追求，此种中国式的"知命"、"顺命"的情感"超越"，似有异于西方。

（《论语今读》，1998 年）

22

艺术只是供片刻观赏或创作的"作品"，如果生活、人生本身即艺术，该多么好。杜威曾讲艺术即经验。儒家也讲生活即艺术（梁漱溟、冯友兰、钱穆等，见《华夏美学》），均无非求艺术于人生，使生活成艺术。既无天国上帝，又非道德伦理，更非"主义""理想"，那么，就只有以这亲子情、男女爱、夫妇恩、师生谊、朋友义、故国思、家园恋、山水花鸟的欣托、普救众生之襟怀以及认识发现的愉快、创造发明的欢欣、战胜艰险的悦乐、天人交会的归依感和神秘经验，来作为人生真谛、生活真理了。为什么不就在日常生活中去珍惜、珍视、珍重它们呢？为什么不去认真的感受、体验、领悟、探寻、发掘、"敞开"它们呢？你的经历、遭遇、希望、忧伤、焦虑、失望、欢愉、恐怖……，不也就是你的实际生活么？回忆、留恋、期待、执着、追悔……种种酸甜苦辣，即使作为自体验不也重要吗？一切事件、事物、景色、环境，不也都围绕着它而构成意味吗？不正是在这里，你才真正活着么？

（《世纪新梦·哲学探寻录》，1994 年）

23

人生无常，能常在常驻在心灵的，正是这可珍惜的真情"片刻"，此中大有深意在。只有它能证明你曾经真正活过。于是在这日常的、平凡的似乎是俗世尘缘中，就可以去欢庆自己偶然的生，在这强颜欢笑中、这忧伤焦虑中，就可以去努力把握、流连和留住这生命的存在。使四大非空，一切如实，宇宙皆有情，万物都盎然生意。何必玩世逍遥？何必诅咒不已？执著它（体验）而又超脱它（领悟），不更好么？这就是生命的故园情意，同时也就是儒家"立命"的新解。"命"并非别的，它关注的正是这个非人力所能主宰、控制的人生"偶然"。别让那并不存在的、以虚幻的"必然"名义出现的"天命"、"性体"、"规律"主宰自己。重要的是让情感的偶然有真正的人生寻找和家园归宿："山仍是山，水仍是水"，在这种种似如往昔的平凡、有限甚至转瞬即逝的真实情感中，进入天地境界中，便可以安身立命，永恒不朽。何况，人类的生存延续虽不神秘，但宇宙的存在仍是神秘的。用什么来参透这神秘？欲望和理性均难能为力，于是也只有通由此诗意的感情了。

（《世纪新梦·哲学探寻录》，1994 年）

24

人没有锐爪强臂利齿巨躯而现实地和历史地活下来，极不容易。不容易又奋力"活着"，这本身成为一种意义和意识。这"活着"是"与他人共在"和活在一个世界里，这便是"人情味"（人际关怀）和"家园感"的形上根源。关键正在这里："为什么活"，活的意义诞生在"如何活"的行程之中。

（《实用理性与乐感文化·第四提纲》，1989 年）

25

对儒学来说，"活"的（生命）意义即在"活"（生命）本身，它来自此"活"（生命）。也就是说，"活"的意义就在这个人生世事中，要在这个人生世事中去寻求。由于人首先是活在天地自然之中，而且是如此艰难苦辛地活着，"活"在这里便是挣扎、奋斗、斗争和这种奋力斗争的成果和胜利（终于活下来）。我以为，这就是儒学之所以赋予"活"（生命）以雄伟阔大的宇宙的情感肯定意义的实质由来。宇宙本无情，自然本中性，"天地不仁，以万物为刍狗"；"天不为人之恶寒也辍冬，地不为人之恶辽远也辍广"；但儒学偏偏要以为并强调"天地之大德曰生"、"生生之谓易"、"仁，天心也"，将"人活着"和自然界的存在和万物的生育，看作宇宙自然的"大德"，这就是以"情"为体，将"人活着"予以宇宙性的泛情感化，即给予整个宇宙自然以温暖的、肯定的人的情爱性质，来支撑"人活着"。从而，它不是抽象的思辨理性，不是非理性的宗教盲从，而是理欲交融的实用理性和乐感文化，是一首情感的诗篇。

（《世纪新梦·哲学探寻录》，1994 年）

时间在于情感

26

问宇宙就如问"时间"是什么，我认为时间在于情感。真正的时间是在情感里面的。故时间和情感有关。……为什么时间只有情感的意义呢？那是积淀的时间。其余的时间都是空间化的时间，是科学把它建立起来的，是认识论的时间。……我们现在所讲的时间是公共化的、空间化的，像语言一样。但是，作为情感的真正的时间既不是公共化的社会时间，也并不是那种生物性的绵延。……可以这么说，我从工具本体讲起，到情感本体告终。……我的目标也不是工具，而是情感。但我仍然是历史的观点。原来是吃饭问题很突出。民以食为天，首先要吃饭，人要活着嘛，首先要维持身体的存在。以后随着社会的发展，心理的问题包括情感的问题才会越来越突出，越来越重要。

（《世纪新梦·与梁燕城的对谈》，1994 年）

27

人们爱说儒学是"生命哲学"，其实，生命哲学并不在那如何玄妙的高头讲章中，而就在这活生生的人们的情理结构里。这才是源泉所在。作为生命，作为人性，它们包含着情感，它们是历史的产物。如果要求哲学回到生命，回到人性，便也是要求回到历史，回到这个情深意真的深层结构。而这，也正是我所盼望的第二次文艺复兴。第一次文艺复兴是从神的统治下解放出来，确认了人的感性生存；第二次文艺复兴则盼望人从机器（物质机器和社会机器）的统治下解放出来，再一次寻找和确认人的感性自身。面对当前如洪水般的悲观主义、反理性主义、解构主义，儒学是否可以提供另一种参考系统，为创造一个温暖的后现代文明作出新的"内圣外王之道"（由某种乐观深情的文化心理结构而开出和谐健康的社会稳定秩序）的贡献呢？从而，儒学命运难道不可以在崭新的解释中获得再一次雄伟的生存力量和世界性的普泛意义吗？

但愿如此。

（《世纪新梦·初拟儒学深层结构说》，1996 年）

28

关键就在于你是否自觉意识到，死是不可避免的无定的必然，生又何尝不然？你自己的生命意义、人生价值不也就在你这时时刻刻却又稍纵即逝的自我意识的生活中吗？为什么不去把握和珍惜这个偶然性极大的生存呢？我曾一再征引纳兰性德"当时只道是寻常"：你的日常世俗生活中的种种滋味，其实并不寻常。一部《红楼梦》之所以为中国人百读不厌，也就因为它让你在那些极端琐细的衣食住行和人情世故中，在种种交往活动、人际关系、人情冷暖中，去感受那人生的哀痛、悲伤和爱恋，去领略、享受和理解人生，它可以是一点也不寻常。

（《实用理性与乐感文化·论实用理性与乐感文化》，2004 年）

29

孔子说："逝者如斯夫，不舍昼夜。"

深沉的感喟，巨大的赞叹！这不是通由理知，不是通由天启，而是通由人的情感的渗透，表达了对生的执著，对存在的领悟和对生成的感受。在这里，时间不是主观理知的概念，也不是客观事物的性质，也不是认识的先验感性直观；时间在这里是情感性的，它的绵延或顿挫，它的存在或消亡，是与情感连在一起的。如果时间没有情感，那是机械的框架和恒等的苍白；如果情感没有时间，那是动物的本能和生命的虚无。只有期待（未来）、状态（现在）、记忆（过去）集于一身的情感的时间，才是活生生的人的生命。……所以，"语到沧桑意便工"。这样，有关存在的哲学最终便不在思辨，不在信仰，不在神宠，而就在这人类化了的具有历史积淀成果的流动着的情感本身。这种情感本身成了推动人际生成的本体力量。孔子对逝水的深沉喟叹，代表着孔门仁学开启了以审美替代宗教，把超越建立在此岸人际和感性世界中的华夏哲学—美学的大道。

（《华夏美学》，1988 年）

30

人在对象化的情感客体即大自然或艺术作品中，观照自己，体验存在，肯定人生，此即家园，此即本体—人生和宇宙的终极意义。在这里，过去、现在、未来才真正融为一体而难以区分。在这里，情感即时间，时间即情感。人面临死亡所感到的虚无（人生意）在此才变为"有"。废墟、古物、艺术作品均因此由"无"（它本身毫无实用价值或意义）而成为"有"。中国传统诗文中的"人生无常"感之所以是某种最高感受，正由于一切希望、忧愁、焦虑、恐怖、惊讶、失望、孤独、喜悦等等均在此"人生无常"感前自惭形秽。对照之下，实用时间（即空间化的"现实"时间）的无意义无价值，便昭然若揭，即所谓江山常在而人事全非。李白诗曰："宫女如花春满殿，而今只有鹧鸪飞"是也。

（《论语今读》，1998 年）

31

可见，实用时间在这意义上即无时间，即"无"。只有在情感体验中，才"有"，时间才获得它的本根性质。然而这"本真"的时间又必须以此"非本真"的实用时间为基石，也只有在此情感时间中才能深深把握。"闲愁最苦"，"闲愁"即失去了实用时间。人完全失去生存的目的活动，也就等于什么都不存在。庄子以"无"诱导人们脱尘俗求逍遥；佛家以"空"教人断俗尘绝生念；然而人还得活，还得吃饭穿衣，于是只有在此情感的时间中来获得避难所和依居地。Schopenhouer 曾以观照艺术消解求生之欲，亦此意也。因为只有在艺术中，时间才可逆，从而因艺术而重温历史，使一己求生之欲望虽消释而人性情感却丰富。"丰富"一词的含义，正是指由于接触到人类本体的成长历程，而使理性不再主宰、控制而是深深浸入和渗透情感本身之中。

（《论语今读》，1998 年）

32

生是偶然获得的，死却必然缠人。把死看作像生一样的一个事实（萨特），很不准确。死是生的必然，是只有一次的我的限定的表现。如何超越它？同样，生是偶然地被抛掷在这个世界里，我是荒谬、无聊（有我没我，差不太多）和无家可归（我是什么或什么是我，难弄清楚）。……这些并不是科学形态的认识论、伦理学、美学的危机，而是感性存在中的本体危机，是感性感受到自己无法超越这有限存在的危机。通俗地说，亦即是人必然要死从而人生意义、生活价值何在的危机。

（《实用理性与乐感文化·关于主体性的第三个提纲》，1985 年）

33

偶然性问题在我目前发表的文章中还没有详细加以解释。我的看法，不仅仅是人类制造工具存在偶然性，而且人类的存在，地球的存在，生物的存在也并不存在必然性。许多事情都是偶然的，并没有那么多的"必然"。所以，我从不相信什么天外来人。我的推论很简单："外星人不存在，因为外星人没有使我们知道它的存在，所以它不存在。"为什么呢？宇宙这么长（时间），假设一种生物发展程度比我们低或和我们差不多，那就没什么意义。我们人类的历史本来就很短。如果有生物，那该比我们高明得多，它们远远超过人类现代科学发展的程度。它们就应该有办法让我们知道它们的存在。它们没有做到这一点。所以我认为它们并不存在。

偶然性的概念是相对于必然性的概念而言。离开必然性，偶然性就无意义。偶然性并非混乱、非因果、无序、胡来，不是说什么东西都可能。相反它非常重视现实的可能性，而不是逻辑的可能性。相对于必然性，偶然性恰恰不是推理的东西。

（《世纪新梦·与梁燕城的对谈》，1994 年）

我现在提出一个想法——在国外已讲过，但在国内还没有讲——回到"天、地、国、亲、师"的传统。这里，改原来的"君"为现在的"国"很重要，"君"是一个具体的君主、政府，"君师合一"亦即政教合一，社会性道德与宗教性道德混在一起。而我所说的"国"不是政府，也不是政体，而是"家园""家国"，是 Country，不是 State。中国人经常用"家国"，就是指乡土。"亲"不仅仅指父母亲，可以扩而广之。"师"当然也不单是老师，还包括朋友等。这个"天、地、国、亲、师"可以作为一种人生的意义寄托之所在。在我最近所写的《哲学探寻录》一文的最后一节，我提出人的本体是"情感本体"，情感作为人的归宿，但这个"本体"又恰恰是没有本体；也就是说，以前的一切本体，不管是"道"也好，"心""性"也好，或者西方的"理性""存在"也好，都是构造一个东西来统治着你，即所谓权力—知识结构。但假如以"情感"为本体的话，由于情感是分散的，不可能以一种情感来统治一切。所以恰恰是这种广泛性的"情感"——对"天、地、国、亲、师"，即对自然和人际的和谐认同的种种情感——可以构成某种人生的归宿和最后的实在。在海德格尔、德里达等人之后，再来构建形而上学的本体，似乎不大可能，也不必要。但人又总还是要追求和谐。归宿在哪里呢？归宿到人际的关系中、人与自然的关系中，也就是归宿在我所讲的"天、地、国、亲、师"里，不也很好吗？这完全是一种情感的归宿，而不是政治、社会的，甚至也不是思想的。

（《世纪新梦·与王德胜的对谈》，1994 年）

一切均消逝而去，唯艺术长存。艺术使人体验艺术中的时间，从而超时间。在此体验中，情感泯灭、消化了分、定、位、所（空间化的时间），既超越了此时此地、日常生活的时间，却又与此时此地的日常时间的情感融合在一起。从而人们在废墟、古城、图腾柱、哥特教堂、石窟佛像、青铜礼器……这些在当时有关宗教、道德、功利等时间性的实用物前，所感受、领悟、体验的恰好是对人类总体存在的非实用非功利非道德的超时间的情感确认，常表现为对时间的无限感叹，这也就是人对自己存在的"本体"把握。一切情深意真的作品也都如此。不是"如何活"和"为什么活"，而是"活"在对人生、对历史、对自然宇宙（自己生存的环境）的情感的交会、沟通、融化、合一之中。人从而不再是与客观世界相对峙（认识）相作用（行动）的主体，而是泯灭了主客体之分的审美本体，或"天地境界"。人历史性地生活在与他人共在的空间化的时间中，却让这些空间化的时间经验进入艺术凝冻，它便超时间而永恒常在，而使后来者的人性情感愈益丰足，这就是"德不孤，必有邻"，这就是变易中的不易。这"不易"并不在别处，就在这人生情感之中。《华夏美学》说："'日影画舫桥下过，衣香人影太匆匆'……生活、人生、机缘、际遇，本都是这么无情、短促、偶然和有限，或稍纵即逝，或失之交臂；当人回顾时，却已成为永远的遗憾……不正是从这里，使人便深刻地感受永恒本体的谜么？它给你的启悟不正是人生目的（无目的），存在的意义（无意义）么？"

（《实用理性与乐感文化·哲学探寻录》，1994 年）

36

"不知何事萦怀抱，醉也无聊，睡也无聊"。如此偶然人生，如此孤独命运，怎能不"烦"、"畏"？但与其去重建"性"、"理"、"天"、"Being"、"上帝"、"五行"、"道体"等等来管辖、统治、皈依、归宿，又何不就皈依归宿在这"情"、这"乐"、这"超时间"、这"天人交会"，总之这"故园情意"中呢？这里不更安全、熟悉和亲密吗？君不见，流行歌曲唱道："一场恶梦醒来后，只见夕阳挂山头。再多回忆，再多少理由，也是杯苦酒"；"掌声响起来，我心更明白。多少青春不在，多少情怀已更改，我还拥有你的爱。……"《美学四讲》说："把社会氛围转化入作品，使作品获有特定的人生意味和审美情调，生活积淀在艺术中了。在那么吵闹、毫无思想的 Disco 舞蹈中，也仍然可以有人生的深刻意味，青年们之所以为此'疯狂'，其实并不是件浅薄的事。"它一定程度上呈现了对偶然—命运的情感探寻的后现代人生。

（《实用理性与乐感文化·哲学探寻录》，1994 年）

37

　　人沉沦在日常生活中，奔走忙碌于衣食住行、名位利禄，早已把这一切丢失遗忘，已经失去那敏锐的感受能力，很难得去发现和领略这无目的性的永恒本体了。也许，只在吟诗、读画、听音乐的片刻中，也许，只在观赏大自然的俄顷中，能获得"蓦然回首，那人却在灯火阑珊处"的妙悟境界？

　　中国传统的心理本体随着禅的加入而更深沉了。禅使儒、道、屈的人际—生命—情感更加哲理化了。既然"人生不相见，动如参与商；今夕复何夕，共此灯烛光"（杜甫），那么就请珍惜这片刻的欢娱吧，珍惜这短暂却可永恒的人间情爱吧！如果说，西方因基督教的背景使虽无目的却仍有目的性，即它指向和归依于人格神的上帝；那么，在这里，无目的性自身便似乎即是目的，即它只在丰富这人类心理的情感本体，也就是说，心理情感本体即是目的。它就是那最后的实在。

（《华夏美学》，1988 年）

走我自己的路

38

要自己掌握人生的价值，树立自己内在的人格价值观念，毁誉无动于衷，荣辱可以不计。

（《走我自己的路·读书与写文章》，1979 年）

39

鲁迅说："有谁从小康人家而坠入困顿的么，我以为在这途路中，大概可以看见世人的真面目。"我初中时之所以酷爱鲁迅和冰心，大概也与自己的家境和母爱有关。鲁迅叫我冷静地、批判地、愤怒地对待世界；冰心以纯真的爱和童心的美给我以慰藉与温暖；而母亲讲的"只问耕耘"的话语和她艰苦奋斗的榜样，则教我以不求功名富贵，不怕环境困苦，一定要排除万难去追求真理的决心和意志。国外有人认为，要历史地、具体地分析一个人在学术上、文艺上的某些个性特征，应该注意到他的少年时代。我最近讲，搞美学最好具备两个方面的条件：清醒的思辨能力和比较敏锐的感受能力。我终于放弃了中学时代成绩一直很好的数理化，而搞上了美学，不知是否也应追溯到自己那个孤独的、清醒的、感伤的少年时代？

（《走我自己的路》，1981 年）

40

自由意志表现出超越现实因果的主动选择的特征。"明知山有虎，偏向虎山行"、"知其不可而为之"，便使将来似乎不是由现在决定，而是倒过来，现在为将来决定。所以，它不表现客观的因果，而表现为主体的目的。这就使人的伦理行为最充分地体现了它的不同于自然界的主体性的力量。它不是简单地服从因果必然性的现象，而是在主体的目的性中显现出本体的崇高，显现出主体作为本体的巨大力量和无上地位。是人去征服自然，改造世界，这中间有多少因违反规律性的崇高的牺牲啊，然而人类实践正是这样才开拓着自己的宏伟大道的。未来并非给定，而是创造的。

人不同于机器人，也在于此。行为是由自己选择，生活是由自己负责，命运是由自己决定，并不是被外在程序所机械地规定好了的。

（《实用理性与乐感文化·关于主体性的补充说明》，1983 年）

41

历史本体论认为偶然性永远是人（包括群体和个体）的生命力量的展开和本己可能性的实现，是它开辟着必然性的行程。

（《实用理性与乐感文化·论实用理性与乐感文化》，2004 年）

42

中国知识分子有"以天下为己任"的传统。这个传统有它的优点，但也有它的缺点。这几十年，知识分子本来可以关起门来搞学术，但政治运动不断。我们现在需要一批为科学而科学的人，可以不管政治。现在应该允许他们，保障他们。他们报纸也不看，没关系嘛！他们可以不议政。每个人的能力、气质、兴趣不一样，人是多样的。有的人对政治有兴趣，那就应该允许他议政。这本来就是中国知识分子的传统，禁止不住的。

（《走我自己的路·与香港学者黄继持、记者林斌的对谈录》，1987 年）

43

中国知识分子从来就有这个"求名"的困恼。"老冉冉其将至兮，恐修名之不立。"因为"名"关系乎"不朽"，是人生寄托所在。其实，亿万百姓勤劳一生，并无姓氏可传，虽无名焉，却并不与草木共朽。所以，"群众创造历史"实为石破天惊之说，我至今信奉之，虽责我以死守马克思主义，亦欣然接受也。为求名声而曲学阿世无所不用其极者，固多见之于今日也。

（《论语今读》，1998 年）

44

真正值得探讨的是今天和未来知识分子的社会功能和命运问题，是老扮演"天下兴亡，匹夫有责"的启蒙者"先知"或社会批判家的角色呢，还是作为市场经济的科技或科层附庸？还是能够逃脱这现实的两难论理？我期望历史的前行将有此逃脱之客观可能。也只有这样，知识者才并不"特殊"，也不再需要"人不知而不愠"的教导、锻炼或修养。这正是我强调"道在伦理日常之中"，并以"情本体"作为拙作《哲学探寻录》归宿的一个原因。

但"不患人之不知"要义仍在把握个体的价值与尊严，即走自己的路，为自己所当为，作自己所当作，"毁誉无动于衷，荣辱在所不计"，自身实在存在于自我认识中而不在"人知"中。

（《论语今读》，1998 年）

45

西方传教士曾说中国人如竹子。含义之一是内部空虚，无独立的灵魂观念。西方基督教造一个超验的对象（观念）以越出此有限的人性、人际、世界，以便灵魂有所安顿。但在此超验的安顿中却难分神魔，执著于此，反倒可以服从于黑暗的蛮力。因为所谓由自我站出来开显世界，让存在者成其所是的生存，也仍然逃脱不了这个由历史性的权力／知识的威逼力量所约束的有限人生。追求超验的灵魂、抽象的"倾听"，反而可以盲听误从，失去一切。倒不如"莫笑田家腊酒浑，丰年留客足鸡豚；山重水复疑无路，柳暗花明又一村"；人生本旅居，如能使岁月在情感中淹留，有时如画，则乡关何处，家园何在，此即是也。又何必他求？

（《历史本体论》，2001 年）

46

由于儒家的"一个世界"观，人们便重视人际关系、人世情感，感伤于生死无常，人生若寄，把生的意义寄托和归宿在人间，"于有限中寓无限"，"即入世而求超脱"。由于"一个世界"，人们更注意自强不息，韧性奋斗，"知其不可而为之"，"岁寒，然后知松柏之后凋"。由于"一个世界"，儒学赋予自然、宇宙以巨大情感性的肯定色彩："天地之大德曰生"，"生生之谓易"，"天行健"，"厚德载物"……，用这种充满积极情感的"哲学"来支持人的生存，从而人才能与"天地参"，以共同构成"本体"。此即我所谓"乐感文化"。由于"一个世界"，思维方式更重实际运用，轻遐思、玄想，重兼容并包（有用、有理便接受），轻情感狂热（不执著于某一情绪、信仰或理念），此即我所谓的"实用理性"。

（《世纪新梦·初拟儒学深层结构说》，1999 年）

47

可解而不可解，此即人生。人总得活着，唯一真实的是积淀下来的你的心理和情感。文化谓"积"，由环境、传统、教育而来，或强迫，或自愿，或自觉，或不自觉。这个文化堆积沉没在各个不同的先天（生理）后天（环境、时空、条件）的个体身上，形成各个并不相同甚至迥然有异的"淀"。于是，"积淀"的文化心理结构（Cultural-Psychological Formation）既是人类的，又是文化的，从根本上说，它更是个体的。特别随着今日现代全球一体化经济生活的发展，各文化各地域的生活方式，以及由之带来的文化心理状态将日渐趋同；但个体倒由之更方便于吸取、接受、选择不同于自己文化的其他文化，从而个体积淀的差异性反而可以更为巨大，它将成为未来世界的主题。就在这千差万异的积淀中，个体实现着自己独一无二的个性潜能和创造性。它也许是乐观的人类的未来，即万紫千红百花齐放的个体独特性、差异性的全面实现。它宣告人类史前期那种同质性、普遍性、必然性的结束，偶发性、差异性、独特性将日趋重要和凸出。每个个体实现自己的创造性的历史终将到来。

（《历史本体论》，2001 年）

慢慢走，欣赏啊

48

"慢慢走，欣赏啊。"活着不易，品味人生吧。"当时只道是寻常"，其实一点也不寻常。即使"向西风回首，百事堪哀"，它融化在情感中，也充实了此在。也许，只有这样，才能战胜死亡，克服"忧""烦""畏"。只有这样，"道在伦常日用中"才不是道德的律令、超越的上帝、疏离的精神、不动的理式，而是人际的温暖、欢乐的春天。它才可能既是精神又为物质，是存在又是意识，是真正的生活、生命和人生。品味、珍惜、回首这些偶然，凄怆地欢庆生的荒谬，珍重自己的情感生存，人就可以"知命"；人就不是机器，不是动物；"无"在这里便生成为"有"。

（《世纪新梦·哲学探寻录》，1994 年）

49

"古今如梦，何曾梦觉？但有旧欢新怨。异日对南楼夜景，为余浩叹。"

"世路无穷，劳生有限，似此区区长鲜欢。策吟罢，凭征鞍无语，往事千端……"

人似乎永远陷溺在这无休止的、可怜可叹的生命的盲目运转中而无法超拔，有什么办法呢？人事实上脱不了这"轮回"之苦。生命尽管无聊，人还得生活，又还得有一大批"旧欢新怨"，这就是感性现实的人生。但人却总希望能要超越这一切，从而，如我前面所说，苏轼所感叹的"人间如梦"、"人生若旅"，便已不同于魏晋或《古诗十九首》中那种人生短暂、盛年不再的悲哀了，这不是个人的生命长短问题，而是整个人生意义问题。从而，这里的情感不是激昂、热烈的，而毋宁是理智而醒悟、平静而深刻的。现代日本画家东山魁夷的著名散文《一片树叶》中说，"无论何时，偶遇美景只会有一次，……如果樱花常开，我们的生命常在，那么两相邂逅就不会动人情怀了。花用自己的凋落闪现出生的光辉，花是美的，人类在心灵的深处珍惜自己的生命，也热爱自然的生命。人和花的生存，在世界上都是短暂的，可他们萍水相逢了，不知不觉中我们会感到一种欣喜"。但这种欣喜又是充满了惆怅和惋惜的。"日午画舫桥下过，衣香人影太匆匆"。这本无关禅意，但人生偶遇，转瞬即逝，同样多么令人惆怅。这可以是屈加禅，但更倾向于禅。这种惆怅的偶然，在今日的日常生活中不还大量存在么？路遇一位漂亮姑娘，连招呼的机会也没有，便永远随人流而去。这比起"茜纱窗下，我本无缘；黄土垄中，卿何薄命"，应该说是更加孤独和凄凉。所以宝玉不必去勉强参禅，生命本身就是这样。生活、人生、机缘、际遇本都是这样无情、短促、偶然和有限，或稍纵即逝，或失之交臂：当人回顾时，却已成为永远的遗憾……。不正是从这里，使人更深刻地感受那永恒本体之谜么？它给你的启悟不正是人生的目的（无目的）、存在的意义（无意义）么？它可以引起的不正是惆怅、惋惜、思索和无可奈何么？

（《华夏美学》，1988 年）

50

　　人只能活一次，于是活像一个梦。究竟是庄周梦蝴蝶还是蝴蝶梦庄周，梦的后面到底是什么，好像是个说不清的谜。但"梦醒了无路可走"的痛苦，却是人间情感的事实。不仅中国如此，而且处在世纪末的世界，似乎也有此问题。世界往何处去呢？……

　　总之，这个世纪末是一个无梦的世界。没有过去与未来，只有此刻的游戏和欢乐。但是，没有梦想没有意义没有魂灵的欢乐，还会是一种人的欢乐吗？人活着，总有梦，人特别是那些为人类制造幻梦的知识分子，又如何能活呢？尽管梦中有痛苦，有紧张，有恐怖，但也毕竟有希冀，有愿欲，有追求。梦是人活下来的某种动力。今天，这个涂满了空前的血与火、填塞了空前的苦难与死亡，同时又是空前的科技进步和物质发展的二十世纪已快过去，黄昏终于来临；那么，是不是可以允许在这深暗的黄昏中，再做一次梦呢？我们可不可以梦见智慧的猫头鹰已起飞去迎接二十一世纪的黎明呢？

（《世纪新梦》，1992 年）

51

但人类一体化、世界一体化是不可避免的了。任何国家、地区以至个体想"遗世而独立"是不大可能了。工具本体和物质生活的这种一元化（同样的钢铁、石油、家用电器、塑料制品、超级市场……），倒恰好分外要求心理本体和精神生活的多元化。也许只有这样，才能努力走出那异化的单调和恐怖？在富有自由、机会和选择，同时即意味着偶然性不断增大、命运感日益加深、个体存在的孤独和感伤更为沉重的未来路途中，追求宗教（或准宗教）的信仰、心理建设和某种审美情感本体，以之作为人生的慰安、寄托、归宿或方向，并在现实中使人们能更友好地相处，更和睦地生存，更健康地成长，不再为吸毒、暴力、罪行……所困扰，是不是可以成为新梦中的核心部分？不再是乌托邦社会工程之梦，而是探求人性、教育、心理本体之梦，从而也是询问和研讨"自然的人化"和"人的自然化"之梦，大概也必需在衣食住行高度丰实富足的二十一世纪，也才可能真正被提上日程？

（《世纪新梦》，1992 年）

52

心理本体的重要内涵是人性情感。它有生物本能如性爱、母爱、群体爱的自然生理基础，但它之所以成为人性，正在于它历史具体地生长在、培育在、呈现在、丰富在、发展在人类的和个体的人生旅途之中。没有这个历史——人生——旅途，也就没有人性的生成和存在。可见，这个似乎是普遍性的情感积淀和本体结构，却又恰恰只存于个体对"此在"的主动把握中，在人生奋力中，在战斗情怀中，在爱情火焰中，在巨大乡愁中，在离伤别恨中，在人世苍凉和孤独中，在大自然山水花鸟、风霜岁月的或赏心悦目或淡淡哀愁或悲喜双遣的直感观照中，当然也在艺术对这些人生之味的浓缩中。去把握、去感受、去珍惜它们吧！在这感受、把握和珍惜中，你便既参与了人类心理本体的建构和积淀，同时又是对它的突破和创新。因为每个个体的存在和"此在"，都是独一无二的。

（《华夏美学》，1988 年）

53

"情本体"的基本范畴是"珍惜"。……如何通过这个有限人生亦即自己感性生存的偶然、渺小中去抓住无限和真实，"珍惜"便成为必要和充分条件。"情本体"之所以不去追求同质化的心、性、理、气，只确认此生偶在中的千千总总，也就是"珍惜"之故：珍惜此短暂偶在的生命、事件和与此相关的一切，这才有诗意地栖居和栖居的诗意。任何个体都只是"在时间中"的旅途过客而已，只有在"珍惜"的情本体中才可寻觅到那"时间性"的永恒或不朽。

（《人类学历史本体论·实践美学短记（二）》，2006 年）

54

怎样对待偶然，在偶然中把握、创造自己的命运，这就是知命。

（《走我自己的路（对谈集）·伟大的真理就是简单的》，1998 年）

55

我想真的是个十分完美的社会，恐怕会很乏味的。（笑）一切都很好，就无聊了。现在看来，实现乌托邦的可能性恐怕变得越来越小。实际上，随着偶然性的增长，生活变得越来越丰富，越来越带刺激性，激发你的才能，把一切都搞得很完美了，反而是单调乏味的。

要是没有冒险，人一辈子单调地就很快地过去了。

（《走我自己的路（对谈集）·伟大的真理就是简单的》，1998 年）

海德格尔所突出的现代人生的命运，是由自由主义的极度"光秃秃的个人"发展而来。原子个人在理论上本来是非历史的，却在现代经济的基础上，日益成为现代社会生活的真实。这是一个最大的历史反讽。同时，这也激起了回归古代和传统的强力呐喊。今天，反进化论、反科学、反历史和反个体，要求回归超历史的德性，将现代社会性道德的人权交给上帝，已经成了当代伦理学的时尚风景。

《历史本体论》明确反对这趋势或时尚。它以中国传统融合康德、马克思来对应这一挑战。这个融合也就是：第一，厘清两种道德及其关系。第二，以情为本体。第三，认为人类需要拯救自己，让自己决定命运。人类现在确乎处在空前危险的境地：地球升温，环境破坏，资源枯竭，核弹扩散，贫富悬殊，精神失落……建立在自由主义、个人主义之上的现代发达社会日益暴露了各种严重弊病，这一切也确乎与理性化的现代科技和物质文明不可分。

（《伦理学纲要·答问》，2006 年）

爱情可以多元

57

答问

（男人最重要的品德是什么？）

善良

（女人呢？）

诚实

（最喜欢的颜色？）

蓝色，天蓝。

（要是到一个荒岛上呆一周，你会带什么？）

食物，书，女人。

（《浮生论学：李泽厚　陈明 2001 年对谈录》，2001 年）

58

我的最好的朋友都是女性。这倒不是要有意模仿萨特，说类似的话，而是我自己非常愿意记录下来的一种事实。女人之所以能成为好朋友，大概是因为可以有各种超语言的交流。这种交流一般不会是学术问题的讨论，和女性常常无法争论，据理辩论也无用处，因为她们似乎从根本上便不大信任逻辑。不过，当对某一问题（也包括学术问题）彼此会心一笑的时候，或者毫不遵循逻辑却争论得面红耳赤、甚至是气急败坏的时候，其交流的内容和包容的意蕴，便并不亚于甚或超过严密论证。有时还似乎可以达到某种"超越的"人生胜境。当然这种交流更多是在日常生活中，在各种各样的现实事务中。在这里，女性朋友似乎更坦率，更真诚，更可以信赖。而生活毕竟远大于学术。

（《走我自己的路·无题》，1989 年）

59

生活之大于学术，我想，原因之一在于它的五彩缤纷，在于它有丰富的感性世界。女性是感性世界的当然主人。例如，我所知道的女性，当然也有一些例外，无不喜逛百货公司者。尽管不买东西，并无特定目的，或泛泛浏览，或挑拣细观，对她们来说似乎总是一大赏心乐事。如果买到某种称心的东西，一件衣裳，一个小物件，……都可以使她们高兴好半天。开始我很难理解，只好勉强奉陪，但在她们那严肃认真专心致志的快乐中，我突然省悟到由这些满目琳琅的感性物件所获取的快乐，是一种人在真正生活着的快乐，是一种对感性世界的欢欣和肯定。女人绝不像煞有介事的男士们那么单调、干瘪和抽象。

（《走我自己的路·无题》，1989 年）

60

最大的生活快乐之一，当然是性爱的快乐。……不过，由于种种原因，看来主要是社会原因，在千百年来以男性为中心的社会传统下，女人们的这种强烈的性爱要求和生理快乐的需求，被深深地压抑了、伤害了，甚至被埋葬了。它们牺牲在种种错误的观念、思想、礼俗、规范中，使很多很多女性（特别在以礼教著称的敝中华）一生也没有机会甚至不知道去实现或要求实现自己这种天赋的本性，女人似乎只是为了做妻子做母亲而生活着。从而，女性唤醒自己的性爱快乐，努力去取得与男性完全平等的性爱快乐的权利，似乎也可以作为女权运动的内容之一。特别这方面在几十年大陆中文文献里，在中国今天的现实生活中，很少被人们所提到和强调。

（《走我自己的路·无题》，1989 年）

61

人类的爱，特别是男女的情爱，总是包含着性，性的吸引力和性的快乐。纯粹的精神恋爱，柏拉图式固然有，但究竟有多大意思，究竟有多少人愿意如此，我怀疑。没有性的吸引，很难说是男女情爱。但一般来说，人的性爱，又总包含着精神上、情感上的追求。人与动物的性爱之所以不同，就因为人的性爱不是纯粹的生理本能，而是人化了的自然，也就是你曾说过的是文化了的性，这就是所谓"情"。"情"也就是"理"（理性）与"欲"（本能）的融合或结合，它具有多种形态，具有多种比例，有时性大于爱，有时爱大于性，有的爱扩大到几乎看不到性，有的性扩大到几乎看不到爱。总之，灵与肉在这里有多种多样不同组合，性爱从而才丰富、多样而有光彩。夫妇的爱和情人的爱，就不能相互代替。……我们不必为性爱这种多样性、多元性感到害羞，而应当感到珍贵。

（《世纪新梦·与刘再复的对谈》，1996 年）

62

性爱是个复杂和深刻的问题，绝对不能简单化。如何对待各种不同的情爱，值得仔细研究。回到我们开头讲的夫妻情爱，夫妻之间就远不仅是性爱关系，而是长期朝夕生活所建立起来的相互支持、帮助、关怀、体贴、容忍、迁就等关系，它们体现在许许多多数不清说不尽的日常生活细节之中。看来似乎毫不重要，但这就是真实的具体的"生活"。日常生活也就是这些穿衣吃饭中的许许多多琐碎事情，夫妇之间在这些事情中的紧密关系和由此而产生或形成的情感关系，是别人和别种情爱如情人的爱所不能替代的，这是双方在长期生活旅途中彼此给予对方的一种"恩惠"，所以我常说"夫妻恩"。这种"恩"就是一种很特殊的情爱。我在课堂和美国学生说，"爱"不难，要长期和谐地生活在一起，就不那么容易了。他（她）们都同意地笑了。

（《世纪新梦·与刘再复的对谈》，1996 年）

63

我以为爱情可以多元，就是要堵塞这种暴虐（指顾城——编者注）。中国的帝王贵族，可以有三宫六院，妻妾成群，但不许妻妾有情人，一有迹象，则处以极刑。顾城不就是这种变形的暴君吗？他的妻子倒有情爱多元的襟怀，容得下英儿。

人是很复杂的。性，感情，爱欲，是很复杂的，不能简单化。过去和今天的一些伦理观念、道德准则其实质与顾城这种简单的"一元化斧头"来解决问题，相差不远。

（《世纪新梦·与刘再复的对谈》，1996 年）

64

理性积淀在感性中，与感性水乳交融，女性这一美的特征有时却又可以走向反面。年轻时读《红楼梦》，不懂那么喜欢青年女性的贾宝玉却极端地痛恨大观园里的老婆子们，总以为是后者不具备生理吸引力之故。后来才明白，事情并不如此简单。正因为女人是感性世界的主人，也喜爱和沉溺在感性世界中，于是，女性在人生路途中便经常容易由于各种有关现实厉害的主宰、支配、扭曲而使她们的整个感性世界（兴趣、习惯、行为、情感、爱好……）变得庸俗、猥琐、无聊、凶恶和极端丑陋。我曾亲眼看见五十年代初好些天真无邪、热情革命的女学生如何一个个变成两面三刀、口是心非、阿谀奉承、打小报告的李国香（《芙蓉镇》电影中最成功的形象），也看到过好几位革命几十年本该是光明磊落实际却奸巧阴险的"马列主义老太太"。所以，我最痛恨的人物中也有女性。

这是不是也算女性脆弱的一面，比男人更易受外在环境影响而让自己主宰的感性世界多所污染呢？从而，女人们如何能长久保护其本来是那么玉洁冰清如此丰足的感性世界呢？

（《走我自己的路·无题》，1989 年）

65

女性对性爱的另一倾向，我觉得，似乎是非常注意和追求心理感受。……记得一位朋友对我说，她所不爱的男人连碰她一下，她也不愿意，尽管可以是好朋友，即使是颇具性感的翩翩少年或魁梧壮士，尽管也动心，但并不像男人那样立刻产生生理上的（被）侵犯欲。她所爱的人，则尽管不漂亮，也愿老抱在一起。所说可能有夸张，但那重视性爱的心理快乐方面却是无可置疑。这似乎意味着，在女性性爱中不仅仅是感性而已，而且是感性融进了某种理性的东西。但这理性又并不是那些可以认知的观念、思想、语言、标准等等，而是已经与感性水乳交融的直接存在，它与感性已是一个东西，所以才会是那说不清道不明的感受和快乐。难怪，在这里，在与女性的亲切交往中，在恋爱中，在做爱中，人们能够获得最温暖的和最堪回味的人生。而人生本义也由此而深沉地淀积着。这，不也就是美吗？不也就是某种"天人合一"的神秘吗？

（《走我自己的路·无题》，1989 年）

66

食、色，性也。关于食，研究得较多，财产制度、阶级斗争等等，都可说在"食"的范围内，但"色"的问题却研究得极为不够。弗洛伊德开了个头，但太局限而片面。在中国，更如此，以前连弗洛伊德也不让谈。其实人的性欲情欲，既不全是动物性，又不脱离动物性。我讲人类的"情本体"，就是说人的情爱。既不等于动物界的"欲"，也不等同于社会精神界所强调的"理"。所以就变得非常复杂。

（《世纪新梦·与刘再复的对谈》，1996 年）

67

对于性爱，男女的生理—心理需求就有差异。我们的作家不知道充分写了没有？我不是专家，无法多说。前面已提及，一般可以感到，女子的心理需求较重，男人的生理需求较重。这种差异也会形成性爱的多元和复杂。

而林黛玉、薛宝钗，包括王熙凤、晴雯、袭人等都是心理大于生理。《红楼梦》中的性爱有许多种，性与爱的比重各不相同，差距很大，所以很精彩。

（《世纪新梦·与刘再复的对谈》，1996 年）

68

安娜·卡列尼娜、林黛玉失去爱情就非死不可，少年维特为爱情而死，一个例子还可以，但在一般舆论中，女的为爱情而死，大家为之叹惜，男的为爱情死，许多人就要说太没出息了。这里面就有生物学的原因（女性有繁衍种族的使命，而男性从动物到人类都有保卫集体去打仗，去对付外界的责任）。但更多是社会性的原因。动物性几千、几万年不变，社会性却随时代、民族、阶级的变化发展而各不相同，因之，人性作为动物性与社会性的渗透交融，人的心灵作为内在自然的人化，便是历史具体地与一定的时代、民族、阶级相联系，通过它们而实现的。安娜、林黛玉的死给人的并不是生物学的观念或生理性的刺激，而是一种生活感受和人生境界的追求。所以在艺术中，人的时代的、社会的因素的特点比动物性方面总更为突出，更为重要，更为复杂多变。

（《美学四讲》，1989 年）

69

情欲的人化。这是对人的动物性的生理情欲的塑造或陶冶，与人是具有感性欲望的个体存在的关系极为密切。人有"七情六欲"，这是维持人的生存的一个基本方面，它的自然性很强。这些自然性的东西怎样获得它的社会性？例如"性"如何变成"爱"？性作为一种欲望要求，是动物的本能，人作为动物存在，也有和动物一样的性要求。但是动物只有性，没有爱，由性变成爱却是人类独有的。像安娜·卡列尼娜、林黛玉的爱情，那是属于人类的。因此，人们的感情虽然是感性的、个体的、有生物根源和生理基础的，但其中积淀了理性的东西，有着丰富的社会历史的内容。它虽然仍然是动物性的欲望，但已有着理性渗透，从而具有超生物的性质。弗洛伊德讲艺术是欲望在想象中的满足，正是看到了人与动物的这种不同。

（《美学四讲》，1989 年）

70

"不汲汲于富贵，不戚戚于贫贱"，"水流心不竞，云在意俱迟"，这不只是理性命令（凝聚），而且是情感性的人生态度，生活境界。所谓"情本体"也就在这日常生活中，在当下的心境中、情爱中、"生命力"中，也即在爱情、故园情、人际温暖、漂泊和归宿的追求中。……人应该是丰富多元的，包括爱情单一，也将失去色彩。只有多元化的生活、实践，才能使人把握偶然性，消除异化，超越死亡，实现人本身，并参与建立人类心理本体。我想，这也就是填补海德格尔的空了。其实，也就是重视生命本身，重视日常生活，把日常生活本身提到哲学的本体高度，心甘情愿地回归我们普通的日常的人生。

（《中国哲学如何登场？——李泽厚 2011 年谈话录》，2011 年）

以美育代宗教

71

宗教里的苦难既是现实的表现，又是对这种现实的苦难的呻吟。宗教是被压迫生灵的叹息，是无情世界的感情。

（《美的历程》，1981 年）

72

宗教信仰命运，文艺表达命运，哲学思索命运。

人性、情感、偶然，是我所企望的哲学的命运主题，它将诗意地展开于 21 世纪。

（《实用理性与乐感文化·第四提纲》，1989 年）

73

宗教或宗教体验常常是一种纯精神性的满足，在教义上基本是排斥、贬低、否定感性和感性生命的。审美的天人合一则相反，它在"教义"上是庆生、乐生、肯定感性的。它感恩天地，体验人生，回味生活，留恋世界，以此来建构人类心理的情感本体。这种高于道德或在道德境界之后的审美境界，当然便是忘利害、无是非、超时空、非因果的自由天地。也就是庄子、禅宗所经常描述、提及的境界。这境界不同于神宠的宗教体验，也不是孔孟仁义的道德境界。

（《实用理性与乐感文化·哲学答问》，1989 年）

74

有人说，基督教才是中国人的前途，只有基督教才能够救中国。当然，基督教在中国还有相当大的发展空间，信教的人会越来越多，但是，要中国人，尤其是知识分子完全信奉基督教，我觉得会比较难。例如，对中国人来说，原罪说很难被接受：为什么我一生下来就有罪呢？为什么生命是一种罪过？我要去赎罪？中国人认为给予生命是一种幸福。所以，我说，相对于西方的罪感文化、日本的耻感文化，中国文化是乐感文化。

孔夫子在《论语》第一章里就说："学而时习之，不亦说乎？有朋自远方来，不亦乐乎？"这种快乐不是感官的快乐，不是因为我今天吃了螃蟹特别高兴，而是精神上的快乐。归根究底这还是一种包含理性的情感，是某种情理交融，可见儒学讲的理性是活生生的，带有人间情感的，与现实紧密联系在一起的理性，这也就是人性。儒学的根本问题就是建造完美人性的问题。

儒学这种实用理性和乐感文化始终讲究奋斗。讲究韧性、坚持，所以我说中国很少有彻底悲观主义者。自杀的中国文人比日本少，日本一位诺贝尔文学奖得主自杀了，在中国这大概很难发生。

（《世纪新梦·为儒学的未来把脉——在马来西亚的演讲》，1996 年）

75

中华文化是肯定人们现实生命和物质生活的文化，是一种非常关注世间幸福、人际和谐的文化。幸福当然包括了物质和精神两个层面，但即使追求独立甚至"超验"的精神幸福，也并不排斥、否定、憎恶这个现实物质的生活和存在（存在者）。由于没有相信天主，"乐感文化"便以人为本，相信人类自身的力量，尽管历史在悲剧中前行，但认为只要自强不息、韧性奋斗，便可否极泰来：形势可以改变，前途会有光明，继往开来，"虽百世可知也"。所以孔老夫子说"知其不可而为之"，《周易》"既济"之后有"未济"。它所宣示的是：人类所行走的是一个永不完成的奋斗历程，这是"天道"，也是"人道"。所以"乐感文化"也是一种"乐观文化"，它乐观而紧紧抓住"人活着"这一基本命题，这也是对巫史传统最深层的开掘和发扬："上帝死了，人还活着，主体性将为开辟自己的道路不断前行"。

（《己卯五说·"说巫史传统"补》，2005 年）

如果说，佛家抓住生死，以一切皆空来对待生，善恶同体，随缘度世，无喜无嗔。如果说，Heidegger 抓住生死，以赶紧由自己作主做点什么来对待生，执著于有，向前冲行，即使邪恶，也以为善。那么，儒家也抓住生死，虽知实有为空，却仍以空为有，珍惜这个有限个体和短暂人生，在其中而不在他处去努力寻觅奋力的生存和栖居的诗意。"少年听雨歌楼上，红烛昏罗帐；壮年听雨客舟中，江阔云低断雁叫西风；如今听雨僧庐下，鬓已星星也。悲欢离合总无情，一任阶前点滴到天明。"青年声色狂欢，中年辛勤事业，晚岁恬淡洒脱。尽管说浮生若梦，人间如寄；旅途回首，又仍然非常真实和珍贵，令人眷恋感伤。虽知万相皆非相，道是无情却有情。

（《实用理性与乐感文化·论实用理性与乐感文化》，2004 年）

77

由于"乐感文化"所追求的"乐"并非动物式的自然产物，而是后天修养的某种成果。它作为所谓人生最高境界，乃是教育的功效，所以儒家无论孟、荀都主学习、重教育；或用以发现先验的善（孟），或用以克制自然的恶（荀）。它们所要求的人格塑造以仁智统一、情理渗透为原则，实际是孔子仁学结构向教育学的进一步的推演。一方面它要求通过培育锻炼以达到内在人格的完成和圆满；另一方面，由于肯定人生世事，对外在世界和现实世事的学习讲求，也成为塑造的重要方面和内容。"我善养吾浩然之气"与"博施济众"从内外两方面以构成所追求的完整人格即构造个体主体性。这也就是所谓"内圣外王之道"。

（《中国古代思想史论·试谈中国的智慧》，1985 年）

78

问：人们常说哲学是时代精神的体现。现代中国青年醉心于存在主义等等，感到生活厌倦、无聊、荒谬，你的哲学如何处理这些问题？

答：人活着大概有两大问题，即"如何活"和"为什么活"。这正是哲学的基本问题。如何活？当然希望在物质上和精神上活得更好一些，于是改造自然、改造社会等等，哲学上有认识论、宇宙论等等。好些哲学和哲学派别包括马克思主义哲学在内，都是环绕在人"如何活"这个基本问题上作文章，都是为了解决这个问题。

但"如何活"并不能等于也不能解答人"为什么活"。我在另处说过，很难有什么"科学的人生观"，知道了社会发展规律并不就解决了"我为什么要活着"的问题。各种宗教哲学、伦理学以及存在主义，则比较突出了这个问题。

作为个体，人的确是很偶然地被生下来、被抛掷在这个世界中，人生本来就无聊。但人又是动物，有恋生之情，不会都去自杀。口说如何厌世、无聊、悲观的人，又还得活着。"为什么活"便成了更突出的问题。

为什么活？有各种各样的思想学说、宗教信念和社会要求来作解答。有人为上帝活，有人为子孙活，有人为民族、国家、他人活，有人为自己的名誉、地位、利益活，有人为金钱活，有人为活而活，有人无所谓为什么活而活……。所有这些，也都有某种理论来说明、论证。有的遮遮掩掩，有的直截了当。但所有这些都不能真正解决什么问题。究竟人为什么活，仍然需要自己去寻找、去发现、去选择、去决定。存在主义突出了这个问题，每个人只能活一次，"为什么活"，从而"如何活"，成了哲学首要问题。我认为哲学的主题是命运，正是继承和包含了这问题。

（《实用理性与乐感文化·哲学答问》，1989 年）

79

儒家哲学没有建立超道德的宗教，它只有超道德的美学。它没建立神的本体，只建立着人的（心理情感的）本性。它没有去归依于神的恩宠或拯救，而只有人的情感的悲怆、宽慰的陶冶塑造。如果说，王国维以悲观主义提示了这问题，那么可以说，蔡元培则是以积极方式提出了这问题："以美育代宗教"。

与王国维接受 Schopenhauer 相似，蔡元培接受的是 Kant。与王国维立足于儒学传统立场相似，蔡元培没有像 Kant 那样去建立道德的神学，却希望从宗教中抽取其情感作用和情感因素，来作为艺术的本质，以替代宗教。……蔡元培仅把宗教归之于情感教育，撇开其伦理、意志功能，强调"陶养感情"，以达到"本体世界"，这说明蔡是完全站在儒学传统的无神论立场，来提出以美育代宗教的命题的。

这实际是以正面积极方式提出了王国维以消极方式提出的艺术为消歇利害、暂息人生的同一问题，他们都追求在艺术—审美中去达到人生的本体真实。所以，重要的是，他们二人为什么不约而同和殊途同归地得到了同一结论？我认为，这正是儒学传统与西方美学相交遇渗透的结果；非酒神型的礼乐文化、无神论的儒门哲学又一次地接受和同化了 Kant, Schopenhauer 的哲学和美学，而提出了新命题。这一命题尽管与明中叶以来纵情欲的外表征象并不一致，却又同样是建立在重个体情欲生存的近代基础之上，其走向是相当一致的。

（《华夏美学》，1988 年）

80

如果完全舍去世间的一切现实，掏空人的日常生活的一切实在性和社会性，而又不去自杀，或变成疯癫或白痴，那这个个体以及所谓"个体与神的关连"，这个完全跳出历史去追逐的精神永恒或"与神的关连"，便实际成了空洞。刘小枫在其近著《圣灵降临的叙事》一书结尾时说，"'我信基督之外无救恩'的认信确认的是：我能够排除一切'这个世界'的政治、经济、社会的约束，纯粹地紧紧拽住耶稣基督的手，从这双被现世铁钉钉得伤痕累累的手上，接过生命的充实实质和上帝的爱的无量丰富，在这一认信基督的决断中承担起我自身全部人性的歉然情感"。

在或可煽起浓烈感情的华美文辞中，这个"上帝的爱"、"基督救恩"、"生命的充实实质"和"全部人性的歉然情感"其实是非常抽象和空洞的。它作为超绝尘凡的圣洁情怀也常常只能是未必持久的短暂激动，仍得落实到"这个世界"中继续生存。从而这个"能够排除一切这个世界的政治、经济、社会的约束，纯粹地紧紧拽住耶稣基督的手"的手，恐怕只能是一只黑猩猩的手。因为人不可能"排除一切这个世界的政治、经济、社会的约束"，除非你不活。包括上述种种"上帝的爱"、"全部人性的歉然情感"等等，也都仍然是这个世界的政治、经济、社会的历史约束下的意识产物。"这个世界"的"约束"使人生无意义、世界无目的确乎展露得突出和凶残。中国传统也并非不了解这一点，但由于人总得活着，于是才在否定现实的真实性之后，又仍然去寻觅和肯定这个世界，并把这寻觅和肯定就归宿在这"空而有"即虚幻与实在的重叠交融之中。在这个既空无又实在中去把握人生滋味，使个体悲剧性的生存充分绽出。"空而有"因未全废人际情怀而不枯寂冷漠，因未死守利害因果而不丑恶俗腻。上帝无痛感，可以无情。但太无情，人岂可得？即使上帝，不也要"道成肉身"，让亲生子耶稣以背负十字架的巨大情感来拯救众生么？即使与神合一的神秘经验，包括儒家的"孔颜乐处"，仍有情如此，"不知老之将至"么？人生总有苦乐悲欢，安得无情，度此岁月？就看你的情感能否既实实在在又洒脱空灵了。这里，生活即艺术。

（《实用理性与乐感文化·论实用理性与乐感文化》，2004年）

宇宙不是上帝创造的，宇宙本身就是上帝，就是那神圣性自身。它似乎端居在人间岁月和现实悲欢之上，却又在其中。人是有限的，人有各种过失和罪恶，从而人在情感上总追求归依或超脱，这归依超脱就可以是那不可知的宇宙存在的"物自体"。这就是"天"，是"主"，是"神"。

Kant"相信"这个"神"，Einstein"相信"这个"神"，中国传统也"相信"这个"神"。这个"神"既可以是存在性的对象，也可以是境界性的自由，既可以是宗教信仰，也可以是美学享（感）受，也可以是两者的混杂或中和。你看，"一昼一夜，花开者谢，一秋一春，物故者新"。继冬雪无声严寒肃杀之后的，又仍然是杏花春雨，江南草长。"自然界永远按时作息，总是这样殷勤感人"，即使这是人类实践将认识置放其上，但那存在着的存在本身，如不执著解说为空无，不仍然可以是"此中有深意，欲辩已忘言"吗？！"问余何事栖碧山，笑而不答心自闲。桃花流水杳然去，别有天地非人间。"这种审美的"自由享（感）受"不也可以就是"人和宇宙共在"的"天地境界"和信仰本体吗？它是"理性凝聚"

之后理性与感性的融通合一，是超道德而与天同一的解脱和自由。一切人生感喟、精神追求、心魂认定，不可以在这未及言说、不落因果的情理积淀中而得到某种"物自体"的超越感受吗？

（《实用理性与乐感文化·论实用理性与乐感文化》，2004 年）

82

问：审美比宗教似乎更消极、被动一些？

答：唯唯，否否。表面有此问题，"天人合一"似乎太冷漠、太宁静、太平和，没有狂热、激情、震荡，缺乏生命的冲力。其实不一定。不能以产生在中国古代社会的"天人合一"来概括今天和今后。我所讲的"天人合一"，充满了悲苦、斗争、艰难、险阻，它绝对不能归结为或等同于庄、禅。实际它是在积贮势能，所以我才提出"以美启真"、"以美储善"，貌似静如处子，出手却可以成为利刃。它无适无莫，保持意向，却不专注于某物，从而可以开启真理，可以成仁取义，并不亚于宗教的慈悲大德、博爱救世。

这种心理情感本体是一种最后的实在，是真正的积淀感性。所以艺术才高于科学，而成为不朽的人性见证。

（《实用理性与乐感文化·哲学答问》，1989 年）

83

道家说：人之大患，在于有身。佛家说：苦海无边，无有涯岸。但人偏偏有此生命和身体。前面说过，人不会都去出家、自杀。人还得艰难地活着，活大不易。人没有利齿、巨躯、锐爪、快腿，靠"善假于物"而生存，肉体、精神受尽了千辛万苦、万苦千辛。个体早夭，群体灭绝者，比比皆是。然而人顽强地活着，这就是个体人生和人类历史。

为此不容易"活"而顽强地"活着"和"活下来"这一事实，即可构成"活"的意义，它支撑着"活"的意念，成为"活"的理式和力量。这正是中国"乐感文化"的本源。"活"本荒谬而偶然，"活"或"不活"的意义都由人自己去建构。问题只在于：是把"活"的意义建构在不活、他世、上帝，还是就建构在这"活"本身？对儒学来说，"活"的（生命）意义即在"活"（生命）本身，它来自此"活"（生命）。也就是说，"活的意义"就在这个人生世事中，要在这个人生世事中去寻求。由于人首先是活在天地自然之中，而且是如此艰难苦辛地活着，"活"在这里便是挣扎、奋斗、斗争和这种奋力斗争的成果和胜利（终于活下来）。我以为，这就是儒学之所以赋予"活"（生命）以雄伟阔大的宇宙的情感肯定意义的由来。

（《实用理性与乐感文化·哲学探寻录》，1994 年）

84

"如何活"、"为什么活"是理性的内化和理性的凝聚，显示的仍然是理性对个体、感性、偶然的规划、管辖、控制和支配。只有"活得怎样"的审美境界，理性才真正渗透、融合、化解（却又未消失）在人的各种感情欲中，这就叫理性的积淀或融化。"理性的内化"给予人以认识形式，"理性的凝聚"给予人以行动意志，"理性的融化"给予人以生存状态。前二者（内化、凝聚）实质上还是一颗集体的心（collective soul），只有后者才真正是个体的心。所以理性在此融化中自然解构。"平畴交远风，良苗亦怀新"，"万籁虽参差，适我莫非新"，这些并非对自然景物的描写，而正是理性的融化和解构后的生活境界和人生归宿。"如何活"和"为什么活"都可以用知性语言来表达，如各种语言描述和语言指令。但"活得怎样"却常常超出知性语言，非语言所及，它只是诗。

（《实用理性与乐感文化·哲学探寻录》，1994 年）

85

可见，所谓人性的塑造、陶冶不能只凭外在的律令，不管是宗教的教规，革命的"主义"。那种理性凝聚的伦理命令使所建造的"新人"极不牢靠，经常在这所谓"绝对律令"崩毁之后便成为一片废墟；由激进的"新人"到颓废的浪子，在历史上屡见不鲜。只有"以美启真"、"以美储善"的情感的陶冶塑造，才有真正的心灵生长，才是真实的人性出路。它必然是个体的，个性的，自然与社会相合一的。

（《历史本体论》，2002 年）

对许多宗教来说，仰望上苍，是超脱人世。对中国传统来说，仰望上苍，是缅怀人世。"念天地之悠悠，独怆然而涕下"（陈子昂）的宇宙感怀是与有限时空内的"古人"和"来者"相联结。因而，从"天道"即"人道"说，人既是向死而生，并不断面向死亡前行，与其悲情满怀，执意追逐存在而冲向未来，就不如认识上不断总结过往经验，情感上深切感悟历史人生，从人世沧桑中见天地永恒，在眷恋、感伤中了悟和承担。……与其牵挂、畏惧、思量重重，就不如珍惜和把握这每一天每一刻的此在真意。我以前一再提及"从容就义"高于"慷慨成仁"，就因为后者只是理性命令的伦理激奋，而前者却是了悟人生、参透宇宙、生死无驻于心的审美情感。

（《人类学历史本体论·关于"美育代宗教"的杂谈答问》，2008 年）

"一室千灯"。世界只是个体的。每个人各自拥有一个属于自己的世界，这个世界既是本体存在，又是个人心理；既是客观关系，又是主观宇宙。每个人都生活在一个特定的、有限的时空环境和关系里，都拥有一个特定的心理状态和情境。"世界"对活着的人便是这样一个交相辉映的"一室千灯"式的存在。所以，很难在公共的语言中去寻找个体的家园。家园各自在个体的心灵里，在你、我、他的情理结构或积淀里。如前所说，艺术的意义就在于它直接诉诸这个既普遍又大有差异的心灵，而不是只具有普遍性的科学认识和伦理准则。艺术帮助人培育自我，如同每个人都将有只属于为自己设计但大家又能共同欣赏的服装一样。

（《人类学历史本体论·关于"美育代宗教"的杂谈答问》，2008 年）

趁此机会，我再谈点对美育的看法。有两点很重要，一是形式感，一是敬畏感。现在好像不大注意这两点，其实这正是美育所要培养的。首先是形式感，所谓形式感是很具体的均衡、对称、比例、节奏所形成的秩序感、韵律感、和谐感、单纯感等等。它们从劳动感受到自然静观到创造发明，是具有多层次多种类、既广大又深刻的情感体验和感受，包括前面讲的"天人合一"、"协同共进"在内。它们远远不止在艺术中，要对它们有感受力；并进而培养对宇宙存在的敬畏感，用这种敬畏代替宗教对神的敬畏，这都属于"情本体"的范围。我们前面不是说到爱因斯坦，说他的科学发现源于感觉、直觉和自由想象吗？其实爱因斯坦就是出于敬畏和好奇，他信仰的神实际就是整个宇宙，就是宇宙合规律的这种运转，所以他才会着迷地探寻那最大最高的"形式感"。美育要培养对一般形式感的领会、把握，同时要培养对天地、宇宙、自然这个大"形式"的信仰。这两方面的关系又是如何，需要好好研究。如果美育搞得好，达到一个高层次，也就不需要再去依靠什么上帝或者神了。这个问题很深奥，这里提一下。总之，"情本体"讲的不仅是人情，远不止于"人伦日常之用"的情，而且也包括这种对宇宙天地的敬畏之情。音乐的哲理性，石涛讲的"一画"，中国讲的"天道"，都与此有关。

（《该中国哲学登场了？——李泽厚 2010 年谈话录》，2010 年）

89

人的外在物质肉体生存需要秩序（order），否则没法生存，内心世界也如此。Gombrich 写过一本书 *The Sense of Order* 讲述美感的缘由。人类学本体论曾一再说明，人以生产实践活动对各种形式（平衡、节奏、韵律等等）的感受、把握和运用（进退、起伏、高下、虚实、呼应……）亦即技艺（art），构成"度的本体性"而获得生存、延续。这种形式感受和运用既是物质——生理的，又是心理——感情的。人由于创造—使用工具的度的技艺，使动物性适应环境的"本能"活动变成了"真正的创造"。这也就是"以美启真"的开始，也就是上面讲的存在论（本体论）的开始。……Heidegger 承认并强调技艺在原初阶段可以得到"技进乎道"的"本生"（Ereignis）快乐。我以为即使在被科技机械统治的今天，科学家们工程师们仍然可以在他（她）们的发现、创造和制作中得到这种快乐。它不止是智慧的愉快，而且是人生的满足，包括其中可以产生参透宇宙奥秘所引发的神秘或神圣感觉。这正是实用理性与乐感文化交汇之处。总之，最先出现在创造—使用工具的操作实践的"度"中的"以美启真"，建立起"度"的本体性的实在，发展而为"义"、为"善"，为"以美储善"和"以美立命"。……

对。在这种形式感中可以安身立命。你没看到好些生活极度困苦艰辛中的古今手工艺者，却可以沉醉愉悦在（"乐"在）自己的小小的制作创造之中吗？以此作为人生的寄托和安顿。"此心安处是吾乡"，这正是某种本源意义的"以美育代宗教"。

（《人类学历史本体论·关于"美育代宗教"的杂谈答问》，2008 年）

90

人生可以有几种境界，第一是自然境界，就是什么都不想，如动物一般，只是吃饱穿暖、享受生活；第二是功利境界，要去做事、赚钱、成名（个人功利），报效国家、报效民族、建设社会等等（群体功利）；更高一种是道德境界，讲求个人的品德修养等等。最高的是天地境界，进入宗教领域，中国因少有人格神，这也就是审美的境界：人和大自然跟天地宇宙合为一体。这超过道德修养，比做一番事业更高，这等于归依于神，得到了人生寄托。《庄子》说："天地有大美而不言。"感受到这种大美，就是"天乐"，解决了人的一切烦恼，也解决了生死问题。所以美或审美绝不止是创作、欣赏艺术而已，还可以将人生的境界提高，特别是在中国。前北大校长蔡元培先生提出以美育代宗教，这也是美的最高境界，近似宗教。

（《漫谈美学——在香港国际创价学会上的演讲》，2002 年）

91

中国讲的美育，不是感觉问题，而是精神境界。但所强调的精神境界还是不脱离这个生命。西方的 spirit 是另外一个世界，那个世界与这个世界是不一样的。天人合一在西方是不可思议的。人怎么能跟天合一？天和上帝跟人绝对不同质的，人只能皈依上帝，所以刘小枫讲中国传统最大的错误就是人的地位太高了，人应该跪在上帝面前。即使你尽了最大的努力，能不能得救仍由不得你，你也可能仍然不能得救，得救要上帝的批准。上帝不批准，你再努力了也没意义。上帝是全知全能的，人是非常渺小的，不可能天人合一。中国传统强调天人合一，认为只要你努力，人就可以得救。所以我把美学的地位定得很高，恰好是从根本上承续传统。在中国，美学可以达到一种宗教的境界，但是这种境界还是与西方那种纯灵的境界不一样。

（《李泽厚近年答问录·实践美学发言摘要》，2004 年）

卷二　社会

走出一条既"现代"又"中国"
的前进道路

用一句哲学语言来说，所谓理性，我以为就是要建立形式。五四运动的很多成功之处，如白话文、新文学等，在很大程度上都取决于形式的建立。在这种情况下，形式本身就是内容，理性表现为形式。

（在中国，在今天，首先应该建立的是哪些形式呢？）建立和健全法制。……我认为，中国当务之急，是应建立法律的权威。民主在政治上应体现为法律的权威。

[《走我自己的路（增订本）·三答〈文艺报〉记者于建问》，1989 年]

2

我一直认为，关键不在思想，而在制度；不在文化，而在政治；不在人民思想落后、传统文化有罪、群众觉悟不够，而在缺乏有效运作的现代民主程序和法律形式，以确立群己权限，明确个人、社会、党和国家在生活中的关系和位置。所以在八十年代文化热的讨论中，我是明确反对把一切（或主要）罪过、问题、困难归结于文化传统或传统文化的。问题不在文化，而在包括民主在内的各种启蒙思想、启蒙主张（如个人自由等等）如何能通过一系列的确定形式（特别是法律形式）来使之现实化。

（《世纪新梦·如何走出既"现代"又"中国"的道路？》，1993年）

3

因之我以为，今天要继承"五四"精神，应特别注意发扬理性，特别是研究如何使民主取得理性的、科学的体现。即如何寓科学精神于民主之中。从而，这便是一种建设的理性和理性的建设。不只是激情而已，不只是否定而已。

发扬理性精神具体表现为建立形式。"五四"成就最大的正是白话文、新文学、新史学（如疑古）等现代形式的建立，它们标志"游戏规则"（Wittgenstein）的有意识的变换。由新词汇、新语法、新文体所带来的崭新的观念、内容、思想和规范。这形式便不是外在的空洞的框架，而恰恰是一种造形的力量。它以具体的形式亦即新的尺度、标准、结构、规范、语言来构成，实现和宣布新内容的诞生。在这里，形式就是内容，新形式的确立就是新内容的呈现，因为这内容是由于这新形式的建立才现实地产生的。这正是"五四"的白话文、新文学不同于传统的白话文、白话小说之所在。

（《走我自己的路·"五四"的是是非非》，1989年）

4

可惜的是，在其他领域，特别是在政治领域，"五四"以来一直没有建立这种现代新形式。启蒙所提出的民主意识，始终没有通过现代化国家所需要的法律形式构建出来。或者初步构造了，却得不到严格遵守和执行。……

可见，重要的是真正建立形式：首先是各种法律制度和思想自由的形式。构建理性的形式，树立法律的权威，乃当务之急。如果说，过去革命年代是救亡压倒启蒙，那么在今天，启蒙就是救亡，争取民主、自由、理性、法治，就是使国家富强和现代化的唯一通道。因之，多元、渐进、理性、法治，这就是我所期望的民主与科学的"五四"精神的具体发扬，这就是我所期望的启蒙在今日的走向。

（《走我自己的路·"五四"的是是非非》，1989年）

5

总之，国家、社会与个人的关系，不可能是某种理想设计的图案，不可能是书斋中的空想产物，包括各种所谓"联邦制""民主纲领"等等也如是。重要的是，如何注意去发现、概括、积累、总结目前和过去的实际经验，不断地进行具体的研究和探索，以逐步走出一条既"现代"又"中国"的前进道路。例如，在经济上并不需要"休克疗法"，不一定立即实行彻底的私有化，而可以是各种形式的私有、集体所有（如乡镇企业）与公有相混合；……；文化上不一定是西方的个人主义，而可以是继承中国重视人际关系讲求人情味的传统，从而不一定讲竞争、利润、法庭裁决等今日资本主义的基本原则作为绝对价值和唯一标准；相反，如何从中国传统和现代经验的反省和研究中，作出各种实现现代化（西体）的转换性的形式创造（中用），才是出路所在；并积小为大，由量到质，从旧瓶新酒到新瓶新酒，不断改良，不断前行，使二十一世纪的中国逐渐地进入一个新时代。

（《世纪新梦·如何走出既"现代"又"中国"的道路？》，1993 年）

6

救亡的局势、国家的利益、人民的饥饿痛苦，压倒了一切，压倒了知识者或知识群对自由平等民主民权和各种美妙理想的追求和需要，压倒了对个体尊严、个人权利的注视和尊重。

国家独立富强，人民吃饱穿暖，不再受外国侵略者的欺压侮辱，这个头号主旋律总是那样地刺激人心，萦绕人耳，使"五四"前后所谓"从宇宙观到人生观，从个人理想到人类的未来"这种种启蒙所特有的思索、困惑、烦恼，使所谓"从孔教问题、妇女问题一直到劳动问题、社会改造问题；从文字上的文学问题一直到人生观的改造问题，都在这一时期兴起，萦绕着新时代的中国社会思想"，都很快地被搁置在一旁，已经没有闲暇没有工夫来仔细思考、研究、讨论它们了。五卅运动、北伐战争，然后是十年内战，抗日战争，好几代知识青年纷纷投入这个救亡的革命潮流中，都在由爱国而革命这条道路上贡献出自己，并且长期是处在军事斗争和战争形势下。

在如此严峻、艰苦、长期的政治军事斗争中，在所谓你死我活的阶级、民族大搏斗中，它要求的当然不是自由民主等启蒙宣传，也不会鼓励或提倡个人自由人格尊严之类的思想，相反，它突出的是一切服从于反帝的革命斗争，是钢铁的纪律、统一的意志和集体的力量。任何个人的权利、个性的自由、个体的独立尊严等等，相形之下，都变得渺小而不切实际。个体的我在这里是渺小的，它消失了。

（《中国现代思想史论·启蒙和救亡的双重变奏》，1986 年）

7

自由不是任性。你想干什么就干什么，恰恰是奴隶，是不自由的表现，是做了自己动物性的情绪、欲望以及社会性的偏见、习俗的奴隶。那么，自由是什么？从主体性实践哲学看，自由是由于对必然的支配，使人具有普遍形式（规律）的力量。

（《美学四讲》，1989 年）

8

我赞赏李慎之说他愿去做中小学的公民课教员。……公民课是灌输现代社会所必须遵循的行为规范、伦理秩序及其理由，培育孩子从小便讲理性、守秩序、遵法律、护公物、明权界、别公私，以及具有自由、平等、独立、人权等等观念。……不以现代生活为基础和依据，不通过现代法治和现代社会性道德，而想以某种宗教性道德来整顿人心、安邦定国、惩治腐败，认为这是中国模式，那就无论学雷锋还是学孔子，无论提倡共产主义道德还是儒家道德，我看都不能解决问题。

（《东吴学术·从"两德论"谈普世价值与中国模式》，2011 年）

9

越是民族的越能走向世界？我完全不赞成这个口号。这口号实际上是抵制接受西方的东西。……现在需要的是接受，原封不动是不行的，是没有出路的。这个口号也不符合中华民族的精神。中国儒家讲"日日新"。"日日新"才能生存！我强调创造，这个创造不脱离民族基础，但要以现代生活为根本。所以，我讲

"西体中用"。但我的"西体中用"不是全盘西化，我讲的"西体"，是说社会存在是根本性的。现代化这个东西，哪儿来的？西方来的！你不靠这个，你怎么办？因此，接受西方，不可避免。我不相信被化掉。只要汉字不灭亡，就不会被化掉。

[《走我自己的路（对谈集）·世纪之交的中西文化和艺术》，1998年]

历史本体论虽然重视人类学的生理基础，却又同时强调人性不能等同于动物性，不能把人类的道德行为归结、统摄在社会生物学之下。尽管人类作为动物族类，会继承原遗传基因和各种动物本能以维持和延续族类的生存，但这生存毕竟已进入千万年的文明—文化的历史过程中，它已经不是动物本能和生物遗传所能决定的了。所以我的总观点仍然是"内在自然的人化"。而我之所以认为"道始于情"的中国哲理具有世界性即人类普遍性，正在于它在古代历史条件下较好地表述了这个"自然的人化"，即重视理性化是建立在生物本能或自然情感之上的。人类学历史本体论哲学之所以说既要"继承启蒙理性"（康德是最大代表），不赞同宣扬非理性或动物本能的各种反理性思潮，又要"继承中国传统去其（启蒙理性）弊病"，做出"转换性的创造"，也是如此。与自由派以世界普遍性压倒或漠视中国特殊性不同，与新左派、国粹派以特殊性对抗或否认普遍性不同，人类学历史本体论是以有经验依据的、有可认识性和可操作性的特殊，来改变、改进和改善普遍，从而成为普遍性本身。正如人类学历史本体论以实用理性来反对后现代，主张重建理性（但非先验理性）权威，以乐感文化来反对虚无主义，主张重建人生信仰，它们所要展示的，都是中国传统的特殊性经过转换性的创造可以具有普遍性和普世的理想性。

（《伦理学纲要·答问》，2007年）

警惕民粹主义

11

民粹主义一般有两个相互结合的特色，一是痛恨资本主义，希望避免或跳过资本主义，来建立社会主义或理想社会；一是把这希望放在农村和农民身上。……可以看出，在中国近现代，始终有着以康有为、严复、孙中山、胡适、陈独秀为突出代表的西化思潮与以洪秀全以及上述章太炎等人为突出代表的民粹思潮的倾向差异。其差异主要表现在对待资本主义基本采取赞扬、肯定（前者）还是保留、否定（后者）的不同态度上，前者更注意资本主义的物质文明、工业生产带来的社会幸福、国家富强，后者则更着意如何能保持"纯净"的农村环境（广义）、传统美德、精神文明等等，以超越资本主义。

（《中国现代思想史论·试谈马克思主义在中国》，1987 年）

12

这确乎与俄罗斯的"西欧派"与"斯拉夫派"有某些相似。但是，由于中国没有像东正教那样的宗教传统，没有俄罗斯农村公社的残迹，以及近代一些其他重要原因，中国没有或没来得及产生纯粹的民粹派的思潮、组织和活动。中国近现代所有的"志士仁人"都是自觉地"向西方寻求真理"，从而具有民粹思想的人经常处在某种不自觉的状态，他们经常并不否定近代大工业、大生产，同时"西化派"中也有不少人揭发、批评资本主义的罪恶。所以上述划分便只具有非常相对的意义，只是某种总的思想倾向上的差异，并且只是从客观上和整体上来说的。在各个具体人物身上，又还有各种具体矛盾的复杂情况（例如，大概只有鲁迅超越了这种差异，但也仍然在情感思想的深层存留着矛盾和冲突）。但是，本文之所以要提出这个问题，指出这种差异，是因为中国近现代民粹思潮颇值得重视。正由于它没有像俄国那样具有理论上和实践上的独立性格，没有受过从普列汉诺夫到列宁的尖锐批判，从而它一开始便渗入了马克思主义之中，而发生了作用和影响。这种作用和影响不一定全是坏的。许多方面，例如重视农村和农民，是符合中国实际，有助于马克思主义在中国的胜利；但的确也带来了一些问题和毛病。

（《中国现代思想史论·试谈马克思主义在中国》，1986 年）

13

墨学以及颜元在近代突然兴起，非常吃香，是一种颇具深意的现象。当然，崇墨捧颜中有各种不同的背景、内容和意义。例如把墨学误解为近代的平等博爱主义等等。但其中最值得注意的却是，它与近代民粹主义有否思想血缘关系的问题。在中国近代以至今日，我以为，始终有一股以农民小生产者为现实基础的民粹主义思潮的暗流在活跃着。由于世界历史条件的差异（例如马克思主义在俄国战胜民粹主义等等），中国的民粹主义思潮不能像俄国那样经历独立的发展过程，从而具有完整的系统理论、明确的政治纲领、具体的团体组织和实际的社会行动，例如不像俄国民粹主义曾掀起"到民间"有力地渗入和影响着中国近代政治和思想舞台，特别是在与农村有较深关系的知识分子或具有农民气质的思想家政治家身上自觉或不自觉地表现出来，甚至也可以渗入马克思主义的革命家们的思想深处。

（《中国现代思想史论·墨家初探本》，1984 年）

14

章太炎憎恶资本主义而宁愿保持旧时代的"原始的圆满"，主张"用宗教发起信心，增进国民的道德"，反对现代化的经济发展，反对资产阶级代议政治，提出虚无主义的解脱空想……，便具有代表性。尽管从墨子到颜元到章太炎，在外表上缺少联系，例如章太炎就并不一定喜欢墨子（见《菿汉微言》），但重要的是它们很可能具有内在的深刻关系。而且，远不只是章太炎，还有其他好些人，从伟大的革命家到著名的保守派（如梁漱溟，虽然梁也反墨），在思想中都可以在不同程度和不同意义上具有这一特色（尽管其具体内容、作用、性质可以大不一样）。其实，这也正是中国这个以悠久而庞大的小生产劳动者为基础和以农民革命为特征的国度所必然要出现的思想现象，并不足奇怪。

（《中国现代思想史论·墨家初探本》，1984 年）

15

我不赞赏现代浪漫派对科技工艺的感伤、否定的虚无主义，无论是海德格尔（Heidegger）或马尔库塞（H.Marcuse），无论是章太炎或梁漱溟，把现代生活的苦难和罪恶，把人的各种异化，归咎于科技工艺，是没有道理的。实质上，现代科技不但带来了群众的高额消费，而且也带来了群众的审美时代，它消灭了千百年来审美上的贵族格局和阶级特权，百万富翁和穷小子基本上（当然不是全部）使用大体同样的日常用品，进同样的博物馆、展览厅，看同样的电影，听同样的音乐磁带……当然，肯定现代科技工艺，并不能像二十世纪早期的先锋艺术那样简单肤浅，而是恰恰要注意到现代科技工艺和工具理性的泛滥化所带来的人性丧失，人的非理性的个体生存价值的遗忘、失落和沦落，作为感性个体的人被吞食、被同化、被搁置在无处不在的科技理性的形式结构中而不再存在。从当年希特勒的法西斯杀人机器到今天大公司的职工大军，从广告消费的奴役到人际关系的安排，一切都同质化、秩序化、结构化、均衡化……于是人不见了。人做了由自己所发现、掌握、扩大的形式力量和理性结构的奴隶。

那么，如何克服这可怕的异化呢？彻底否定和摧毁科技工艺吗？那只有回到动物状态的原始时代去，二千多年前的庄子早就反对过任何机械，认为有机械必有"机心"。那些反现代科技的理论如果有彻底性，就应该像庄子那样，主张人回到无知无识浑浑噩噩的动物世界里去。但这并非人类的理想，倒退从来不会是出路。于是，只有从"人的自然化"和寻找"工具本体"本身的诗意来向前行进了。

（《美学四讲》，1989 年）

16

百年中国为进入历史的现代阶段，真是千辛万苦，曲折艰难。回首当年，洒尽志士仁人们的头颅鲜血，竟不过是为今日浸透肮脏的资本主义在中国生根发展，开辟道路。今日白发苍苍行走不便的老干部，当白天面对豪华酒店里的荒淫挥霍，夜晚想起当年陕北窑洞、太行土屋中的艰苦情景，会不会感慨历史而竟如此？"纵然是齐眉举案，到底意难平"？真理何在？"公道"何在？更重要的是，如何走未来的路呢？回到纯洁的四、五、六十年代？"前进"到贫富更为悬殊的发达的资本主义？中国现代化道路中的历史主义与伦理主义的二律背反，正以惊心怵目的形态展现在今日人们的面前。从而，这也折射在今天的意识形态和思想学术领域中。这就是我所谓的"自由派"与"民粹派"的对垒。

（《己卯五说·说历史悲剧》，1999 年）

17

就世界史看，如福山（F.FuKuyama）所说，自 1806 年耶拿战役后，历史已终结，即近代民主政制将无可避免地征服全世界。尽管历史仍有反复，仍有倒退，仍有残酷激烈的斗争、战争和革命，但从千百年的宏观历史说，走向物质生活的繁荣富裕，从而自由民主政体的胜利，乃为"大势所趋"，"大局已定"。这个被自由派斥为"浅薄的乐观主义"、被民粹派斥为"资本主义辩护士"的"简单"观点，如果置放在马克思主义（即认为现代科技和经济在社会发展中起决定作用）的基础上，去掉那"最初的人"的黑格尔式的精神幻想，我以为，仍是可以成立的。在这意义上，今天为中国民粹派所高扬的贫富、宗教、文化的严重冲突，也将像历史河流中有过的壮观涟漪一样，最终仍将消失。于是那"最后的人"出现了：享有物质供应的富裕，没有战争和革命的血腥，生活单调无聊，生命意义不可知晓。血腥的战争和革命曾经把人的伦理精神发挥到极致，它所拥有的至高无上的崇高力量，在历史主义全面胜利后的散文生活世界里，又到哪里去寻找呢？当然，在日常生活中，在与大自然的关系中，仍会有各种灾难和危险，在那里仍可以找到它，但毕竟不可能如以前那么灿烂辉煌了。当然，对全世界绝大多数人来说，历史并未终结，那种"没有血腥的无聊生活"也为期尚远；为争取富裕的物质生活和自由平等的民主体制，仍然指望着人们的英雄气概。但战争和革命的年代毕竟过去，今天即使大肆鼓吹的伦理精神，也大都成了那个为发家致富而不畏艰险运鸡蛋的故事。旧伦理规范已经逝去，新规范未及建立。上帝死了，人可以胡来。散文时代失去了英雄，迎来的是后现代的颓废。

（《己卯五说·说历史悲剧》，1999 年）

18

我觉得宣讲民族主义，在一个国家贫弱的时候，有好处，它可以让人振奋起来。但在一个国家强大起来的时候，大肆宣扬民族主义，那就很危险。德国的历史是教训。现在有些知识精英，我看有这个倾向。德国思想界当年也是否定平庸的现实。因为资本主义的确是非常平庸的，商业化的，自私自利的，世俗化的，你看不起它，想用民族精神来"超越"它，反对它，排斥它，结果却非常可怕和危险。……所以我多年提倡要重视英美那种看来浅薄平庸却非常合乎理性（reasonable）的经验论和常识哲学，而不是高玄深邃颇具吸引力的理性或反理性的哲学。

（《该中国哲学登场了？——李泽厚 2010 年谈话录》，2010 年）

19

一个邪恶的理论，而且是非常肤浅的理论，一旦忽悠了群众，和权力结合——希特勒可是通过选票上台的——可以造成多么巨大的灾难，由此可以推论出理论工作的意义，即反对邪恶的理论、思潮、思想非常重要。

我以前常说书生百无一用，现在倒认为书生还真要有点历史感和责任感，要对自己所写所说负责，不要把人们引入错误方向。现在有此危险。……海德格尔的哲学思想是在希特勒之前，我曾称之为士兵的哲学，是向前冲锋、向前行动的哲学，海德格尔哲学在"二战"时被纳粹以物质力量填补他那个面向死亡前行巨大的深渊，个体生命的意义成了罔顾一切只奉命前冲的士兵的牺牲激情和动力。

我觉得他在政治上与纳粹的关系还是次要的，他的思想在深层次上很危险更为重要。

（《新京报·李泽厚、易中天对话：中国往何处去最危险》，2010 年）

20

现在提"中国模式"值得商榷。"中国模式"是我们追求的目标，也是我在20 年前提出，而且在上世纪 90 年代的文章里反复说的：不要一味模仿西方，要走自己的路。但是，我反对现在就提出"中国模式"。……如果把目前的做法变成长期的制度，如果把现在走的路固定下来，说这就是"中国模式"，值得商榷。

我一向反对民族主义，我担心当前和未来的民族主义情绪。在今天中国开始强大而民族情绪高涨之时，任何误导都容易把中国引向危险和战争。我以为一些人鼓吹民族主义恰恰有害于中华民族。我也一向反民粹，当年他们反对中国加入WTO，认为大量外资进入中国经济会使社会产生极大不公而将崩溃，我和他们口头激烈辩论过。

民族主义加民粹主义，这是当前中国往何处去的最危险的一个方向，大讲"中国模式"就有这个危险。

（《财经·秦晓对谈李泽厚：中国需要什么样的现代性？》，2010 年）

儒学，民族文化之根

21

中国没有像基督教或伊斯兰那样的宗教。对人格神、许多士大夫知识分子经常处于似信非信之间，采取的似乎仍然是孔老夫子"敬鬼神而远之"；"祭如在，祭神如神在"的态度。在民间，则表现为某种多元而浮浅的信仰和崇拜。其对象，可以是关公、妈祖、观音菩萨、玉皇大帝等等，不仅因人因地不同，常常改变；而且大都是为了求福避祸，去灾治病，有着非常现实的世间目的。重要的是，即使在这种多元而浮浅的民间宗教中，奇迹宣讲也并不突出，主要的部分仍然是在倡导儒学的人伦秩序和道德理念。

（《论语今读》，1998年）

22

中国从来没有真正的宗教战争，便是世界文化史上一大奇迹。之所以能如此，我以为与儒学的包容性有很大关系。儒学不重奇迹、神秘，却并不排斥宗教信仰；在"三教合一"中，它不动声色地渗入其他宗教，化为它们的重要内容和实质成分。而儒学之所以能如此，其原因又在于它本身原来就远不止是"处世格言"、"普通常识"，而具有"终极关怀"的宗教品格。它执著地追求人生意义，有对超道德、伦理的"天地境界"的体认、追求和启悟。从而在现实生活中，儒学的这种品德和功能，可以成为人们（个体）安身立命、精神皈依的归宿。它是没有人格神、没有魔法奇迹的"半宗教"。

（《论语今读》，1998 年）

23

同时，它又是"半哲学"。儒学不重思辨体系和逻辑构造，孔子很少抽象思辨和"纯粹"论理。孔子讲"仁"讲"礼"，都非常具体。这里很少有"什么是"（what is）的问题，所问特别是所答（孔子的回答）总是"如何做（how to）。但这些似乎非常实用的回答和讲述，却仍然是一种深沉的理性思索，是对理性和理性范畴的探求、论证和发现。例如，"汝安则为之"是对伦理行为和传统礼制的皈依论证；"逝者如斯夫，不舍昼夜"，是对人生意义的执著和追求；"吾非斯人之徒而谁与"，是对人类主体性的深刻肯定。而所有这些都并非柏拉图式的理式追求，也不是黑格尔式的逻辑建构，却同样充分具有哲学的理性品格，而且充满了诗意的情感内容。它是中国实用理性的哲学。

（《论语今读》，1998 年）

24

表面看来，儒、道是离异而对立的，一个入世，一个出世；一个乐观进取，一个消极退避；但实际上它们刚好相互补充而协调。不但"兼济天下"与"独善其身"经常是后世士大夫的互补人生路途，而且悲歌慷慨与愤世嫉俗，"身在江湖"而"心存魏阙"，也成为中国历代知识分子的常规心理以及艺术意念。但是，儒、道又毕竟是离异的。如果说荀子强调的是"性无伪则不能自美"，那么庄子强调的却是"天地有大美而不言"。前者强调艺术的人工制作和外在功利，后者突出的是自然，即美和艺术的独立。……庄子尽管避弃现世，却并不否定生命，而毋宁对自然生命抱着珍贵爱惜的态度，这使他的泛神论的哲学思想和对待人生的审美态度充满了感情的光辉，恰恰可以补充、加深儒家而与儒家一致。所以说，老庄道家是孔学儒家的对立的补充者。

（《美的历程》，1981 年）

25

今天应该把这两种因素、两个方面、两种道德从儒学中分解出来，把剪不断理还乱的宗教、政治、伦理三合一的这个传统尽可能分缕清楚，从而才可能在各种不同层面上来谈"批判的继承"和"转化性的创造"。宗教性道德（"内圣"）可以经由转化性的创造，而成为个体对生活意义和人生境界的追求，它可以是宗教、哲学、诗、艺术。社会性道德（"外王"）可以经由转化性创造，而成为现代政治体系的中国形式：将重视人际和谐、群体关系、社会理想以及情理统一、教育感化、协商解决等特色，融入现代政治的民主体制建构中，而开辟某种独创性的未来途路。

总之，儒学作为"教"（宗教）需要厘定澄清和"意识化"。儒学作为"学"（哲学）的方面，也需要从种种体系化的"阴阳五行"、"性理天命"、"道德的形而上学"中解放出来，使它恢复原始儒学例如在《论语》中所表现出来的那种真正活泼、具体的人间情趣，这也就是我所说的"情本体"。

（《论语今读》，1998 年）

26

在"教"的方面，当然不必模仿基督教或伊斯兰，再去塑建人格神的上帝。但是否可以考虑回到"天地国亲师"——那松散而灵活、没有人格上帝的儒学的"宗教"传统呢？这个"宗教"所具有的含糊性和开放性，使它可以有一个广阔的自由的解释空间。"君子以为文，而百姓以为神"（《荀子》）。"天地国亲师"都不是"神"，却可以是尊敬、崇拜、献身的对象。对老百姓，它可以包容对人格神（上帝、佛菩萨、各种民间宗教）的崇拜礼仪；对"君子"们，它可以是某种心灵寄托、行为规范、生活归依。重要的是，"天地国亲师"不能复旧，它本身也需要一番解构和重建。例如需要把它从过去的政治宗教即"政教合一"的传统中解放出来，它不应再是"好皇帝"和"君师合一"的政治体制和幻想信仰。恰恰应该在这里强调改"君"为"国"的重要意义，这"国"不再指任何政府、政体、政制，而是指较含混而宽广地对历史—文化共同体的某种心理认同。它是 Country，而不是 State 或 Government。于是，"天地国亲师"便可以成为中国人对宇宙自然、家园乡土、父母夫妻、兄弟朋友、师长同学以及文化传统的某种道德和超道德的情感认同和精神皈依。它不再具有政治的和社会性道德的性质功能，却具有宗教性的功能和内容。

（《论语今读》，1998 年）

27

在"学"的方面，则似乎不必再去重建各种"气"本体、"理"本体、"心性"本体的哲学体系了。"情本体"可以替代它们。因为"情本体"恰恰是无本体，"本体"即在真实的情感和情感的真实之中。它以把握、体认、领悟当下的和艺术中的真情和"天人交会"为依归，而完全不再去组建、构造某种"超越"来统治人们。它所展望的只是普通、平凡的人的身心健康、充分发展和由自己决定命运的可能性和必要性。

（《论语今读》，1998 年）

28

孔子作为活人，有与常人无异的行为、活动、意向和喜怒哀乐。所谓孔学，正是对人们日常生活、现实处境提出的各种意见、评论、主张和看法。它具体、并不虚玄；它普通，并无奥秘。但真要想到、做到，却又不容易。所以这些主张、意见等等便具有很高的理想性和一贯性。这就是所谓"极高明而道中庸"。

第一，孔学特别重视人性情感的培育，重视动物性（欲）与社会性（理）的交融统一。我以为这实际是以"情"作为人性和人生的基础、实体和本源。它即是我所谓的"文化心理结构"的核心："情理结构"。……

第二，孔学极重道德，如前所说，它将政治、伦理、宗教三者交融混合在道德之中。从而在后世使意识形态、宗教激情、专制政体、家族威权、个人修养融合混同，形成中国式的政教合一。虽经近代西学冲击洗刷，却并未能真正解体，而成为走进现代社会的某种障碍，引发出"打倒孔家店"的"五四"热潮以及今日的"信仰危机"、"道德危机"。如何从孔学教义中注意这一问题，并进而区分开宗教性私德与社会性公德，使之双水分流，各得其所，从而相反相成，范导建构，似为今日转化性创造一大课题。……

第三，孔学强调"知命"、"立命"，即个性的自我建立，亦即个人主体性的探索追求。所谓"命"，我以为不应解释为"必然性"、"命定性"，如许多传统的解说那样。恰恰相反，应释为偶然性，即每一个体要努力去了解和掌握专属自己的偶然性的生存和命运，从而建立自己，这就是"知命"和"立命"。这样才可能使自己在这个偶然存在、生存的人生道路和生活境遇中，去实现自己的超感性的实存；使自己这个感性生命不再是动物性的生存，同时也不是那玄奥而实枯槁的道德理性，而是真正融理欲于一炉的情感本体：即在日常生活中，在道德义务中，以及在大自然中，在艺术中，所可把握、体认到的人生境界，也就是人生的价值、意义和归宿所在。

（《论语今读》，1998 年）

29

作为外在社会政治体制的"礼"，只能规范、管辖人们的行为，它所要求的是一种公共奉行的社会性的道德，如正义；在现代便以所谓奉公守法为基本底线和标志。作为内在心性修养和人性境界的"仁"，涉及的是人性情感的培育塑造，它是一种个体追求的宗教性的道德。前者（"仁"，宗教性道德）纯系个体自愿的选择。一个将军被打败了或被围困，可以投降，在现代并非不道德，它符合现代"礼制"；但他选择自杀，使人颇为景仰，则纯属他个人的宗教性道德的决定，即所谓"杀身成仁"。这两者（社会性道德与宗教性道德）当然关系复杂，联系甚多，但在今天中国，似首先应予以区分，将作为公共规范、群体要求的社会性道德（"礼"，这随时代、社会、民族、阶级、集团而各有不同）与作为人生境界、人性追求的宗教性道德（"仁"，这似乎更具绝对性，但又偏偏不能普遍要求）区别开来，才能真正除去政教合一、法律与伦理的观念混同。

（《论语今读》，1998 年）

30

总之孔子将"礼"（"三年之丧"）建立在心理情感原则（"心安"）上。于是儒学第一原则乃人性情感。"三年"或"一年"并不重要。"三年"大概是沿袭远古氏族传统"礼制"，却无理性的依据、解释。正是孔子给了它一个解释，即以心理情感作为最终依据。其实"三年"当然是太久了，早就行不通了。

孔子的贡献在于将外在礼制（规范）变为内在心理（情感），此核心情感却非宗教性的"畏"、"敬"、"庄"等等，而是以亲子关系为核心的"孝—慈"。汉代将此思想制度化甚至法律化，便逐渐积淀而成深层文化心理结构。儒法互用和儒道互补却总以儒为主，即因以"孝慈"为核心的情感心理始终为主之故。它得到了农业家庭小生产的社会根基的长久支持。

（《论语今读》，1998 年）

31

所谓"执其中"，这个"中"或"中庸"，其最根本的含义似应是"籍敛中则庶民附"（见拙著《中国古代思想史论》），所以老百姓才不会贫困（"四海困穷"）。所谓"兴灭继绝"则是因为一大批原有的家族、氏族、部落、部族的政权，在春秋时被灭亡，孔子希望恢复它们。总之希望恢复远古礼制，强调爱护人民（氏族成员），要求责任和错误由首领来承担，这就是儒家孔学的"民主"："为民作主"的"人治"。它与现代"人民作主"的"法治"并不相干。把两者混为一谈，以为从前者能转换出后者，完全错误。但前者经由儒家强调，在观念上持续了三千年，至今影响犹存，不能轻视。问题是在今日建立现代法治过程中，如何吸取前者的某些方面，以尽量避免现代政治的金钱腐蚀、冷酷无情、"道德沦丧"、丑事恶行层出不穷等等毛病。这也就是"西体中用"的问题，即在建立现代经济政治制度中，如何吸取中国文化因素，而走出一条对世界有普遍意义的新路，这就是关键和"使命"所在。

（《论语今读》，1998 年）

32

"乐山""乐水"，是一种"人的自然化"。"人的自然化"有好几层意思。例如各种体育运动便有发展个体肢体、身体的力量和能力，从社会异化中解脱出来（但今天的某些体育运动却严重地被社会异化了），得到因它本身获得实现而产生的享受和快乐。这种快乐不是社会性的如荣誉、成就等等的快乐，而是身体本身从而使心理也伴同的快乐。第二，即"乐山乐水"，回归自然，免除各种社会异化，拾回失落感。它既是一种心境，也是一种身体—心理状态。第三，即由气功、瑜伽等所达到的人与自然—宇宙节律的同构合拍。总之，"人的自然化"使人恢复和发展被社会或群体所扭曲、损伤的人的各种自然素质和能力，使自己的身体、心灵与整个自然融为一体，尽管有时它可能只是短时间的，但对体验生命本身极具意义。

（《论语今读》，1998 年）

33

"仁"不是自然人欲，也不是克制或消灭这"人欲"的"天理"，而是约束自己（克己），使一切视听言动都符合礼制（复礼），从而产生人性情感（仁）。具体"约束"可以随时代社会环境而变化、增删、损益，但人性需经人文的培育，却普遍而必然。

（《论语今读》，1998 年）

34

因此，我认为儒家思想确实蕴含着某种宗教的品格，它不是西方意义上的哲学。……

所谓"中国哲学"，尤其是儒家来说，大体上只是半哲学。正因为它是半哲学，所以就不重视抽象的思辨论证、严密的逻辑推理、系统的理论建构等等。相反，它特别强调理论必须具有实践的和实用的品格。儒家试图对普通人的日常生活，对他们的行为和活动施加直接的影响。对西方人来说，这是宗教而非哲学的任务。事实上，在传统中国社会里，尤其是在士大夫中间，儒学所发挥的作用是一种准宗教的作用。

但是，儒学又不是真正的宗教，它缺少一个人格神的上帝，缺乏特定的组织、仪式和信仰，而所有这些对宗教来说经常是不可或缺的。孔子本人秉持一种"敬鬼神而远之"的态度，很少提到自然力量对人事的干预或作用。他对鬼神的存在既不肯定也不否定，甚至也不提出怀疑，因为任何肯定、否定或怀疑，都必须以智性的探索和理论的思维为前提。

（《实用理性与乐感文化·关于实用理性》，1993 年）

35

正因为儒学将宗教与哲学融为一体，它就既不是宗教，也不是哲学。因此，在儒家思想中就不存在神圣与俗世、灵与肉、此岸世界与彼岸世界之间的紧张冲突，而类似的紧张冲突在诸多宗教中则是明显可见的。对儒家来说，同样也不存在经验与理智、感性与理性、主观与客观之间的冲突，这一点也使它有别于诸多哲学理论。但是，儒家思想却有其自身的尖锐冲突。儒家并不像林教授引述麦克斯·韦伯和莱布尼茨所说的那样，认为"现实世界是'所有可能的世界中最好的一个'"。对儒家来说，恰好相反，现实世界是非常不完善的，最好的世界有待于通过人们努力去创造和复兴。因此，在儒家思想中，真正的紧张仍存乎理想的乌托邦远古世界与污浊的现实世界之间。孔子梦周公，儒家老要"复三代（夏、商、周）之盛"。即使到了宋代，朱熹仍抱怨，较之三代，汉唐盛世也只能算是衰落。去创造一个不同于现实世界的理想世界，在地上建立天国，实现大同太平，这构成了中国士大夫知识分子伟大的使命感。这使命（mission）虽属人事，却关乎天命。因为这种使命感并不只是纯粹的主观意愿和主观理想，而是来自一种宇宙律令，一种神圣的召唤或天职（calling）。中国知识分子勇于献身的热情及其信仰心态绝不亚于宗教徒，"救民于水火"、"以天下为己任"这类信仰、目标和行动，可以同任何宗教对救赎的关注相提并论。

儒家并不仅仅关注灵魂的拯救。灵魂的拯救自属必要。然而，灵魂的拯救是同社会的拯救密不可分的，这就是所谓的"内圣外王之道"。

（《实用理性与乐感文化·关于实用理性》，1993 年）

36

我认为儒学是已融化在中华民族——称他们为汉族、华人也好——的行为、生活、思想感情的某种定势、模式，我称之为"文化心理结构"。我认为儒家最重要的是这个深层结构。

农民一直占中国人口的大多数，到现在还是一样。他们不一定知道孔夫子，也不拜孔夫子。但他们的生活方式、人生态度、价值取向、思想方式、情感表达，全部都受儒家影响。他们重视家庭生活、孝顺父母、拜祖先，慎终追远，这都是儒家思想，尽管他们本身不一定知道。他们的人生态度、生活方式，就是要很勤奋、不偷懒。所以，华人不管在哪里，一直都很勤快，都能够生根发展。印度的和尚是化缘过日子的，中国的和尚当然也化缘，但强调自力更生，寺院有自己的土地，和尚本身也要干活。宋朝的百丈清规规定"一日不作，一日不食"。这恐怕就是儒家渗透进去了的。佛教讲爱护众生，挖土会杀害生命，也是罪过呀！儒家就没有这个问题。所以，一般农民、和尚不拜孔夫子，但还是接受了儒家。

（《世纪新梦·为儒学的未来把脉——在马来西亚的演讲》，1996 年）

37

再重复一遍，我认为儒学之所以能成为华夏文化的主流、骨干，主要在它已化为民族的文化心理状态。正因为此，不但在"大传统"，而且也在"小传统"中，儒学都占据统领地位。而且由于这个"小传统"一直支援着"大传统"，即使佛教东来，朝野翕从，却不但没能在政教体系上动摇儒学（佛学本无政治学说的内容），而且即使在意识观念，民情风俗、心理状态上，也未能改变汉民族的基本面貌和精神。恰好相反，正是这个以"儒"为主的汉民族的文化心理的深层结构，引导了在"大传统"中的佛学中国化（从禅宗到理学）和"小传统"中的"三教合一"（如和尚念经、道士念咒、儒生"喊礼"，在丧事活动中并行不悖）。这个以"儒"为主干的华夏文化心理结构，一方面不断地沉积、巩固即积淀下历史的成果，另方面又不断地吸取、融解、同化新的文化因素，以发展和更新自己。与此平行，并反射到"大传统"的意识形态和理论领域上，于是朱熹的孔子不同于董仲舒的孔子，康有为的孔子不同于朱熹的孔子，以及今天的孔子又将大不同于一切以前的孔子，如此等等。

在这意义上，表层结构如何转化为深层结构，后者又如何制约和改变前者以及改变自身，这之间的各种复杂关系便值得继续深究。一般说来，许多表层结构已随时间而消逝或动摇，但积淀在深层结构层次上的那些东西却常常顽强地保存下来。其中既有适用和有益于现代生活的方面，更有阻碍现代生活的方面；今天对此无意识加以意识，搞清它的来龙去脉，正是认识儒学的真正面目，以卜测其未来的重要途径。

（《世纪新梦·初拟儒学深层结构说》，1996 年）

38

儒家的重要性，即是在它塑造华人的生活方式、人生态度和价值观念上。儒家与其他的生活方式、价值观念相比当然也有它的弱点。《儒林外史》里的那些儒生不就很丑陋吗？"五四"以来对儒家不是批判的很多吗？不是说"丑陋的中国人"吗？我愿再次强调，任何一种文化都有它的长处、短处，儒家也是一样。有人说儒家是最好的，明天就能拯救全世界。我看是头脑发烧。我们要认识到自己的长处、短处，它们不仅是书本、理论的东西，而是存在民族身上的活生生的长处、短处或缺点，你只要认识它，意识到它，你才可能知道怎么样去发挥长处，改变弱点。要不然你怎能改？怎能前进？我觉得研究儒学的意义就在此。从这个角度去回答"什么是儒学"，不是更有意思、更为重要吗？

（《世纪新梦·为儒学的未来把脉——在马来西亚的演讲》，1996年）

39

正因为在实用理性中，情与理是相互交织在一起的，这种情便不是反理性的狂热或盲目的屈从。较之某些宗教，实用理性更有可能去调适情与理的关系，限制非理性的情感，使之不致对接受新事物构成大的障碍。实用理性更注重吸取历史经验以服务于社会生活的现实利益。例如，中国传统向来不重视抽象思辨、逻辑推理和科技发明，然而，当现代科技自西方而来并证明了其效用之后，中国人很快便接受了它，而且还接受了从形式逻辑到各种哲学理论等一整套西方的思维模式，并在科学领域大显身手。

因此，在今日现代化的进程中，实用理性便完全有可能找到合理有效的方法去解决诸如政教合一、伦理与政治混融不分、狂热的革命激情等问题。……实用理性作为中国人文化心理活动的结构原则，并非静止的、一成不变的形式，它重视的正是变化、扩展、更新和发展。从而，中国传统、儒学和实用理性不会对现代化构成障碍。

（《实用理性与乐感文化·关于实用理性》1993年）

"宗教性道德"和"社会性道德"之作为道德，其相同点是，两者都是自己给行为立法，都是理性对自己的感性活动和感性存在的命令和规定，都表现为某种"良知良能"的心理主动形式；不容分说，不能逃避，或见义勇为或见危授命。其区别在于，"宗教性道德"是自己选择的终极关怀和安身立命，它是个体追求的最高价值，常与信仰相关系，好像是执行"神"（其实是人类总体）的意志。"社会性道德"则是某一时代社会中群体（民族、国家、集团、党派）的客观要求，而为个体所必须履行的责任、义务，常与法律、风习相关连。前者似绝对，却未必每一个人都能履行，它有关个人修养水平。后者似相对，却要求该群体的每个成员的坚决履行，而无关个体状况。对个体可以有"宗教性道德"的期待，却不可强求；对个体必需有"社会性道德"的规约，而不能例外。一个最高纲领，一个最低要求；一个是范导原理（Regulative Principle），一个是构造原理（Constitutive Principle）。

（《世纪新梦·哲学探寻录》，1994 年）

"儒道互补""儒法互用"是中国传统的关键。儒道之所以能互补，是因为儒学本身即有疾俗避世、独善其身的思想（"道不行乘桴浮于海""用之则行，舍之则藏"等等）。儒法之所以能互用，亦在儒学本身即有重视行政、强国富民的思想（"庶之富之""以不教民战是谓弃之"等等）。

（《世纪新梦·关于"内圣外王"之道》，1994 年）

42

在中国，原始文化中那许许多多神秘的、非理性的因素，早在先秦便被包括儒学在内的各家所解构、破除和排斥，以至神话都极少流传下来。孔子删诗、书，订礼、乐，对"黄帝活三百年"、"黄帝四面"、"夔一足"等等理性化的政治诠释，极大地加强了以周公为代表的巫术理性化的过程。中国日渐成为所谓"礼义之邦"，其意义不仅在于"礼义"成为人们行为、活动的外在标准，而且更在于它们也成了人们内在心性的规则。宋明理学"存天理灭人欲"的心性探求，以理论形态更突出表现了这一特点。总之，在中国儒学，不管是朱子学或阳明学，都是"仁"重于"礼"，对内在心性的主动塑造和追求远重于对外在规范的严格遵循和顺应。在这里，内在心性的全面理性化和合理化已将自然情欲和各种非理性的原始冲动和神秘感觉压缩到了极度。

（《世纪新梦·中日文化心理比较试说略稿》，1997年）

43

"乐感文化"并非盲目乐观，其中包含有大的忧惧感受和忧患意识。如马王堆帛书《五行篇》所云："无中心之忧则无中心之智，无中心之智则无中心之悦，无中心之悦则不安，不安则不乐，不乐则不德。""乐感文化"的"悦""乐"正是通由忧患、忧惧、忧虑而来。范仲淹说："进亦忧，退亦忧。"由忧而思，而学，才有"智"，有"悦"，有"安"，也才有"乐"。"乐"在儒学是一种"德"：道德品质和人生境界。因为人生在世，无论就群体或个体说，都极不容易，"乐感文化"的要义正在于：人生艰难，又无外力（上帝）依靠（"子不语怪力乱神"等），只好依靠自身来树立起积极精神、坚强意志、韧性力量来艰苦奋斗，延续生存。

（《世纪新梦·中日文化心理比较试说略稿》，1997年）

44

由于儒家的"一个世界"观，人们便更加重视人际关系、人事情感。感伤生死无常、人生若寄，把生的意义寄托和归宿在人间，"于有限中寓无限"，"即此世而求超脱"。由于"一个世界"，人们更注重在日常生活和普通行为中自强不息、韧性奋斗，"知其不可而为之"。由于"一个世界"，儒学赋予自然、宇宙以巨大的情感性的肯定色彩："天地之大德曰生"，"生生之谓易"，"天行健"，"厚德载物"……，用这种充满积极情感的"哲学"来支持人的生存。从而人才能与"天地参"，以共同构成"本体"。此即我所谓的"乐感文化"。由于"一个世界"，思维方式更重实际运用，轻遐思玄想；重兼容并报（有用、有理便接受），轻情感狂热（不执著于某一信仰或理念），此即我所谓的"实用理性"。

（《世纪新梦·初拟儒学深层结构说》，1996年）

45

儒学深层结构中可以继承发扬的，是这种为国为民、积极入世的情理结构，但只能把它纳入我所谓的"宗教性道德"（"私德"）之中，以引领个体的行为活动；而必须与共同遵循的"社会性道德"（"公德"）相区别。后者是以现代理性精神、个人契约原则为基础的。这就是说，要注意区分理性与情感、公共道德与个人修养，虽照顾情理交融的传统，但决不使其淹没一切，泛滥无归。与此同时，让现代生活的理性体系和价值规范作为风俗习惯在日常生活中逐渐沉积，以改变原有积淀，为转换性创造新时代的深层结构而努力。这也就是我所主张的"自由主义"：以宣传现代观念为张本，以建立未来的人性为鹄的，通过教育，来逐渐既保存又改换传统的情理深层。这也就是转换性的创造。

（《世纪新梦·初拟儒学深层结构说》，1996 年）

儒家强调父慈子孝。这就不是自然情感，而是人性情感。儒家认为，人的一切、社会的一切，都应建立在这个基础上。这样就把情感提高到崭新的深度和极高的水平上，这是孔子的一大功绩。他把理性、智慧、道德各种要求，建立在人性的情感上面。这就是我认为儒家不同于一般哲学思辨的重要特征。

这一点，过去很少人从根本理论上加以强调，儒学强调情理不能分隔，而是渗透交融和彼此制约着的。例如"理无可恕，情有可原"。同时强调情里面有理，理里面有情，"理"的依据是"情"，而"情"又必须符合理性，从而"理"不是干枯的道理，"情"不是盲目的情绪。所以，尽管儒学提倡忠、孝，却反对愚忠愚孝。

中国人喜欢讲合情合理。我上课讲儒家的原则时，外国学生听了哈哈大笑。我说，如果父亲生气，拿根小棍子打你，你就受了吧！要是用大棍子，就赶快跑！这就是所谓的"小棍受，大棍辞"。我问他们：为什么？古人作过解释，父亲是一时气愤，真的打伤了孩子，父亲也伤心。孩子逃跑，反而真正"孝顺"了父亲，不逃反而是愚孝，你受伤，父亲心里也受伤，名声也不好。左邻右舍会说：这个父亲多么残忍啊！你逃是很有理的，不只保护你自己，也保护你的父亲。

（《世纪新梦·为儒学的未来把脉——在马来西亚的演讲》，1996 年）

孔、孟都讲"经"与"权";"经"翻译成现代语言就叫原则性，基本原则必须遵守；另一方面，"权"是灵活性，要你动脑筋，要有理智。有经有权，才真正学到儒学。儒学不是一种理论的条文而已，在政治、经济、生活上都有用处，既讲原则性，也有灵活性，但不能情感上盲目的服从，它不是非理性的盲目信仰。君王或父亲都有犯错的时候，做臣子或做孩子的，都要考虑到这个问题。这跟日本的武士道不一样。中国在大事上强调过问是非。好像父亲、君主要你去杀一个人、打一个仗，也要考虑到对不对，日本武士道就只讲输赢，不问对错，盲目服从、信仰、崇拜，打输了就切腹自杀。

中国历史上有一些著名的关于刺客的故事，遇到好人杀不下手，不杀又对不起主人，就自杀了。他没有盲目的服从，儒家很赞赏。儒家有所谓"从道不从君"、"从义不从父"等说法，就是说，服从道理比服从个人包括君、父重要。这是非常理性的态度。儒家并没有宗教性的狂热，但非常强调人的情感性的存在，并认为任何的行动都以情感为基础。

儒学的好些基本观念、思想以至范畴，如仁、义、礼敬，孝慈、诚信、恩爱、和睦等等，无不与情感直接间接相联系。

儒家强调情感，甚至把宇宙也情感化。天地（自然界）本来是中性的，老子说，"天地不仁，以万物为刍狗"。但儒家偏偏要给它一种肯定性的情感性质。你看，天地对你多好，赐给你生命，"天地之大德曰生"，"天行健，君子自强不息"，你要努力才符合天地的规律。儒家使世界充满着情感因素，我认为这点十分重要，"人性善"才因此产生，这与基督教传统不一样。

（《世纪新梦·为儒学的未来把脉——在马来西亚的演讲》，1996 年）

48

阴阳五行不创始于儒家，但汉代的儒家吸收、接受，传播了它们，成为社会普遍的观念、思想和信仰。针灸、堪舆、中医不都说阴阳五行吗？尽管从现代的眼光来看，有些是非常不科学的，有些甚至是虚幻、迷信的东西，但里面的确有很多经验的、科学的东西存在。例如中医。不是中医不"科学"，而是现在的科学水平，还没发展到解释中医的地步，也许在五十年、一百年后，科学才能非常实证地解释中医。

大家都知道针灸，原来西方学者不相信，说这是心理作用，不是什么生理作用。现在他们相信这不是心理问题，的确有生理的作用。但是，针灸实践依据的经络学说，西医还找不出是什么东西。但它是存在的。这还包括大家讲的气功。科学没发展到解释它的那个地步。现代科学没法解释并不能说它是不存在、不合理或迷信的。

这一套东西，我觉得是汉代儒家把它吸收进来并发扬光大，搞成一套天人的理论。这是儒学的一个很大发展。

（《世纪新梦·为儒学的未来把脉——在马来西亚的演讲》，1996 年）

中国人即使在困难时，总愿意相信前途美好，明天时来运转，所以只要坚持下去，好日子总会来。中国民族也好，海外的千万华人也好，因此能够经历各种艰难困苦而生存下来。孔子说：岁寒然后知松柏之后凋，这就是儒学精神，中华文化的基本精神，它培养了一种人格、操守、感情、人生理想、生活态度。可见儒学虽然不纯粹是宗教，但它却包含着宗教的热情；儒学虽然不纯粹是哲学，但它却包含了哲学的理性。从哲学的角度来看，儒家是最讲实际、最重情感的；从宗教的角度来看，儒学是最宽宏、最讲理性的。这就是儒学的特点。

（《世纪新梦·为儒学的未来把脉——在马来西亚的演讲》，1996 年）

50

总之，"外王"（政治哲学）上自由、民主的美雨欧风，"内圣"（宗教学、美学）上的"后现代"同样的美雨欧风，既然都随着现代化如此汹涌而来，传统儒学究竟能有何凭借或依据，来加以会通融合？"三期说"以为儒学传统已经丧亡，只有凭借和张扬孔孟、程朱、陆王、胡（五峰）刘（宗周）的圣贤"道统"才能救活，从而以"道统"的当代真传自命。在"四期说"看来（指李泽厚所持的"儒学四期"说——编者注），如果传统真的死了，今日靠几位知识分子在书斋里高抬圣贤学说，恐怕是无济于事，救不活的。"四期说"以为，正因为传统还活着，还活在尚未完全进入现代化的中国亿万老百姓的心里，发掘、认识这种经千年积淀的深层文化心理，将其明确化、意识化，并提升到理论高度以重释资源，弥补欠缺，也许，这才是吸取、同化上述欧风美雨进行"转化性的创造"的基础。也许，只有这样才能从内外两方面开出中国自己的现代化？

（《己卯五说·说儒学四期》，1999 年）

51

我认为日本文化传统与中国文化传统表面上看起来相似，实质上截然不同。儒家文化在日本文化中占的地位并不大。当然日本文化受中国文化一些影响，但它已将儒学改造了，而日本本身的文化完全是另外一回事。把日本和新加坡、（中国）台湾、（中国）香港放在一起，我不赞成。

新加坡、（中国）香港、（中国）台湾当然主要是中国文化，但它们的经济起飞主要也不是靠儒家，我认为主要是引进了现代的制度，主要是法制即英国那套文官体制，规章制度。新加坡、（中国）香港留存的英国的那一整套政治制度至今在有效地起作用。至于为什么起作用，则可能与儒家文化有一定关系。为什么它们在印度就没有那么有效？与文化传统恐怕不无关系，但这毕竟是次要的。

（《走我自己的路·"五四"的是是非非》，1989 年）

52

我举过一个例子：失火了，一个大科学家牺牲自己去救出一个老朽，这是为了人类总体生存的原则而牺牲自己。这就是康德所谓必须服从的"至上命令"，因为在整个人类（包括过去、现在、未来）面前，正如在上帝面前一样，任何个体、任何个体的功业，包括爱因斯坦在内，也都渺不足道；为这"人类总体"而牺牲自己，这种道德极其崇高，是宗教性道德。但是你不可能要求每个人都这样做；你可以喊人救火，可以去取水救人，但你不一定非要牺牲自己去救他，那也是道德的，这是社会性道德。包括消防队员为救人而牺牲，也是这种社会性道德，因为这是他的职责所在。现在很发达的各种职业伦理学，都属于申述这种社会性道德。但你不去救火，反而幸灾乐祸，人家烧死了，你却拍手称快，这就是不道德了，不过也并不违法，法律不会来过问你。但如果你趁火打劫，这就不是道德不道德的问题，而是违法了。道德有很多不同的层次，道德和法律之间也有很大差别。社会性道德与政治、法律关系密切，经常要求社会成员遵循；宗教性道德则常是个体的终极关怀所在，是对自己生命意义的一种寄托，因人而异，个人觉得这样做心安理得，觉得值得牺牲自己来这样做；但不能要求每个人都这样，更不能由政府来宣传或推行。

（《世纪新梦·与王德胜的对谈》，1994 年）

53

我不欣赏"少儿读经"之类的笼统做法、提法，它很难与当年袁世凯的"尊孔"彻底分清。蒋庆甚至公开谴责蔡元培当年取消读经。在我看来，如果"五四"那批人是"启蒙"，那么现在一些人就是"蒙启"：把启开过的蒙再"蒙"起来。公德私德之分并不是我提出的，梁启超早就提出了。我是主张培育宗教性道德的，但我不赞成笼统地提倡"读经"。

儒家经典中的许多道德是与当时的政治法律体制和生产、生活方式联系在一起的，它产生在已有严格等级的氏族社会中，发展在专制政治体制的传统社会里。所以"天尊地卑，乾坤定矣；卑高以陈，贵贱位矣"，"天王圣明，臣罪当诛"等等便是这种道德的核心内容。"经"也有一大堆，"四书"《诗经》以及《周易》《礼记》可以选读一些，但《尚书》《春秋》（这是蒋先生视为至宝的）也要人去读去背吗？《仪礼》《周官》《尔雅》呢？需要人人必读吗？我以为不需要。……

我反对不分青红皂白地提倡"读经"，那样可能会从小就培育原来传统政治体系所需要的奴性道德。

（《李泽厚近年答问录·要启蒙，不要蒙启》，2004 年）

54

我重视儒家，并不是因为它死了，要把它救活。以牟宗三为代表的现代新儒家说儒家死掉了，要救。我觉得情况恰好相反，正因为它还活着，我们才重视。要把无意识的变成意识的。老实说，如果真死了，凭几个知识分子是救不活的。

因此，儒学不能变成深奥难懂的哲学理论，变成少数人的东西，那意义不大，也失去了儒家的基本精神。儒家的基本精神恰好在于它对塑造民族的文化心理结构起了很大的作用。

中国人是很实际的。两个人吵架，调解人总说算了吧、算了吧！并不讲谁对谁错，和解了就行、不吵了就行。我小时候感到奇怪，总要说个谁是谁非，到底是你对还是我对嘛！西方就不一样了，经常要上法庭，找律师，搞个是非判决，但上法庭有时搞得两败俱伤、人财两空。中国人一般不大愿意打官司，请中间人这边跑跑、那边跑跑，调解了事，以和为贵，是非不必要搞得太清楚！这倒是真正的儒家精神。

到底什么是"儒学"，我现在把这个问题提出来。上面自己的看法、意见也并不完全没有根据。梁漱溟先生说："孔子的学说不是一种思想，而是一种生活。"这句话看来简单，其实十分深刻。我上面所说的其实也就是这个意思。

（《世纪新梦·为儒学的未来把脉——在马来西亚的演讲》，1996 年）

55

传统和儒学所面临的最后绝境是在今天。由于现代社会生产和生活方式的根本变革，带来了血缘纽带的瓦解，大量农民进入城市，家庭生产式微，宗法关系消失，二千年来以孔子—荀子为主干的"礼制""名教"终于走到了尽头。思想往往是时代和现实的先声，19 世纪末谭嗣同便率先发出了批判礼教的最强音，提出以"仁"代"礼"，即要求建立新的、现代的、从西方传来的自由、平等、独立的伦理—政治来代替原有传统的"三合一"的礼……

这是值得人们缅怀和尊敬的勇敢的启蒙先声。传统礼制确乎具有这种服务于当时专制体制的奴性道德内容，它给中国人带来了精神上和道德上的巨大伤害，谭嗣同要求冲决它的巨大网罗，呼唤个体的自由、平等、人权和独立，这是永远值得大书特书的。遗憾的是，历史的曲折使谭嗣同所批判的旧"三纲"虽已大体崩毁，但自由平等的新秩序却远未建立。旧信仰旧道德荡然无存，新信仰新道德却无由明确。"礼制"是完蛋了，那么如何来对待这个传统的"三合一"呢？这似乎才是问题所在。

（《己卯五说·"说巫史传统"补》，2005 年）

56

我认为，如拙作《论语今读》《历史本体论》《己卯五说》等所再三宣讲，今天的要务是应区分宗教、伦理与政治，实现中国式的政教分离。我提出两种道德论（有关政治法律的"社会性道德"和有关个体信仰的"宗教性道德"）认为，首先要区别两种道德。现在仍然需要继承启蒙精神，建立起如谭嗣同讲的在"朋友"（即自由、平等、独立、人权）基础上的崭新的伦理和崭新的政治，这就是现代生活的"社会性道德"。它不再是"事父事君"、"首重三纲"的旧道德和旧政治，恰好相反，而是彻底根除官本位，扫清传统专制体系，使官不再是"民之父母"，而真正成为人群公仆的新道德和新政治。然后才是如何使"宗教性道德"对"社会性道德"产生范导和某种适当的（即不逾越上述原则的）建构。这也就是"以德化民"和"以法治国"的关系。

（《己卯五说·"说巫史传统"补》，2005 年）

总之，舍弃原有"三合一"的具体内容，改造其形式结构以注入新内容，使"礼教三合一"变而为"仁学三合一"，即建立在现代生活的"社会性道德"基础之上，又有传统的"宗教性道德"来指引范导而形成新的统一，以创造出新形式新结构的"宗教、伦理、政治三合一"。它就仍然可以承继"天地之塞吾其体，天地之帅吾其性；民吾同胞，物吾与焉"（张载）的传统精神，这便是对传统的转换性创造。

这当然是非常艰难非常复杂的历史性的奋斗过程。但这奋斗本身有神圣性，这神圣性又仍然是建立在世俗现实和日常生活之中，而不是在它们"之上"或"之外"。也许，这种对生命神圣和人生神圣的奋力追求，才是中国巫史传统以及儒学面对世界文明所可能提供的贡献。

（《己卯五说·"说巫史传统"补》，2005 年）

历史终结日，教育开始时

58

我现在提出一个命题："历史终结日，教育开始时。"这一点我过去只提及，没有多谈。以前的教育都是为其他的目的服务。封建社会为培育"学而优则仕"的士大夫服务，资本主义为培养工程师、科学家、医生、律师、会计师等等各种专家服务，而不是为了塑造人性本身服务。历史终结了，教育倒可以开辟新天地。现在人们对许多东西研究很深，但对人本身、人的头脑的生理机制、人的个体潜在能力的研究都是很不够的。这些方面还大有可为。包括气功、特异功能，现在的科学没法研究，但是到五十年、一百年以后，可能其中很多就可以研究了。这是从科学层面说的。从哲学层面说，是怎样研究去真正树立人性，即研究人怎样才能既不只是机器又不只是动物。也许只有教育才能解决现代社会所面临的——人既是机器的附属品又是纯动物性的存在的状况。这种分裂的人格，包括其中好些问题，如吸毒、暴力等，不完全是社会原因造成的（当然大有社会原因），而是人性中有许多问题。只有研究教育，研究人性，也许才能较好地消解这些问题。

（《世纪新梦·与高建平的对谈》，1994 年）

59

教育不能狭义地理解为职业或技能方面的训练和获得，如在今天世界各地特别是在资本主义社会里那样。教育的主要目的是培养人如何在他们的日常生活、相互对待和社会交往活动中发展一种积极健康的心理。现在我们还有五个工作日，身处农业和不发达地区的人们承受着更为过量的工作。如果有一天全球都实施了三天工作制，情况就会大不一样。到那个时候，人类会做些什么呢？这是一个关系到我们未来的严肃问题，教育课题会极为突出。我们必须对此加以思考。

（《世纪新梦·与杰姆逊的对谈》，1994 年）

60

我以为，不止在中国，而且在全世界，教育问题将日益迫切。下个世纪以后将日益成为以教育为中心的时代，人文知识的责任就更大。这也就是我所希冀的"第二次文艺复兴"。第一次文艺复兴是回归古典希腊，从神的统治下解放出来，提出了人性问题。这次文艺复兴则可能回归古典东方，从机器的统治下解放出来，重新确立人性。这也就是我讲的"西体中用"的遥远前景。这样，也才能使这个拥有世界人口四分之一的广阔土地上出现一条真正的新路，从而对整个人类文明作出贡献。

（《世纪新梦·再说"西体中用"》，1995 年）

61

我以为在新时代有个很根本的问题，即教育问题。下个世纪，再下个世纪，全人类应该以教育为中心学科，这是一种新的教育。中国传统是士大夫教育，"学而优则仕"。资本主义的教育是培养大量的专家：工程师、律师、医生等等。新时代的教育，是如何建立一个人，是研究如何建立健全的人性。人不同于动物，不能把人性归结为动物性。人性也不是机器性。现在人在工作时几乎只是机器的一个部分，人被电脑统治了，人从这种工作机器中逃脱出来，便进入了一种纯动物性的求欢和感官刺激之中。人于是又变成了动物。这就是一个"异化"了的世界。因此什么是真正的人性，如何去培养和确定它，以充分地自由地发展和实现人的个性和潜能？这就是任务所在。其实马克思讲过这一点，这才是未来的共产主义。所以孝、悌、忠、信不是一种先验的需要，而是通过教育培养出来的某些情感或情感的成分、要求。机器人没有情感，要干什么就干什么。动物也没有情感，是情欲。动物不会写情书，只有人才有多种多样的爱情描写，文艺中大讲爱情、死亡这些问题，这就是人性情感。

（《世纪新梦·再说"西体中用"》，1995 年）

62

但人类一体化、世界一体化是不可避免的了。任何国家、地区以至个体想"遗世而独立"是不大可能了。工具本体和物质生活的这种一元化（同样的钢铁、石油、家用电器、塑料制品、超级市场……），倒恰好分外要求心理本体和精神生活的多元化。也许只有这样，才能努力走出那异化的单调和恐怖？在富有自由、机会和选择，同时即意味着偶然性不断加大、命运感日益加深、个体存在的孤独和感伤更为沉重的未来途中，追求宗教（或准宗教）信仰、心理建设和某种审美情感本体，以之作为人生的慰安、寄托、归宿或方向，并在现实中使人们能更友好地相处，更和睦地生存，更健康地成长，不再为吸毒、暴力、罪行、战争……所困扰，是不是可以成为新梦中的核心部分？不再是乌托邦社会工程之梦，而是探求人性、教育、心理本体之梦，从而也是询问和研讨"自然的人化"和"人化的自然"之梦，大概必须在衣食住行高度丰实富足的 21 世纪，也才可能真正被提上日程？

（《世纪新梦》，1992 年）

63

人们都大谈"信仰危机""道德危机"。……于是，有人主张应在中国普及基督教，认为大家都信基督教，便好办了。我估计虽然基督教在中国会有很大发展，但要它成为中国大多数人特别是知识分子的主要信仰，恐怕很难。于是，有人提出要振兴"国学"，宣传孔、孟、程、朱，现在大陆的官员和学者几乎不谋而合地在掀起一阵阵的"国学热"。但这样能解决问题吗？我也怀疑。我以为中国传统文化或文化传统是一个庞然大物，首先必需分析它、解构它，然后才能谈继承和建设，这才可能是文化上的"转化性的创造"。我以为，中国传统文化和文化传统基本特征之一，是我多次提过的"政治、伦理、宗教三合一"，即中国式的"政教合一"。……

　　我之所以强调政治与宗教、政治与道德的区分；之所以强调即使在道德层面上，也应将"宗教性道德"（个体的安身立命，终极关怀）和"社会性道德"（自由、平等，人权等现代生活的共同规范）区分开来；之所以强调改"天地君亲师"为"天地国亲师"，强调"国"不能再是政体、政府、政治，而只是家园、乡土、故国；之所以强调"宗教性道德"得由个人自由选择，群体（包括政府）不应干预；"社会性道德"则应由群体（包括政府）积极通过教育、法律等尽速培养建立，等等等等，都是为了分析传统文化、解构原有的"政教合一"，以进行"转换性的创造"。

（《世纪新梦·再说"西体中用"》，1995 年）

卷二　历史

历史在悲剧中前行

评价历史人物，主要是看一个人在历史上所起的客观作用。从推动或阻碍历史发展的大小着眼，确定其在历史上所起的主要作用，而不是单纯从个人着眼，沉溺在个人的各种思想、细节中纠缠不清。首要的是历史上的客观功过，而不是个人某些主观言行。所以，这既不是去平衡个人的一生言行，也不是去抽象品评个人的道德、品质，应该以历史学而不是以伦理学的标准来作为衡量尺度，除非这种道德、品质确在当时或后代造成了重要客观影响，更不是带着主观框框片面去集中优点或缺点。人不是神，总有各种长处和弱点、功绩和错误。把屠夫的伪善张扬起来，可以被当作圣人；把英雄的缺点抽象集中起来，也可以认作是坏蛋。……这里需要的是历史的具体的分析。

（《中国近代思想史论·章太炎剖析》，1978 年）

黑格尔和马克思都说过，巨大的历史事变和人物，经常两度出现。令后人惊叹不已的是，历史竟可以有如此之多的相似处。有的相似只是外在形式，有的则是因为同一或类似的本质规律在起作用的原故。之所以应该重视中国近代史的研究，也正在于中国近百年来的许多规律、因素、传统、力量等等，直到今天还在起着重要作用，特别是在意识形态方面。死人拖住活人，封建的陈垢阻挠着社会的前进。从而，当偶然的事件是如此的接近，历史似乎玩笑式地作圆圈游戏的时候，指出必然的规律和前进的路途，依然是一大任务。

（《中国近代思想史论·后记》，1979 年）

3

偶然不仅是必然的表现形式，而且还是它的"补充"，也就是说，并非每一偶然都一定是必然的体现。正如马克思在青年时期就十分重视伊壁鸠鲁那个不遵循必然规律的原子偏离运动一样，我们在历史研究过程中也应注意各种不同性质的偶然，它所带来的种种后果，和对必然的影响和关系，这样历史才能成为活生生的有血有肉的人所创造的历史，而不是些呆板的公式和枯燥的规律，也才不是宿命论或自由意志论。……黑格尔曾认为，哲学史和政治史相反，在后者中，个人的品格、天赋、气质的特性是行动和事件的主体；在哲学史中，则完全不是这样，无个人特性可言的思维本身才是历史的创造性的主体。黑格尔这一观点是深刻的。微不足道的细节或人物可以在政治事件中有时起决定性作用，思想史则不发生这种情况。政治史中充满了繁复多变的偶然和机遇，思想史却不然，它只指示着必然的行程。

（《中国近代思想史论·后记》，1979 年）

4

我一直相信，历史充满着各种偶然。例如，没有毛泽东就没有"文革"。历史也许常在这种悲剧性的矛盾中行进罢——所以我常说"历史是一种悲剧的二律背反"。……我想，我们要更深刻的理解历史，理解悲剧性的历史进展，从而在这里面理解自己，理解人的"自我意识"。

[（《走我自己的路（增订本）·与台湾学者蒋勋关于〈美的历程〉的对谈录》，1988 年]

5

必然与偶然，我重视偶然。我认为研究历史要重视偶然。必然是一段很长时间才体现出来的规律，但每段具体历史的变化却是以偶然的面目出现的。在苏联，假如列宁晚若干年去世；在中国，假若毛泽东早若干年去世；历史就不一样了。研究历史，不能盲目崇拜必然性，这会导致宿命论。历史都是通过偶然的事件表现出来。做一件事，可以成功，也可以失败，都是通过偶然的事引起的。重视偶然性，就是重视创造性，不搞宿命论，重视每个个体对历史的创造。

（《走我自己的路·改良与革命之答记者问》，1988 年）

6

迄今为止的历史，总践踏着千万具尸体而前行。文明通过暴力、战事、掠夺、压迫、剥削、阴谋、残酷、滥杀无辜、背信弃义等等来斩榛辟莽，开拓旅程。大英雄、大豪杰、大伟人也经常是大恶棍、大骗子、大屠夫。"窃钩者诛，窃国者为公侯；公侯之门，仁义存焉"。就人类说，历史经常在这悲剧性的恶的事业中发展前行；就个体说，从古至今，幸福与道德也很少统一。

（《世纪新梦·哲学探寻录》，1994 年）

7

历史的行程远非直线，而略一弯曲却可以是百十年。

（《美的历程》，1981 年）

8

是经济而不是"思想"成为引领社会以至支配政治的动力。

（《实用理性与乐感文化·思想史的意义》，2004 年）

9

历史本是集体事业，伦理却是个体精神。经济以数字，文艺以形象，分别代表两者诉诸人的理知和情感。经济愈全球一体，生活愈同质化，消费文化愈发达，活得愈繁荣、富裕、"快乐"，人便愈要反抗各种异化。个体愈益成为权力机器（科技机器和社会机器）的附属品，也将愈发现自己这只一次的生存如此之珍贵和无可替代。从而，多元的文化、信仰和精神世界，并不会因物质生活同质性的历史终结而同质而终结。也许，未来世界在"为科学而科学、为艺术而艺术"中，在"以美启真"、"以美储善"中，可以去寻找历史与伦理的某种统一？尼采在 20 世纪初鼓吹肉体生存和超人英雄，至今激动人心。尼采要求超越善恶，反抗平庸，成了抵抗历史的伦理命令。看来，人性（human nature）与人文（human culture）的一致和冲突所包含的这个二律背反，还将有一个漫长复杂的展示路程。于是，人随着历史，仍将在悲剧中踉跄前行，别无选择。

（《己卯五说·说历史悲剧》，1999 年）

恶作为推动历史前进的杠杆与善作为人类本体的价值，只有在度过尖锐矛盾冲突的漫长历程后，才能逐渐缓和、协调和一致。这也就是个体的主体性从集体主体性中彻底解放出来，使"每个人的自由发展是一切人的自由发展的条件"（马克思、恩格斯：《共产党宣言》），亦即当伦理主义（当然包括人道主义）等同于历史主义的时候，个体主体性也才能真正全面充分地建立起来。也许这太乐观了，因为这种矛盾冲突很可能长期甚至永久存在下去。

（《实用理性与乐感文化·哲学答问》，1989 年）

11

如果说儒学充分体现了中国"实用理性"的情感面；那么道家则是中国"实用理性"的智慧面的展现。一仁一智，儒道互补。这"互补"也展示出"宗教性道德"与"社会性道德"的复杂关系。一方面，例如中国重老，某些原始部族却杀老；"王何必曰利，亦曰仁义而已矣"，"义利之辩乃人禽之别"，是传统社会的道德；"恭喜发财"，"时间就是金钱"是现代社会的"道德"；伦理准则道德标准的相对性、可变性、功能性显示出历史主义和无情辩证法的巨大力量。但另一方面，"杀老"正如"重利"一样，毕竟不能作为"绝对律令"而长存。相反，侯门必悬仁义；大坏蛋也要满口"仁义道德"、"人民大众"、"民族国家"；人作了坏事，清夜扪心，仍有自愧；这一切又都显示出任何相对主义、历史主义仍旧掩盖不住那以维系人类总体生存为根底的"宗教性道德"的本体威严和崇高。正是它积淀了超越具体时代、社会的人的文化心理结构。这也就是"儒道"、"儒法"虽互补，却为什么仍需以"儒"为主干的原因。

（《实用理性与乐感文化·哲学探寻录》，1994 年）

12

"人活着"正处在双重异化中，异化的感性使人成为纵欲的动物；异化的理性使人成为机器的奴仆，"人是什么"变得很不清楚了。根据我的积淀理论，人不应只是理性主宰感性，也不只是感性情欲动物，而是理性如何渗入、溶解在感性和情欲之中，以实现个体存在的独特性。因此，我设想第二次文艺复兴：第一次文艺复兴使人从神的统治下解放出来，今日的文艺复兴是人需要从机器（科技机器和社会机器）的统治下解放出来。这解放不是通过社会革命，而是通过寻找人性。

（《实用理性与乐感文化·课虚无以责有》，2003 年）

13

我认为，经常被忽视、实际很重要的是，已长久积淀在亿万中国人性格中的文化心理结构。发掘这种结构，将人们的无意识唤醒为意识，了解其中长久维系这个具有巨大人口的文化体的"精神"，将有助于中国的现代化。这正是我的"西体中用"的重要内容，即在输入西方现代化的科技—经济以及政治体制的同时，要它们在中国很好运用和实现，还需要了解中国的文化传统或哲学精神。当然，这种精神也呈现在中国思想家的经典文本中。

（《实用理性与乐感文化·课虚无以责有》，2003 年）

14

人类从动物开始。为了摆脱动物状态，人类最初使用了野蛮的，几乎是动物般的手段，这就是历史真相。历史从来不是在温情脉脉的人道牧歌声中进展，相反，它经常要无情地践踏着千万具尸体而前行。战争就是这种最野蛮的手段之一。……暴力是文明社会的产婆。炫耀暴力和武功是氏族、部落大合并的早期宗法制这一整个历史时期的光辉和骄傲。所以继原始的神话、英雄之后，便是这种对自己氏族、祖先和当代的这种种野蛮吞并战争的歌颂和夸扬。

（《美的历程》，1981 年）

1992 年曾游历欧洲各地，其中令我感怀最深的，是雅典的巴特隆神庙。公元前的巨大石建筑，虽残破却庄严地耸立在那不高的山坡上，那么壮健而洁净。它们站在那里已经数千年，我有一种说不出的感动。感动什么呢？讲不清楚。是因为那是几乎征服了全世界的欧洲文明的源头？是因为它可以使人想起城邦民主和自由人的精神？是因为那绚烂而朴实的建筑物本身？……好像都不是。我来自中国，这神庙本与我无关。奇异的是，它却使人感到这也是自己生存的一部分。所以这感动的确是某种惊叹赞赏，但这惊叹赞赏又似乎和对与己有关的人类生存的确认有关。记得十多年前游罗马，不是宏伟的斗兽场，而是存放尸体、被残酷迫害的基督徒的地下通道，使我有过类似的感动。看来这感动显然有关乎历史。历史在这里双层栖居着：它是那一去不可复返的特定时空以及由人们不断描述解说着的经验话语；但它又同时是那可以超越特定时空而与我当下交会的某种感情。

（《世纪新梦·历史与情感——何兆武〈历史理性批判散论〉序》，1993 年）

除对人要吃饭从而体现人类宏观经济行为外，我于所谓历史的"必然性"，一般相当怀疑，但我仍然赞同保存真古迹，读点历史书。为什么？也许，只是为了在这里去发现和领略真正的历史，证明历史并不只是那一去不复返并被完全空间化的可计量测度的时间，它同时可以是如艺术作品永恒存在并不断积淀在人们心理中的情感"时间"，那推撞着人们去有选择地创造历史的活的时间。前者可以是书写着的经验、记忆工具、出发点，后者则必须是亲历着的感伤、感慨和感情。从而时间——历史终将永恒地作用于人，影响于人，看来又是无可回避的了？！

（《世纪新梦·历史与情感——何兆武〈历史理性批判散论〉序》，1993 年）

17

总之，人类靠庄子所痛斥的"机事""机心"来维系生存，改善生活，这就是历史。这历史使人类物质生活日趋富裕，它已大不同于庄子的时代，更不再像黑猩猩那样整天忙于觅食，几千年如一日。而其代价则是种种在动物界少见的大规模的同类相残和各种形态的穷凶极恶。但是，另一方面，更为复杂也更有意思的是，与动物界不同，这种种"穷凶极恶"却又激发出与这一切邪念、贪婪、平庸、自私相抗争、相决裂、相交战的崇高的道德理想、正义要求和革命行动。例如，资本主义的兴起就与新教教徒勤俭、禁欲的崇高的伦理原则有关。即使战争这个以集体利益（氏族、部落、民族、国家）为目标的残酷丑恶的血腥事业中，所要求的恰好是以个体牺牲为榜样的伟大的伦理精神。革命更是如此。革命将人类特有的道德意志、伦理精神发扬到极致。从而这个所谓历史与伦理的二律背反，也就构造出一幅幅既丑恶又美丽而非常复杂的绚烂图画。

（《己卯五说·说历史悲剧》，1999 年）

18

真正的传统是已经积淀在人们的行为模式、思想方法、情感态度中的文化心理结构。儒家孔学的重要性正在于它已不仅仅是一种学说、理论、思想，而是溶化浸透在人们生活和心理之中了，成了这一民族心理国民性格的重要因素。广大农民并不熟悉甚至不知道孔子，但孔子开创的那一套通由长期的宗法制度，从长幼尊卑的秩序到"天地君亲师"的牌位，早已浸透在他们遵循的生活方式、风俗习惯、观念意识、思想感情之中。其他理论、学派、思想如老子、庄子、道家、佛教，都未能有这种作用和这种影响。

传统既然是活的现实存在，而不只是某种表层的思想衣装，它便不是你想扔掉就能扔掉、想保存就能保存的身外之物。所以只有从传统中去发现自己、认识自己从而改变自己。如拙著《中国古代思想史论》所强调，传统常常是集好坏于一身、优劣点很难截然分割。这就不是片面的批判和笼统的反对所能解决，而首先是要有具体历史的分析。只有将集优劣于一身、合强弱于一体的传统本身加以多方面的解剖和了解，取得一种"清醒的自我觉识"，以图进行某种创造性的转换，才真正是当务之急。

（《中国现代思想史论·启蒙与救亡的双重变奏》，1986 年）

我以前老讲两个小故事，一个是杰克·伦敦有个短篇小说，描述一个白人和黑人的矛盾。那位白人雇一个黑人和他一起运鸡蛋去远方，因那地方鸡蛋少，运到后一定会发大财。但运输的路上极其辛苦，这位白雇主非常吃苦耐劳，节俭勤奋，真可说是艰苦卓绝。但这个黑人却完全相反，消极怠工，好吃懒做，觉得这样吃苦去赚这个钱，实在不值得。最后，鸡蛋运到了，却全臭了。白人只好自杀。另一个高德尔华斯的作品，也是短篇，描写的是一个手艺精湛的鞋匠，为人忠厚，他做的皮革简直像艺术品，既美观，又耐穿，多年也穿不坏，但在大工厂生产皮鞋的时期，生意却越来越冷淡了。没人再来买他的鞋，因为工厂生产的鞋，便宜得多，而且花样翻新，虽不耐穿，但大家还是更喜欢去买。这两个故事描述的正是二律背反，双方各有其价值。你能说谁是谁非吗？你能说杰克·伦敦的那黑人、白人谁是谁非吗？也许杰克·伦敦是站在黑人一边批评那白人。但那白人想艰苦创业，历尽艰辛，不也正是今天企业家的榜样么？不正是一种推动历史前进的力量么？但那黑人觉得人生如此并无意义，也许他更向往中世纪的田园？这也不错呀。这两个故事都表现历史与人生、历史与感情、历史与伦理的关系非常复杂。两者固然有相当一致的时候，但也经常有矛盾。实际正是历史主义与伦理主义的矛盾。追求社会正义，这是伦理主义的目标，但是，许多东西在伦理主义范围里是合理的，在历史主义的范围并不合理。例如，反对贫富不均的要求，也就是平均主义的要求，在伦理主义的范围里是合理的，但在历史主义范围内就不一定合理了。

（《己卯五说·说历史悲剧》，1999 年）

我们从哪儿来

20

  许多古人类学家强调直立行走是人类形成中的关键性环节。我觉得似乎更应该注意的是，猿类前肢从原来的攀援、爬行的器官，逐渐演化为使用工具的专职器官。即由于专门从事于把握天然工具去挖掘、切割、获取食物和防卫自己等活动以维持生存，从而引起的形态学上的一系列变化，其中重要的是前肢逐渐形成拇指与四指的相互对立和辅助的人手。双手的逐渐形成，标志着多种多样使用工具活动的历史成果。这种大量的、广泛地继而成为普遍必然地使用天然工具（树枝、石块等等）以维系生存的活动，应是人类开始区别于猿类的原始劳动。它已经是"生产"所必需的"生活资料"（制造工具则是生产所必需的生产资料）。

（《实用理性与乐感文化·人类起源论纲》，1964 年）

21

  我以为，对中国文化和中国儒学特征的探究，应该再一次回到先秦原典。我多次指出，中国之不同于西方，根本在于它的远古巫史传统，即原始巫术的直接理性化。它使中国素来重视天人不分，性理不分，"天理"与人事属于同一个"道"、同一个"理"。从而，道德律令既不在外在理性命令，又不能归纳与利益、苦乐相联系的功利经验。中国人的"天命"、"天道"、"天意"总与人事和人的情感态度（敬、庄、仁、诚等）攸关。正由于缺乏独立自足的"超验"（超越）对象，"巫史传统"高度确认人的地位，以至可以"参天地赞化育"。与西方"两个世界"的"圣爱（Agape）"（情）、"先验理性"（理）不同，这个中国传统在今天最适合于朝着"人类学历史本体论"的方向发展。

（《己卯五说·说儒学四期》，1999 年）

原始的图腾舞蹈把各个本来分散的个体的感性存在和感性活动，有意识地紧密连成一片，融为一体，它唤起、培育、训练了集体性、秩序性在行为中和观念中的建立，同时这也就是对个体性的情感、观念等等的规范化。而所有这些，又都是与对虚构的神灵世界的巫术支配或崇拜想象联在一起的。其中既包含着智力活动的萌芽，同时又是本能情感的抒发和宣泄。Susanne Langer 说："舞蹈是原始生活最为严肃的智力活动，它是人类超越自己动物性存在那一瞬间对世界的观照，也是人类第一次把生命看作一个整体——连续的、超越个人生命的整体。""在舞蹈的沉迷中，人们跨过了现实世界和另一个世界的鸿沟，走向了魔鬼、精灵和上帝的世界。"（苏珊·朗格《情感与形式》）在如醉如狂、热烈激荡的图腾歌舞中，在神秘的巫术礼仪的面罩下，动物性的本能游戏、自然感官和生理情感的兴奋宣泄与社会性的要求、规范、规定，开始混同交融、彼此制约，难分难解。这里有着个体身心的自然性、动物性的显示、抒发、宣泄，然而就在同时，这种自然性、动物性却正在开始"人化"：动物性的心理由社会文化因素的渗入，转化而成为人的心理；各种人的心理现象——想象、认识、理解等智力活动在产生，在萌芽，在发展，并且与原有的动物性的心理功能如感知、情感在联系，在交融，在组成，在混合。而这一切，比在直接的物质生产活动（狩猎、采集、栽培……）中，要远为集中、强烈、充分、自觉。因为巫术图腾活动把在现实生产活动中和生活活动中各种分散的、零碎的、个别的事例、过程、因素集中地组织、构造起来了。所以，巫术礼仪和图腾活动在培育、发展人的心理功能方面，比物质生产劳动更为重要和直接。图腾歌舞、巫术礼仪是人类最早的精神文明和符号生产。

（《华夏美学》，1988 年）

23

　　我以为，周公"制礼作乐"，完成了外在巫术仪典理性化的最终过程，孔子释"礼"归"仁"，则完成了内在巫术情感理性化的最终过程。他们两位的伟大历史地位即在于此。周、孔并称，良有以也。

（《实用理性与乐感文化·初读郭店竹简印象纪要》，1998 年）

24

　　远古图腾歌舞、巫术礼仪的进一步完备和分化，就是所谓"礼"、"乐"。它们的系统化的完成大概在殷周鼎革之际。"周公制礼作乐"的传统说法是有根据的。周公旦总结地继承、完善从而系统地建立了一整套有关"礼"、"乐"的固定制度。王国维《殷周制度论》强调殷周之际变革的重要性，其中主要便是周公确立嫡长制、分封制、祭祀制即系统地建立起"礼制"，这在中国历史上确具有划时代的意义。……孔子和儒家之所以极力推崇周公，后代则以周、孔并称，都与此有关，即周公是"礼乐"的主要制定者，孔子是"礼乐"的坚决维护者。……古代文献关于"礼"的大量描述论叙，从不同方面都反映出"礼"并不是儒家空想的理想制度（如某些论著所认为），而是一个久远的历史系统。从孔子起的儒家正是这一历史传统的承继者、维护者、解释者。

（《华夏美学》，1988 年）

25

　　可见，所谓"周礼"，其特征确是将以祭神（祖先）为核心的原始礼仪，加以改造制作，予以系统化、扩展化，成为一整套宗法制的习惯统治法规（"仪制"）。以血缘父家长制为基础（亲亲）的等级制度是这套法规的骨脊，分封、世袭、井田、宗法等政治经济体制则是它的延伸扩展。而以孔子为代表的儒家，也正是由原始礼仪巫术活动的组织者领导者（所谓巫、尹、史）演化而来的"礼仪"的专职监督保存者。……的确是周公而非孔子，将从远古到殷商的原始礼仪加以大规模的整理、改造和规格化。这在当时是一个非常重要的变革。……孔子一再强调自己是"述而不作""吾从周""梦见周公"……，其意确乎是要维护周公的这一套。

（《中国古代思想史论·孔子再评价》，1980 年）

26

"仁"字在《论语》中出现百次以上，其含义宽泛而多变，每次讲解并不完全一致。这不仅使两千年来从无达诂，也使后人见仁见智，提供了各种不同解说的可能。强调"仁者爱人"与强调"克己复礼为仁"，便可以实际也作出了两种对立的解释。看来，要在这百次讲"仁"中，确定哪次为最根本或最准确，以此来推论其他，很难做到；在方法上也未必妥当。因为部分甚至部分之和并不能等于整体，有机整体一经构成，便获得自己的特性和生命。孔子的仁学思想似乎恰恰是这样一种整体模式。它由四个方面或因素组成，诸因素相互依存、渗透或制约；从而具有自我调节、相互转换和相对稳定的适应功能。正因如此，它就能够或消化掉或排斥掉外来的侵犯干扰，而长期自我保存延续下来，构成一个颇具特色的思想模式和文化心理结构，在塑造汉民族性格上留下了重要痕迹。构成这个思想模式和仁学结构的四因素分别是（一）血缘基础，（二）心理原则，（三）人道主义，（四）个体人格。其整体特征是（五）实践理性。

（《中国古代思想史论·孔子再评价》，1980 年）

27

孔子没有把人的情感心理引导向外在的崇拜对象或神秘境界，而是把它消融满足在以亲子关系为核心的人与人的世间关系之中，使构成宗教三要素的观念、情感和仪式统统环绕和沉浸在这一世俗伦理和日常心理的综合统一体中，而不必去建立另外的神学信仰大厦。这一点与其他几个要素的有机结合，使儒学既不是宗教，又能替代宗教的功能，扮演准宗教的角色，这在世界文化史上是较为罕见的。不是去建立某种外在的玄想信仰体系，而是去建立这样一种现实的伦理——心理模式，正是仁学思想和儒学文化的关键所在。

（《中国古代思想史论·孔子再评价》，1980 年）

28

孔子仁学本产生在氏族统治体系彻底瓦解时期，它无疑带着那个时代的阶级（氏族贵族）的深重烙印。然而，意识形态和思想传统从来不是消极的力量。它一经制造或形成，就具有相对独立的性格，成为巨大的传统力量。自原始巫史文化（礼仪）崩毁之后，孔子是提出这种新的模式的第一人。尽管不一定自觉意识到，但建立在血缘基础上，以人情味（社会性）的亲子之爱为辐射核心，扩展为对外的人道主义和对内的理想人格，它确乎构成了一个具有实践性格而不待外求的心理模式。孔子通过教诲学生，删定诗书，使这个模式产生了社会影响，并日益渗透在广大人们的生活、关系、习惯、风俗、行为方式和思维方式中，通过传播、熏陶和教育，在时空中蔓延开来。对待人生、生活的积极进取精神，服从理性的清醒态度，重实用，轻思辨；重人事，轻鬼神；善于协调群体，在人事日用中保持情欲的满足与平衡，避开反理性的炽热迷狂和愚盲服从……，它终于成为汉民族的一种无意识的集体原型现象，构成了一种民族性的文化——心理结构。孔学所以几乎成为中国文化（以汉民族为主体，下同）的代名词，决非偶然。

……尽管在当时政治事业中是失败了，但在建立或塑造这样一种民族的文化——心理结构上，孔子却成功了。他的思想对中国民族起了其他任何思想学说所难以比拟匹敌的巨大作用。

（《中国古代思想史论·孔子再评价》，1980 年）

还要从孔子开始。孔子世界观中的怀疑论因素和积极的人生态度（"敬鬼神而远之，可谓知矣"，"知其不可而为之"等等），一方面终于发展为荀子、《易传》的乐观进取的无神论（"制天命而用之"、"天行健，君子以自强不息"），另方面则演化为庄周的泛神论。孔子对氏族成员个体人格的尊重（"三军可夺帅也，匹夫不可夺志也"），一方面发展为孟子的伟大人格理想（"富贵不能淫，贫贱不能移，威武不能屈"），另方面也演化为庄子的遗世绝俗的独立人格理想（"彷徨乎尘垢之外，逍遥乎无为之业"）。表面看来，儒、道是离异而对立的，一个入世，一个出世；一个乐观进取，一个消极退避；但实际上它们刚好相互补充而协调。不但"兼济天下"与"独善其身"经常是后世士大夫的互补人生路途，而且悲歌慷慨与愤世嫉俗，"身在江湖"而"心存魏阙"，也成为中国历代知识分子的常规心理以及其艺术意念。但是，儒、道又毕竟是离异的。如果说荀子强调的是"性无伪则不能自美"；那么庄子强调的却是"天地有大美而不言"。前者强调艺术的人工制作和外在功利，后者突出的是自然，即美和艺术的独立。如果前者由于以其狭隘实用的功利框架，经常造成对艺术和审美的束缚、损害和破坏；那末，后者则恰恰给予这种框架和束缚以强有力的冲击、解脱和否定。浪漫不羁的形象想象，热烈奔放的情感抒发，独特个性的追求表达，它们从内容到形式不断给中国艺术发展提供新鲜的动力。庄子尽管避弃现世，却并不否定生命，而无宁对自然生命抱着珍贵爱惜的态度，这使他的泛神论的哲学思想和对待人生的审美态度充满了感情的光辉，恰恰可以补充、加深儒家而与儒家一致。所以说，老庄道家是孔学儒家的对立的补充者。

（《美的历程》，1981 年）

30

孔子自称"述而不作"。

这一半是准确的，孔子一生的志向、活动和功业，全在维护和恢复周礼，也就是前述的"礼乐传统"。在传闻中，孔子是古代典籍、礼仪和传统文化的保存者、传播者和审定者。他"删诗书"，"定礼乐"，授门徒，游列国，尽管做官未成，却在社会上特别在知识层中影响极大。无论是反对者或赞成者，无论是以后的墨、道、法……各家，总都要提到他。即使在他最倒霉的时候，无论在当时或后世，孔子作为教育家的身份或事实也从未被动摇和怀疑过。困于陈、蔡，也还有弟子（学生）追随；"批林批孔"，也还承认孔是教育家。而所谓"教育"，不就正是将传统的礼乐文化，作为自觉的意识，传授给年轻的一代么？孔子称周公，道尧舜，"入太庙，每事问"（《论语·八佾》），"学而不厌，诲人不倦"……只要打开《论语》一书，孔子这种继往开来、作为礼乐传统的传授守护者的形象便相当清楚。

但这只是一半，更重要的另一半是：孔子对这种传统的承继、保存和传授，是建立在他为礼乐所找到的自我意识的新解释的基础上的。这个自我意思或解释基础，便是"仁"。这才是孔子的主要贡献。

（《华夏美学》，1988 年）

不诉诸神而诉于人，不诉诸外在规约而诉之于内在情感，即把"仁"的最后根基归结为以亲子之爱为核心的人类学心理情感，这是一项虽朴素却重要的发现。因为，从根本上说，它是对根基于动物（亲子）而又区别于动物（孝）的人性的自觉。它是把这种人性情感本身当作最后的实在和人道的本性。这正是孔子仁学以及整个儒家的人道主义和人性论的始源基地。

（《华夏美学》，1988 年）

32

但是，中国近代这种站在小生产立场上反对现代文明的思想或思潮，经常以不同方式或表现或爆发出来，具有强烈的力量，得到广泛的响应，在好些人头脑中引起共鸣，这一点却是不容忽视的。它对中国走向现代化并非有利。当代农民和手工业者已在突破小生产者在经济上的局限，在走向现代生活和生产，在改变着自己；如何在思想上相应地自觉分析和对待这一有重要传统根基的意识形态以至思维模式（如墨子三支柱构成的社会观念），分辨它的优缺点，例如既不因墨子信鬼神主专制就无视其作为劳动者优点的一面（郭沫若），也不因具有这一面而无视其作为小生产者的严重弱点的一面（许多论著），清醒地意识到它的两重性和这两个方面，而加以科学的探讨，便仍然是富有现实意义的思想史课题。

（《中国古代思想史论·墨子初探本》，1984 年）

《老子》是由兵家的现实经验加上对历史的观察、领悟概括而为政治——哲学理论的。其后更直接衍化为政治统治的权谋策略（韩非）。这是中国古代思想史的一条重要线索。之所以重要，一方面在于它对中国专制政治起了长远影响；同时也由于，贯串在这条线索中对待人生世事的那种极端"清醒冷静的理知态度"，给中华民族留有不可磨灭的痕迹，是中国文化心理结构中的一种重要的组成因素。

（《中国古代思想史论·孙老韩合说》，1984 年）

34

也正因为如此，古兵家在战争中所采取的思维方式就不只是单纯经验的归纳或单纯观念的演绎，而是以明确的主体活动和利害为目的，要求在周密具体、不动情感的观察、了解现实的基础上尽快舍弃许多次要的东西，避开繁琐的细部规定，突出而集中、迅速而明确地发现和抓住事物的要害所在；从而在具体注意繁杂众多现象的同时，却要求以一种概括性的二分法即抓住矛盾的思维方式来明确、迅速、直截了当地去分别事物、把握整体、以便作出抉择。所谓概括性的二分法的思维方式，就是用对立项的矛盾形式概括出事物的特征，便于迅速掌握住事物的本质。这就是《孙子兵法》中所提出的那许许多多相反而又相成的矛盾对立项，即敌我、和战、胜负、生死、利害、进退、强弱、攻守、动静、虚实、劳逸、饥饱、众寡、勇怯……等等。把任何一种形势、情况和事物分成这样的对立项而突出地把握它们，用以指导和谋划主体的活动（即决定作战方案如或进或退、或攻或守等等）。这是一种非归纳演绎所能替代的直观把握方式，是一种简化了的却非常有效的思维方式。

（《中国古代思想史论·孙老韩合说》，1984 年）

35

其实，《老子》一再讲"圣人"、"侯王"，是一种"以无事取天下"的积极的政治理论。所以它的辩证法在实质上并没有失去主体积极活动性的特征。只是它不是在瞬息万变的军事活动中，而毋宁是在较为久远的历史把握中获得和应用，从而具有静观的外在特征，好像是冷眼旁观似的。……正是在这要害处，《老子》道家与以仁学为基础的孔学儒家区别开来，同样讲人的活动，兵家、道家重客观实际而不讲情感；儒家则以人的情感心理作为某种重要依据。……在《老子》看来，天地的运行变化是没有也不需要情感的；"圣人"的统治，亦然。重要的只在于遵循客观的法则规律——"德"、"道"。

（《中国古代思想史论·孙老韩合说》，1984 年）

36

孟子固然有其光辉的一面，但如果完全遵循孟子的路线发展下去，儒家很可能早已走进神秘主义和宗教里去了。正是荀子强调人为，并以改造自然的性恶论与孟子追求先验的性善论鲜明对立，才克服和冲淡了这种神秘方向；同时由于尽量吸取了墨家、道家、法家中冷静理知和重实际经验的历史因素，使儒学的重人为、重社会的传统得到了很大的充实，从而把儒家积极乐观的人生理想提高到"与天地参"的世界观的崇高地位。不是神秘、主宰的"天"，也不是先验道德的人，而是现实生活活动中的人，由于"积学"而成为万物之长，宇宙之光。正是这一观念，为儒家由孔孟的道德论过渡到易庸的世界观再到汉儒的宇宙观，提供了一个不可或缺的中间环节。……可以说，没有荀子，就没有汉儒；没有汉儒，就很难想象中国文化会是什么样子。

（《中国古代思想史论·荀易庸记要》，1985 年）

37

荀子和孟子，是孔子的两翼：一个由外到内，另一个从内到外。汉代之所以重要，正因为它承继荀子，在新条件下构成了一个很大的系统。

汉代的儒学吸收了阴阳家、道家、法家、墨家的东西，构成了一个阴阳五行的系统。董仲舒的天、地、人、自然、社会，是一个完整体系。西方人觉得奇怪，中国人不要上帝，竟然生存得那么久。是什么东西维持着呢？我觉得，是因为有这个系统。这个系统本身就是上帝，任何东西，包括皇帝，也只是其中一部分。它构成了一个非常复杂的有机反馈体（feedback system）。阴阳五行是反馈的，例如五行相生又相克、阴阳对立又互补等等。……

中国的阴阳五行是很重要的东西。为什么我们现在叫汉人、汉民族、汉语呢？这表明这个朝代非常重要，它不但在物质上、疆域上，奠定中国今天的基础；而且我强调，精神上、心理上也是，它构成了中国人的文化心理结构。

（《世纪新梦·为儒学的未来把脉——在马来西亚的演讲》，1996 年）

38

表面看来，庄、老并称，似乎都寡恩薄情；其实庄、老于此有很大区别。老子讲权术，重理智，确乎不动感情；"天地不仁，以万物为刍狗；圣人不仁，以百姓为刍狗。"庄子则道是无情却有情，外表上讲了许多超脱、冷静的话，实际里却深深地透露出对人生、生命、感性的眷恋和爱护。这正是庄子的特色之一：他似乎看透了人生和生死，但终于并没有舍弃和否定它。……所以，以庄子为代表的道家，实际上是对儒家的补充，补充了儒家当时还没有充分发展的人格—心灵哲学，从而也在后世帮助儒家抵抗和吸收消化了例如佛教等外来的东西，构成中国传统的文化—心理结构中的一个很重要的方面。

（《中国古代思想史论·庄玄禅宗漫述》，1985 年）

庄玄禅正是在这个一定意义上可以陶冶、培育和丰富人的精神世界和心灵境界。它可以教人们去忘怀得失，摆脱利害，超越种种庸俗无聊的现实计较和生活束缚，或高举远慕，或怡然自适，与活泼流动盎然生意的大自然打成一片，从中获得生活的力量和生命的意趣。它可以替代宗教来作为心灵创伤、生活苦难的某种慰安和抚慰。这也就是中国历代士大夫知识分子在巨大失败或不幸之后并不真正毁灭自己或走进宗教，而更多是保全生命、坚持节操却隐逸遁世以山水自娱、洁身自好的道理。

（《中国古代思想史论·庄玄禅宗漫述》，1985 年）

40

在中国文化中，真正突出个体或个性的也有，那就是庄子。我认为世界上庄子是最早反异化的。他提出，人不要为外在的任何东西所控制所奴役，人不要为名、为利、为权势、为社会而牺牲自己的本性。人应该从一切社会的，甚至是自然（如生死）的束缚中解放出来。他的特点和西方的浪漫派、18 世纪的卢梭相似，他觉得文明没有好处，只有害处。他主张回到浑浑噩噩像动物一样的世界里，吃饭、睡觉、无知无识，那样最快乐。现代物质文明高度发达后，也有人有这样的想法。一个人跑到荒山上去，靠自己所带的工具砍柴、烧水、做饭、钓鱼，觉得这样的生活最美，在现代物质文明高度发展之下，对生活的一律化、标准化觉得没意思。现在西方对庄子、老子非常感兴趣。但是我不同意日本有的学者把庄子说成是最早的存在主义者。庄子要求摆脱人世去取得自由，这一点确和儒家不同。但他与儒家也有共同的一面。那就是对生命的眷恋。所以他是讲养身、长生的。让我做牛、做马都可以，就是要让我活着。他不像加缪那样讲哲学的根本问题是自杀问题，即值不值得活着。庄子没注意这一点，他只注意保持超越的人格。中国的知识分子，可以说是儒道互补，一方面是儒家的积极入世学优则仕，另一方面又想保持自己人格的超越性、独立性，以避开人世的污浊，或说是自命清高。这与庄子有很大的关系。

（《走我自己的路·中国思想史杂谈》，1985 年）

41

任何民族性、国民性或文化心理结构的产生和发展，任何思想传统的形成和延续，都有其现实的物质生活的根源。中国古代思想传统最值得注意的重要社会根基，我以为，是氏族宗法血亲传统遗风的强固力量和长期延续。它在很大程度上影响和决定了中国社会及其意识形态所具有的特征。以农业为基础的中国新石器时代大概延续极长，氏族社会的组织结构发展得十分充分和牢固，产生在这基础上的文明发达得很早，血缘亲属纽带极为稳定和强大没有为如航海（希腊）、游牧或其他因素所削弱或冲击。虽然进入阶级社会，经历了各种经济政治制度的变迁，但以血缘宗法纽带为特色、农业家庭小生产为基础的社会生活和社会结构，却很少变动。古老的氏族传统的遗风余俗、观念习惯长期地保存、积累下来，成为一种极为强固的文化结构和心理力量。直到现在，在广大农村中，不仍然可以看见许多姓氏聚族而居，其中长辈晚辈之分秩序井然么？就在称谓（中国人的亲属称谓极为细密，与西方大不相同）和餐桌（西方分而食之，各自独立；中国共进饭菜，要求谦让有"礼"）上，便也可说是一"名"一"实"地在日常生活中把这种以血缘亲属为基础的尊卑长幼的等级秩序，作为社会风习长期地巩固下来了。今天走向 20 世纪结尾，现代生活已在世界范围内打碎着种种古老传统，中国农村也在开始变革，但观念形态在这方面的变革进度却并不能算迅速（例如关于性爱的观念），那就更不用说鸦片战争以前的传统社会了。

（《中国古代思想史论·试谈中国的智慧》，1985 年）

42

中国实用理性不仅在思维模式和内容上，而且也在人生观念和生活信仰上造成了传统，这两者不可分割。

……中国虽然一直有各种宗教，却并没有这种高级的宗教精神。中国的实用理性使人们较少去空想地追求精神的"天国"；从幻想成仙到求神拜佛，都只是为了现实地保持或追求世间的幸福和快乐。人们经常感伤的倒是"譬如朝露，去日苦多"，"他生未卜此生休"，"又只恐流年暗中偷换"……。总之非常执著于此生此世的现实人生。如果说海德格尔认为人只有自觉地意识到他正在走向死亡才能把握住"此在"，他是通过个体的"此在"追求着"存在的意义"；实际上如同整个西方传统一样，仍然是以有一个超越于人世的上帝作为背景的话；那么孔子说"未知生，焉知死；未知事人，焉知事鬼"，死的意义便只在于生，只有知道生的价值才知道死的意义（或泰山或鸿毛），"生死"都在人际关系中，在你我他的联系中，这个关系本身就是本体，就是实在，就是真理。

（《中国古代思想史论·试谈中国的智慧》，1985年）

如果说，血缘基础是中国传统思想在根基方面的本源，那么，实用理性便是中国传统思想在自身性格上所具有的特色。先秦各家为寻求当时社会大变动的前景出路而授徒立说，使得从商周巫史文化中解放出来的理性，没有走向闲暇从容的抽象思辨之路（如希腊），也没有沉入厌弃人世的追求解脱之途（如印度），而是执著人间世道的实用探求（也正因为此，"实用理性"一词有时以"实践理性"一词替代，当它着重指示伦理实践特别是有自觉意识的道德行为时）。以氏族血缘为社会纽带，使人际关系（社会伦理和人事实际）异常突出，占据了思想考虑的首要地位，而长期农业小生产的经验论则是促使这种实用理性能顽强保存的重要原因。中国的实用理性是与中国文化、科学、艺术各个方面相联系相渗透而形成、发展和长期延续的。中国古代常喜欢说某家源于某官。在我看来，似乎也可以说，中国实用理性主要与中国四大实用文化即兵、农、医、艺有密切联系。中国兵书成熟极早，中国医学至今有效，中国农业之精耕细作，中国技艺的独特风貌，在世界文化史上都是重要现象。它们与天文、历数、制造、炼丹等等还有所不同，兵、农、医、艺涉及极为广泛的社会民众性和生死攸关的严重实用性，并与中国民族的生存保持直接的关系。所以，我在有些文章中曾不断指出老子之于兵、荀易之于农、阴阳五行之于医、庄禅之于艺（首先是技艺）的联系，因为研究不够，可能有些牵强，然而中国实用理性的哲学精神与中国科学文化的实用性格，我以为却是明显地有关系的。

从而，从哲学看，中国古代的辩证思想虽然非常丰富而成熟，但它是处理人生的辩证法而不是精确概念的辩证法。由于强调社会的稳定、人际的和谐，它们又是互补的辩证法，而不是否定的辩证法。它的重点在揭示对立项双方的补充、渗透和运动推移以取得事物或系统的动态平衡和相对稳定，而不在强调概念或事物的斗争成毁或不可相容。

（《中国古代思想史论·试谈中国的智慧》，1985 年）

44

就整体说，中国实用理性有其唯物论的某些基本倾向，其中我以为最重要的是它特别执著于历史。历史意识的发达是中国实用理性的重要内容和特征。所以，它重视从长远的、系统的角度来客观地考察思索和估量事事物物，而不重眼下的短暂的得失胜负成败利害，这使它区别于其他各种实用主义。

……也正因为此，中国哲学和文化一般缺乏严格的推理形式和抽象的理论探索，毋宁更欣赏和满足于模糊笼统的全局性的整体思维和直观把握中，去追求和获得某种非逻辑非纯思辨非形式分析所能得到的真理和领悟。具有抽象思辨兴趣的名家和墨辩没能得到发展，到了汉代大一统意识形态确定后，实用理性的思维模式便随之确定难以动摇了。唐代从印度引入为皇家倡导而名重一时的思辨性较强的佛教唯识宗哲学，也终于未能持久。中国实用理性的传统既阻止了思辨理性的发展，也排除了反理性主义的泛滥。它以儒家思想为基础构成了一种性格——思想模式，使中国民族获得和承续着一种清醒冷静而又温情脉脉的中庸心理：不狂暴，不玄想，贵领悟，轻逻辑，重经验，好历史，以服务于现实生活。保持现有的有机系统的和谐稳定为目标，珍视人际，讲求关系，反对冒险，轻视创新……。所有这些，给这个民族的科学、文化、观念形态、行为模式带来了许多优点和缺点。它在适应迅速变动的近现代生活和科学前进道上显得蹒跚而艰难。今天，在保存自己文化优点的同时，如何认真研究和注意吸取像德国抽象思辨那种惊人的深刻力量、英美经验论传统中的知性清晰和不惑精神、俄罗斯民族忧郁深沉的超越要求……，使中国的实践（用）理性极大地跨越一步，在更高的层次上重新构建，便是一件巨大而艰难的工作。它也将是一个历史的漫长过程。

（《中国古代思想史论·试谈中国的智慧》，1985 年）

45

"天人合一"观念成熟在先秦。《左传》中有许多论述。孔、孟、老、庄……都从不同角度不同方面提出了这种观念。无论是积极的或消极的，它们都强调了"人"必须与"天"相认同、一致、和睦、协调。值得注意的是，这一认同恰好发生在当时作为时代潮流的理性主义兴起，宗教信仰衰颓之际。从而这种"天人合一"观念既吸取了原宗教中的天人认同感，又去掉了它原有的神秘、迷狂或非理性内容，同时却又并未完全褪去它原有的主宰、命定含义，只是淡薄了许多；其自然含义的方面相对突出了。Joseph Needham 和 Dert Bodde 都强调中国思想根本特点之一，在于无创造主的观念，这大概正是因为"天"的双层含义的相互制约而并存的结果。所以一方面没有脱开自然的人格神，另方面又无与人事无干的独立的自然规律。

"天人合一"在董仲舒及其他汉代思想系统中扮演了中心角色，其特征是具有反馈功能的天人相通而"感应"的有机整体的宇宙图式。这个宇宙论的建构意义在于，它指出人只有在顺应（既认识又遵循）这个图式中才能获得活动的自由，才能使个体和社会得以保持其存在、变化和发展（或循环）。这种"天人合一"重视的是国家和个体在外在活动和行为中与自然及社会相适应、合拍、协调和同一。

（《中国古代思想史论·试谈中国的智慧》，1985 年）

46

中国哲学无论儒、墨、老、庄以及佛教禅宗都极端重视感性心理和自然生命。儒家如所熟知，不必多说。庄子是道是无情却有情，要求"物物而不物于物"，墨家重生殖，禅宗讲"担水砍柴"，民间谚语说"留得青山在，不怕没柴烧"，等等，各以不同方式呈现了对生命、生活、人生、感性、世界的肯定和执著。它要求为生命、生存、生活而积极活动，要求在这活动中保持人际的和谐、人与自然的和谐（与作为环境的外在自然的和谐，与作为身体、情欲的内在自然的和谐）。因之，反对放纵欲望，也反对消灭欲望，而要求在现实的世俗生活中取得精神的平宁和幸福亦即"中庸"，就成为基本要点。这里没有浮士德式的无限追求，而是在此有限中去得到无限；这里不是陀思妥耶夫斯基式的痛苦超越，而是在人生快乐中求得超越。这种超越即道德又超道德，是认识又是信仰。它是知与情，亦即信仰、情感与认识的融合统一体。实际上，它乃是一种体用不二、灵肉合一，既具有理性内容又保持感性形式的审美境界，而不是理性与感性二分、体（神）用（现象界）割离、灵肉对立的宗教境界。审美而不是宗教，成为中国哲学的最高目标，审美是积淀着理性的感性，这就是特点所在。

（《中国古代思想史论·试谈中国的智慧》，1985 年）

马克思主义输入中国后，中国传统意识形态产生了迅速的改变。但是，为什么马克思主义会这样迅速地和忠挚地首先被中国知识分子而后为广大人民所接受信仰？这便是一个很值得思考的问题。当然，主要原因在于中国现代救亡图存即反帝反封建的紧急的时代任务，使进步的知识分子在经历了许多挫折和尝试错误之后，选择和接受了这种既有乐观的远大理想和具体的改造方案，又有踏实的战斗精神和严格的组织原则的思想理论。马克思主义的实践性格非常符合中国人民救国救民的需要。但是，中国传统的民族性格、文化精神（亦即文化心理结构）和实用性是否也起了某种作用呢？重行动而富于历史意识，无宗教信仰却有治平理想，有清醒理智又充满人际热情……，这种传统精神和文化心理结构，是否在气质性格、思维习惯和行为模式上，使中国人比较容易接受马克思主义呢？

（《中国古代思想史论·试谈中国的智慧》，1985 年）

我的兴趣主要是想探索一下两千多年来已融化在中国人的思想，意识，风俗、习惯、行为中的孔子。看看他给中国人留下了什么样的痕迹，给我们民族的文化心理结构带来了些什么长处和弱点。这个孔子倒是活生生的，就在你、我、他以及中国人的观念中间。

（《走我自己的路·关于儒家与"现代新儒家"》，1986 年）

为未来把脉

49

　　但是，应该重复说一次，中国思想传统有着自己的重大缺陷和问题，实用理性正面临着严重的挑战。如前所述，挑战首先来自社会的迅速发展和变迁，从新石器时代以来历史久远的家庭农业小生产和血缘纽带将宣告结束；现代化的进程要求扫清种种封闭因循、消极反馈的行为模式和生活模式，高度发达的自然科学要求舍弃局限于经验论的思想模式……。除了经济发展所带来的社会秩序的变异和生活模式的变革，从而引起与传统思想和传统模式的冲突变革外，文化本身所带来的价值观念的矛盾、冲突和重新估计，也将日益突出。其中个体的重要性与独特性的发展，心理的丰富性、复杂性的增加，使原有的所谓"内圣外王之道"和"儒道互补"成了相对贫乏而低级的"原始的圆满"，而远远不能得到现实生活发展中和精神超越中的满足。缺乏独立个性的中国人如今有了全新人格的追求。捆绑在古典的和谐、宁静与相对稳定中，避开冒险、否定和毁灭，缺乏个体人格的真正成熟的历史时期已成过去，以弗洛伊德等理论为基础的自由放纵倾向、与之相反要求回归上帝的神秘宗教倾向，以及追求离群流浪、单独承担全部精神苦难的"绝对"个性……，可能成为从各个方面对中国传统意识的挑战。中国传统思想和心理结构往何处去？是保存还是舍弃？什么才是未来的道路？如本文所一再认为，正是今天需要加以思索的问题。

（《中国古代思想史论·试谈中国的智慧》，1985 年）

50

由"龙"的神奇伟大、不可方物的魔力，到孟子的"集义所生"的气势，到荀子、《易传》的"天行"刚健，到董仲舒的自然—社会的阳阴五行系统论，无论是图腾符号，还是伦理主体（孟），或者是宇宙法规（荀、易、董），都是将人的整个心理引向直接的昂扬振奋、正面的乐观进取。它不强调罪恶、恐怖、苦难、病夭、悲惨、怪厉诸因素，也很少有凸出的神秘、压抑、自虐、血腥……突出的是对人的内在道德和外在活动的肯定性的生命赞叹和快乐，即使是灾祸、苦难，也认为最终会得到解救。

家道穷必乖，故受之以暌。暌者，乖也。乖必有难，故受之以蹇。蹇者，难也。物不可以终难，故受之以解。《易·序卦》"物不可以终难"，便从根本上排斥了不可战胜的命运观念。这大约也是中国古代何以没有产生古希腊那种动心惊魄令人震撼的伟大悲剧作品的原因。

在一切民族里，崇高总先于优美；在中国，由于一开头便排斥了罪恶、苦难、悲惨、神秘等等强烈的负性因素，从而也经常避开了现实冲突中那异常惨厉苦痛的一面，总是以大团圆的结局来安抚、欣慰、麻痹以至欺骗受伤的心灵。现实的和心灵的流血看不见了，只剩下一团和气，有如鲁迅所痛切深刻揭露过的那样。

（《华夏美学》，1988 年）

51

近年已有好些论著说明中医具有系统论的特性。中医的基础理论——《黄帝内经》，成书正是在秦汉时期，至少其基本思想是成熟在这个时期。这本著作至今仍然是有效地指导中医实践的根本典籍。中医及其理论历数千年而不衰，经过了漫长历史实践检验而至今有效，这恐怕也应算是世界文明史上的奇迹之一。而中医理论却与秦汉时代的宇宙论有关。"中医理论产生在很古很古的年代，包裹着种种今天看来颇为牵强附会、稀奇古怪的观点、思想和说法，例如什么'天人感应''五运六气'之类。因之，极容易被现代人们斥为迷信，视同胡说，特别是在现代如此发达的实验科学，在显微镜、透视机的比较对照之下。然而，奇怪的是，数千年的实践经验，也包括今天极为广泛的实践经验，却又仍然不断证明着中医讲的理论。就比如说经络理论吧，不仅有其存在的根据，而且还颇为灵验，尽管至今经络的物质实体始终没有发现。而经络理论与中医的五行学说、藏象理论又是不可分地连在一起，构成整套体系的。……西医的方法是从具体到抽象，中医相反，有点从抽象到具体的味道，……从它那套抽象的阴阳五行的原理出发，结果却非常具体地落实到此时此地此人此病来'辨证论治'。所以春秋朝暮，方颇不同，男女长幼，治病异样。……中西医治病均有常规，中医的常规则似乎充满着更多的灵活性、变异性和多样性。"

（《中国古代思想史论·秦汉思想简议》，1984 年）

你看，汉代的儒学之所以能够发展，因为有董仲舒。阴阳五行本来不是儒家的，而是阴阳家的，董仲舒把它吸收、消化在系统里头；道家的、法家的他也吸收，然后消化掉。中国有一句话"有容乃大"，不是也有一句话说"宰相肚里能撑船"吗？开始也许很难接受，但首先"求同存异"；求同，两个意见不一样，先谋求共同点吧！至于不同的，暂时不说吧！然后慢慢接近，互相渗透，最后吸取同化。

我觉得，任何一个国家，任何一种民族文化、一个人，能够吸收外来甚至异己的东西，然后消化掉，就能够发展。你坚持一个东西，那能够发展吗？不行的。

（《世纪新梦·为儒学的未来把脉——在马来西亚的演讲》，1996 年）

53

中国人的价值观念非常重视此生，虽然也祭拜鬼神，其实是一个世界，天堂、地狱等等另一个世界事实上是为这个世界服务的。拜神求佛，是为了保平安、求发财、长寿，这与基督教是不一样的，所以，我说中国的神不只救灵魂，更重要是救肉体。有些宗教强调拯救灵魂，甚至认为必需折磨肉体才能得救，走入黑暗才能得救。但儒家不然，儒家也不特别重视纯灵魂的拯救，我开玩笑说，中国人的负担很重，死了还有责任，保护活在世间的子子孙孙，死了也还是属于世间的。这不是道家，也不是佛家的东西。但这些东西到现在还保存下来，是重要的方面。

（《世纪新梦·为儒学的未来把脉——在马来西亚的演讲》，1996 年）

54

即使广大农民并不读孔子的书，甚至不知孔子其人，但沉浸和积淀在他们的行为规范、观念模式、思维方法、情感态度……等等意识和无意识底层的，主要仍是孔子和儒家的东西，而不是道家、法家或佛教。当然这些东西也有，但大半已被吸收、包含和融解在儒家中了。规范玉皇大帝、如来佛祖世界的，仍然是君臣父子的儒家秩序。这即是说儒家作为几千年来的社会统治意识，已不是一个阶级的思想，而成为中国民族性或我称之为文化心理结构中的主要组成部分。可见，儒家并非"绝学"，不是什么快要毁灭从而需要赶紧挽救或恢复发扬的东西。这是一种活生生的不以人们意志为现实存在，其中包含优良的东西，也包含有很坏的东西。正因为它是文化心理的现实存在，已经浸入无意识的深层，这便不是想扔掉就能扔掉，想保存就可保存的身外之物。从而歌颂它如何好，要求全面守住它；或指责它如何坏，主张彻底抛弃它，都没有多少意义。重要的是作清醒的自我意识（包括将无意识予以意识化）和历史的具体分析，以首先了解而后促进它的转化或革新。

（《走我自己的路·关于儒家与"现代新儒家"》，1986 年）

55

当今中国面临的最迫切、最根本的问题，是怎样走向现代化，所以首先应该解决的，是怎样吸收消化外来文化，如果一定要讲中西，那么应该是"西体中用"。所谓"体"，我认为首先应是社会存在的本体，以及对这个本体的意识（即"学"）。我们不能说现代化就是西化，但也不能否认现代化是由西方学来的。现在以最先进的科学技术为代表的生产力、政治经济理论，包括马克思主义在内，都属于西方文化，而非中国文化，怎样结合传统，把这样一套东西用于中国，这就是"西体中用"。社会本体的变化、本体意识的变化，一句话，整个社会存在和社会意识的现代化，是一切问题的根本。只有在这个基础上，才谈得上传统的继承和发扬。

（《走我自己的路·"西体中用"简释》，1986 年）

56

鲁迅的伟大功绩之一，就是他尖锐提出了和长期坚持了对所谓中国"国民性"问题的批判和探究。他批判了"阿 Q 精神"，揭露和斥责那种种麻木不仁、封闭自守、息事宁人、奴隶主义、满足于贫困、因循、"道德"、"精神文明"之中……。这些都不只是某个统治阶级的阶级性，而是在特定社会条件和阶级统治下，具有极大普遍性的民族性格和心理状态的问题、缺点和弱点。其实也就正是这个孔子仁学的文化心理结构问题。虽然这些并不能完全和直接归罪于孔子，但确乎与孔学结构有关。所以鲁迅总是经常把矛头指向孔老二。

（《中国古代思想史论·孔子再评价》，1980 年）

57

鲁迅一生不遗余力地反国粹，斥阿 Q，要求改造国民性，而其灵柩上却毫无所愧地披盖着"民族魂"的光荣旗帜。坚决批判传统的鲁迅恰恰正代表着中国民族开辟新路的乐观精神："日新之谓盛德"，"日日新，又日新"。现在的问题是不能使这种所谓"乐观"和开拓变为一种浅薄的进化论、决定论，而应该像鲁迅那样在吸取外来文化影响下所生长和具有的深沉的历史悲剧感、人类命运感等等，这样，它才真正具有现代型的巨大深厚无可抵挡的乐观力量。

（《中国古代思想史论·试谈中国的智慧》，1985 年）

58

鲁迅说，读中国书常常使人沉静下来。我认为，包括上述中国传统思想中的人生最高境界的审美也具有这方面的严重缺陷。它缺乏足够的冲突、惨厉和崇高（sublime），一切都被消融在静观平宁的超越之中。因之，与上述物质实践的"天人合一"相对应，今日作为人生境界和生命理想的审美的"天人合一"，如何从静观到行动，如何吸取西方的崇高和悲剧精神，使之富有冲破宁静、发奋追求的内在动力，便又仍然只有把它建立在上述人化自然的理论基础之上，才能获得根本解决。这就是把美和审美引进科技和生产、生活和工作，不再只是静观的心灵境界，而成为推进历史的物质的现实动力，成为现代社会的自觉韵律和形式。只有在这样一个现实物质实践的基础上，才可能经过改造而吸收中国"参天地，赞化育"的"天人合一"的传统观念，真正实现人与自然（作为生态环境的外在自然）的和谐相处和亲密关系；与此同时，人自身的自然（作为生命情欲的内在自然）也取得了理性的渗透和积淀。外在和内在两方面的自然在这意义上都获得了"人化"，成为对照辉映的两个崭新的感性系统，这才是新的世界、新的人和新的"美"。这就是我所理解和解释的"自然的人化"或"天人合一"。

（《中国古代思想史论·试谈中国的智慧》，1985年）

关于反传统的问题。五四运动这么激烈地反对传统，在外国人看起来也是奇怪的。欧洲文艺复兴也好，宗教改革也好，启蒙运动也好，它都没有这么彻底地反对自己的传统。它们很多东西是在上帝的旗号下进行的，包括文艺复兴。文艺复兴画了圣母像，圣母看来像美丽的少女，但它仍是圣母。所以外国人很奇怪，中国这样激烈地抛弃传统，打倒孔子，连汉字都不要，这在世界其他文化中没有发生过，一些人在研究这问题。这些问题，新儒家也没有谈到。其实，这种彻底批判传统的思想和作法恰恰也是中国的传统。中国人在某种意识上是比较开放的民族。保留唐代的东西最多的是日本，不是中国。我记得五十年代初，我在北大上学还穿过长袍。当时，学生穿长袍在北京大学是很普遍的事，可没两年，大家就都不穿长袍了，长袍穿了几百年，几年间就几乎全都扔弃了。现在如果穿长袍，大家就会觉得很奇怪。中国接受外来的东西并不是那么封闭。魏源撰写《海国图志》早在鸦片战争时期，《海国图志》后来翻译到日本去了，对明治维新有帮助。武则天墓前都是外国形象，什么鸵鸟之类的站在那里，并不害怕。我记得汉武帝托孤的大臣，其中一个是少数民族，他给他很大权力，就像美国信任基辛格一样，其实中国早就有这个传统。印度的佛教输入后，中国梁武帝把它定成国教。在相当长的一段时期。佛教的地位比孔子要高，孔子只是释迦牟尼的学生。我们接受马克思也很顺利，天安门挂四个外国人的像，也没有觉得什么不好，这不是也都容易接受了吗？中国在某种意义上并不像新儒家和激进青年所共同认为的那样封闭坚固，这些方面恐怕要作些具体的分析。

（《走我自己的路·文化讲习班答问》，1987 年）

60

可见，从今天来看，"五四"对传统和传统与现代化的关系的看法，即全盘否定传统，认为传统与现代化是完全矛盾冲突的关系，是过于简单了。实际上中国文化传统与现代化不仅有排斥冲突的方面，也有可以相互促进的作用，同时传统既然是浸透在社会现实中的活的存在，而不只是某种大传统的思想学说，它便不是你想扔掉就能扔掉，想保存就能保存的身外之物。所以，只有从传统中去发现自己、认识自己，才能改换自己。传统常常是集好坏于一身，优劣点很难分割，这就不是片面的肯定和笼统的反对就能解决的，而首先是要有具体历史的分析。只有将集优劣于一身、合强弱于一体的传统本身加以多方面的解剖和理解，取得一种"清醒的自我意识"，才能进行某种转换性的创造。

（《走我自己的路·关于中国传统与现代化的讨论》，1989 年）

61

传统不是身外之物，而是我们的内在的文化心理结构，所以，尽管在外来文化的巨大冲击下，传统文化几千年来最严重的打击，但它无所谓被抛弃的问题，这正像我们身内的肝胆一样，难以抛弃，只能对肝胆中的健康或疾病进行分析。

（《世纪新梦·与刘再复的对谈》，1996 年）

62

我一直认为，民族性的确重要，但民族性要服从现代性。今天的形式美，和古典的不一样，很重要的原因是因为我们时代的生产力、技术工艺从而社会生活的韵律、节奏，它所要求的和谐统一不一样。因此人们对于形式的要求，是快节奏、简洁明朗、平等亲切，而不再是那古典式的表现出尊卑秩序的严肃、对称等等了。民族性不是某些固定的外在格式、手法、形象，而是一种内在的精神，假使我们了解了我们民族的基本精神，如乐观的、入世的、重视感性世界和生存发展等精神，又紧紧抓住现代性的工艺技术和社会生活的特征，把这两者结合起来，就不用担心会丧失自己的民族性。

（《走我自己的路·美育与技术美学》，1987 年）

63

爱因斯坦说过，希腊和西方文明是依靠希腊欧几里德的几何体系和文艺复兴以来伽利略科学实验方法取得成果的。他很奇怪，中国没有这两样东西，何以能够做出很多工作。这便是中国思想史上一个值得研究的问题。我的看法是，技术和科学有区别。中国基本上可说是技术发达，科学并不发达，也就是说，中国是技术科学或应用科学较发达。中国的四大发明都是技术发明。中国数学发达，但主要也是计算方面，它不重视公理、模型、抽象体系。这也表现为中国人的思维总喜欢要求科学直接为社会生活服务，因而，科学常常变成或只是技术，对科学的独立意义、独立力量，对科学本身思辨的完备等等，便不够注意。……中国科技到近代大大落后，长久停留在经验论水平的理论思维上，是有其内在的传统思维方式的原因的（当然也有许多外在的根本原因）。

（《走我自己的路·中国思想史杂谈》，1985 年）

64

从前一方面说，中国民族的确是太老大了，肩背上到处都是沉重的历史尘垢，以致步履艰难，进步和改革极为不易，"搬动一张桌子也要流血"（记得是鲁迅讲的）。在思想观念上，我们现在某些方面甚至比"五四"时代还落后，消除农民革命带来的后遗症候，的确还需要冲决罗网式的勇敢和自觉。……从后一方面说，比较起埃及、巴比伦、印度、玛雅等古文明来，中国文明毕竟又长久地生存延续下来，并形成了世罕其匹、如此巨大的时空实体。历史传统所积累成的文化形式又仍然含有值得珍贵的心理积淀和相对独立性质；并且百年来以及今日许多仁人志士的奋斗精神与这文化传统也并非毫无干系。所以本书又仍然较高估计了作为理性凝聚和积淀的伦理、审美遗产。这实际也涉及历史主义与伦理主义的二律背反问题。我有时总想起卢梭与启蒙主义的矛盾，浪漫派与理性主义的矛盾，康德与黑格尔的矛盾，托尔斯泰与屠格涅夫的矛盾，油画《近卫军临刑的早

《晨》中雄图大略的彼得大帝与无畏勇士们的矛盾，也想起今天实证主义与马尔库塞的矛盾……。历史本就在这种悲剧性矛盾中行进。这是一个深刻的问题啊。

（《中国古代思想史论·后记》，1985 年）

65

（问：我们的文化的缺点是什么？）

缺点也正是它的优点，就是我们太讲究实用理性，忽视了思辨理性，这是很不适应现代科学的发展的。中国与日本相比，日本文化中非理性的成分更多一些，倒更容易接受现代化。中国文化中理性成分过多，没有酒神精神。酒神精神反映的是本能，生命力的冲力，是非理性的，中国文化恰恰是用理性限制这种冲力并使之理性化。这反而使我们走向现代化的阻力更大。但我又不赞成今天来大大提倡酒神精神，提倡非理性、原始冲力等等。这是一个很复杂而很有趣的问题。

（《走我自己的路·答〈东方纪事〉记者舒可文问》，1989 年）

66

如我以前多次指出，中国有技艺，无科学。中国文化由于过分强调"理论联系实际"，没有也不能产生欧几里德几何学和 Pythagoras。中国传统实用理性过于重视现实的可能性，轻视逻辑的可能性，从而经常轻视和贬低"无用"的抽象思维。"雄辩"如孟子，常常违反形式逻辑，仅以气势（情感力量）逼人；清醒如荀子，也以无实用价值而反对名家；道家强调的恰恰是逻辑悖论式的辩证观念；法家如韩非着重的更是现实功能的"逻辑"。从孔子起，重视的都是"名（概念）"与"实（现实）"的关系，是"必也正名乎"，而不是"名"自身独立发展的价值；而其根由则在于，天人不分的巫史传统，没有可能从独立科学基础上发展出高度抽象的"先验"观念和思维方法。这使得中国人的心智和语言长期沉溺在人事经验、现实成败的具体关系的思考和伦理上，不能创造出理论上的抽象的逻辑演绎系统和归纳方法（墨辩略有而失传）。汉语缺少抽象词汇，哲学缺少形而上学，思维缺少抽象力度，说话作文不遵守形式逻辑，计算推演不重视公理系统。二千年来中国很少有哲人能够发表"通过逻辑完美的认识，内在价值是不能以应用外在价值所能比拟的"之类的论说。未能重视抽象思辨所获得逻辑真理和认识愉快，远比物质效用和实际利益更为重要。凡此种种，都是由于未认识符号操作乃实践操作伟大提升、延伸和扩大，未认识摆脱了人体肢体活动的物质操作局限性所可能获得的潜在的逻辑可能性。正是这一"未认识"，不仅使理论而且使实际也即是人的物质实践本身也受到了极大的束缚和阻挠，从而缺乏对独立于社会规则的自然律（Law of Nature）的深入追寻，未能发展出以高度抽象思辨为基础的现代科学。今日提出"实用理性"，应该对自己这一传统进行必要的自我审视和批判。

（《实用理性与乐感文化·论实用理性与乐感文化》，2004 年）

百年以来，经由西方科技洗礼之后，现代汉语已输入大量抽象词汇，中小学教育设立了数学和逻辑，大众文学开始生产有益于锻炼推理能力的侦探小说而非一味发扬想象—情感的武侠小说。"实用理性"正在从心理上加强中国人的思维力量，使这力量不仅如古代那样表现在技艺发明中，而且也能表现在极端抽象的符号思考中。传统经过挑战而革新，恰好符合"实用理性"并非先验理性而是"经验合理性"的概括提升的"本性"。历史本体论从人类学（即整个人类文明）的哲学视角出发对"实用理性"所提出的界定，便已预设了"日日新"的含义。中国人完全能够适应抽象思维、逻辑训练，进行现代科技的发现发明。只是对一个已有数千年传统的文化心理结构的巨大群体来说，这种心智习惯的改革更新，亦即理性内化中这一文化心理积淀过程的打破和重组，需要自觉性，也需要相当的岁月时日。

（《实用理性与乐感文化·论实用理性与乐感文化》，2004 年）

启蒙与救亡的双重变奏

68

从这个洪秀全个人的悲剧中。可以看到的正是阶级的局限。一代天才最后落得如此悲惨、被动，是由于他不可能摆脱封建主义生产方式带给他的深刻印痕。所以，不应将农民阶级、农民战争及其领袖理想化。一方面，它有反地主阶级、冲击封建生产关系的革命性；另一方面它又并不代表新的生产力和新的生产关系，仍然要回到封建生产方式去，从而又具有浓重的封建性。

中国近代民主革命实质上是农民革命，以农民为主力军的新民主主义革命数十年武装斗争也可说与太平天国农民战争有继承关系。……然而所有农民革命的长处和弱点，它的巨大成功和悲惨失败，却只有在今天才更能了解其深刻的内容和意义。

（《中国近代思想史论·洪秀全和太平天国思想散论》，1978 年）

69

洪秀全的迷信，杨秀清的权术，石达开的分裂，李秀成的变节，后期诸王的彼此猜忌，互不合作，都不只是个人品质或野心的问题，它深刻暴露了农民革命某些根本弱点。在古代农民战争中，所有这些也是屡见不鲜的。当然，不是说没有个人的品质、气节、责任等问题，而在于偶然中有必然，正是通过这种人物的才能、品质、性格和事件的偶然，表现出农民革命的某些本质规律性的东西。武力火并、宫廷政变、分散主义、军阀割据、争当皇帝等等，本都是封建主义的必然产物。马克思早就指出，小农经济必然产生专制政体，拥护封建皇帝。所以，说农民是皇权者并不错误。

（《中国近代思想史论·洪秀全和太平天国思想散论》，1978 年）

仅从思想史角度看，便很清楚，资产阶级民主思潮并未在中国生根，在中国有深厚基础的是封建统治传统和小生产者的狭隘意识，正是这两者结合起来，构成了阻碍中国前进、发展的巨大思想障碍。它们与近代民主主义格格不入，蒙昧、等级、专制、封闭、因循、世袭，从自给自足的经济到帝王权术的"政治"，倒成为习以为常的思想状态和正统力量。正是与这种状况相抗争，与这种意识形态相搏斗，才有五四运动，才有启蒙思想家鲁迅。

五四运动提出科学与民主，正是补旧民主主义革命的思想课，又是开新民主主义革命的启蒙篇。然而，由于中国近代始终处在强邻四逼外侮日深的救亡形势下，反帝任务异常突出，由爱国而革命这条道路又为后来好几代人所反复不断地在走，又特别是长期处在军事斗争和战争形势下，封建意识和小生产意识始终未认真清算，邹容呼唤的资产阶级民主观念也始终居于次要地位。一方面，历史告诉我们，经济基础不改变，脱离开国家、民族、人民的富强主题，自由民主将流为幻想，而主要的方面，则是没有人民民主，封建主义将始终阻碍着中国走向富强之道。从而，科学与民主这个中国民主革命所尚未实现的目标，仍然是今天的巨大任务。特别是当封建主义穿着社会主义衣裳，打着反资本主义的幌子，实际是要把中国拉向封建法西斯的时候，这一任务的重要性、急迫性和艰巨性就更突出了。

（《中国近代思想史论·二十世纪初资产阶级革命派思想论纲》，1979 年）

但是，中国近代却没有这个资本主义历史前提，漫长的封建社会和半封建半殖民地社会之后，紧接着便是社会主义。无论在社会的政治经济结构上和人们的文化心理结构上，都并没有经过资本主义的洗礼。也就是说，长久封建社会产生的社会结构和心理结构并未遭受资本社会的民主主义和个人主义的冲毁，旧的习惯势力和观念思想仍然顽固地存在着，甚至渗透了人们意识和无意识的底层深处。这就不难怪它们可以借着社会主义的集体主义衣装，在反对资本主义自由民主和个人主义的旗帜下，在"文化大革命"中甚至以前，轻车熟路地进行各种复辟了。于是，"文革"之后人们便空前地怀念起"五四"，纪念起"五四"来。

（《中国现代思想史论·启蒙与救亡的双重变奏》，1986 年）

72

革命是否必要或必然（necessity）？"假如"史学在这里派上了用场。它展示的是历史并非宿命，是人在主动创造历史，人有选择的可能。……从辛亥到"文革"都没有革命"一定要发生"的逻辑。一些研究表明，没有某些革命，对中国现代化路途更为有利。

（《实用理性与乐感文化·思想史的意义》，2004 年）

73

总之，人类靠庄子所痛斥的"机事""机心"来维系生存，改善生活，这就是历史。这历史使人类物质生活日趋富裕，它已大不同于庄子的时代，更不再像黑猩猩那样整天忙于觅食，几千年如一日。而其代价则是种种在动物界少见的大规模的同类相残和各种形态的穷凶极恶。但是，另一方面，更为复杂也更有意思的是，与动物界不同，这种种"穷凶极恶"却又激发出与这一切邪念、贪婪、平庸、自私相抗争、相决裂、相奋战的崇高的道德理想、正义要求和革命行动。例如，资本主义的兴起就与新教教徒勤俭、禁欲的崇高的伦理原则有关。即使战争这个以集体利益（氏族、部落、民族、国家）为目标的残酷丑恶的血腥事业中，所要求的恰好是以个体牺牲为榜样的伟大的伦理精神。革命更是如此。革命将人类特有的道德意志、伦理精神发扬到极致。从而这个所谓历史与伦理的二律背反，也就构造出一幅幅既丑恶又美丽而非常复杂的绚烂图画。

（《己卯五说·说历史悲剧》，1999 年）

重视个体实践，从宏观历史角度来说，也就是重视历史发展中的偶然。从黑格尔到现代某些马克思主义理论，有一种对历史必然性的不恰当的、近乎宿命的强调，忽视了个体、自我的自由选择并随之而来的各种偶然性的巨大历史现实和后果。我们一方面反对非决定论观点，因为无论如何，从原始社会到今天，从农业小生产到工业大生产，历史在进化，物质文明在成长，其中确有不以人们意志为转移的客观规律和历史法则，否认这点是不符合事实的。但是，另一方面也要看到，人类中任何个体自我的实践都是在主动地创造历史，其中充满大量偶然因素。注意研究这些偶然因素，才能更深刻地理解强调作为个体的人的伦理学主体性意义所在，才不至于重蹈过去道德主义把道德呐喊建筑在被异化的"集体主义"、"历史必然性"的宿命基础之上的谬误。因此，一方面应该反对在"革命的""集体的"旗号下种种抹杀、轻视个体的所谓马克思主义的理论；另方面也要看到"大我"（人类总体）与"小我"（个体）之间的关系有一个极为复杂的具体的历史行程，用义愤、感伤、情绪以及价值判断、伦理原则是不能真正解释这个行程的。

（《中国现代思想史论·试谈马克思主义在中国》，1986 年）

不能笼统讲"人生来就是自由的"，你不能说原始时代人生来是自由的，也不能说两千年前人生来是自由的，自由是经过一段历史发展才具有的，还是具有历史性的，这方面历史唯物主义是对的。但过去的历史唯物主义因为受黑格尔主义的影响，只强调必然性，这就不对了，产生了巨大理论和实践谬误。有个人写文章批评我，但他引了我一段话："从黑格尔到现代某些马克思主义者有一种对历史必然性不恰当的、近乎宿命论的强调，忽视了个体、自我、自由选择，及随之而来的各种偶然性的巨大历史现实。"我至今仍是这个看法。就历史必然性而言，我是反对黑格尔的，黑格尔主义在马克思主义里面，特别是斯大林及以后强调得很厉害，其实马克思主义应该避免这个东西，所以西方有人说马克思主义本来是亚里士多德主义，不同于柏拉图强调理念、共相，亚里士多德主义强调个别。总之，个体的自由不是从来就有的或生来就有的，我很强调历史性，从这个角度说，我还是认为历史唯物主义这方面有些道理。

我认为一切都是历史产生出来的，历史不是哪个人的而是整个人类的历史。

（《走我自己的路（对谈集）·伟大的真理就是简单的》，1998 年）

76

我认为马克思的学说基本上是哲学，主要是对历史的把握，我讲制造工具、使用工具，他讲了工具，着重讲了生产力，但很快便跳到生产关系上大做文章。生产力、工具这方面讲得还是很不够。但他认为"人民群众创造了历史"，人活着要吃饭，只有劳动才有饭吃，所以劳动人民创造历史，这一基本观点是很朴素的、很简单的，但是我觉得有时候伟大的真理就是简单的。这是很多学者，包括一些西方学者所忽视的。

（《走我自己的路（对谈集）·伟大的真理就是简单的》，1998 年）

77

全球一体化使这问题特别明显，但是这并不消除多样性；恰恰相反，全球化可以向更加合理的方向发展，并且适应不同的文化和宗教。也就是说可以既有差异又有共识，保持两者之间有张力，并不是消极地对立，社会存在从而给共识以一个非常强大的物质基础。……现在好些人说马克思主义过时了，不对，马克思主义有自己的优势，应该加以很好的发展。……这里的马克思主义便不再是马克思列宁主义，而是马克思伯恩斯坦主义。

老实讲这三十年发展得相当不错，避免了很多国家、很多社会制度在原始积累阶段的苦难。在面对重大自然灾害面前，也没有什么其他的力量能够取代中国这种从中央到地方极有效率的动员及组织能力，这是毛泽东时代建立起来的。这是应该珍惜的遗产。

（《中国学术论坛·李泽厚、童世骏对话录》，2011 年）

卷四 治学

"以大观小"和"以小见大"

（喜欢的格言：）

"有得于内，无待乎外"；

"静如处子，动如脱兔"；

"先立乎其大者，则其小者不可夺也"。

（《走我自己的路·答记者问》，1986 年）

读书要博、广、多，写文章我却主张先要专、细、深，从前者说是"以大观小"，这可说是"以小见大"，"由小而大"。你们现在搞毕业论文，我看题目越小越好。不要一开始就搞很大的题目。就我接触到的说，青年人的通病是开头就想搞很大的题目，比如说，"论艺术"、建立"新的美学体系"，等等，但一般很难弄好。你们也许会说，你一开始不也是搞体系，什么"研究提纲"之类的吗？其实那不是我的第一篇文章。我在大学里先搞的题目是近代思想史方面的一些很小的题目。

着手研究，先搞大而空的题目，你无法驾驭材料，无法结构文章，往往事倍功半。开始搞的研究题目可以具体一点、小一点，取得经验再逐步扩大。所以，虽然有好些热心的同志建议，我现在仍不打算写建立哲学体系的专著。不是不能写，如果现在写出来，在目前思想界也可以出点风头，但是我觉得靠不住，我想以后更成熟时才能写吧。康德的哲学体系至今整整二百年了，今年在西德纪念他的主要著作出版二百周年。康德当时写书的时候，思想界充塞了多少著作啊，而唯有康德的书给予人类思想史以如此长远的影响。所以我们要立志写出有价值的书，写出的东西能经得起时间的检验才好。写出的东西一定要对人类有所贡献，必须有这样的远大抱负。

（《走我自己的路·读书与写文章》，1979 年）

3

我之所谓好书，除了那些能直接影响人的情感、理想、意志者外，大抵还可分两类：一类是资料丰富而不烦琐，读后使人眼界开阔，知识增多；一类是时有新见，益人神智，即具有启发性。当然有的好书兼此二美，不过较为少见。

（《走我自己的路·推荐〈科学研究的艺术〉》，1984 年）

4

文章宁肯拙点，拙点没关系，但要有重量。

（《浮生论学：李泽厚　陈明 2001 年对谈录》，2001 年）

5

我强调的专家，主要是指人文科学或社会科学应该如同自然科学那样，对某一问题、领域、事件等等，从事具体的、实证性的研究。专家治学，首先就要求从微观入手，因为微观研究才是真正的科学研究。题目可以小得非常之小，譬如我就很喜欢读精当的考证文章，因为它们真正发现了或真正解决了某个问题，如解读了一个古字，说通了某件事实，使人产生终于得到真理的感觉，还可以给人以开发智力的享受：当然课题也可以大一些，再进一步，还可以在微观的基础上进行综合分析，将一些问题贯通起来，我所说的宏观也是在这种分层次的意义上讲的。这与每个人的条件、基础、素质、兴趣等有关，不能强求一致。只要学问建在实处，脚踏实地、兢兢业业地研究问题，不论题目研究的大小，不论微观宏观，其实都是专家治学的精神。而我们目前所缺少的，正是这样一种精神。中国近几十年来形成一种学风，不去扎扎实实地研究问题，大家都在搞宏观，或倾心一鸣惊人，或忙于东拼西凑，一讲就是古今中外一大套，好像非如此不足以确立自己在这一领域中的地位，于是便有了那么多的《中国哲学史》《中国文学史》、《中国近代史》等等，彼此雷同，空空洞洞，没有新意。这就不是真正的专家治学精神，而最终吃亏的还是自己。

（《世纪新梦·与丁一川的对谈》，1993 年）

6

我所提倡的中国青年学者要走专家之路，主要正是针对这种浮夸的学风而言。为了纠以往之弊，希望你们这一代人不要再走那样的"学术"之路。这也是对中国未来的学术事业负责。所以多年来我一直呼吁要多一些人来从事微观研究，我们确实很需要培养一大批日本汉学家那样的学者。我愿意在这里再强调一次，虽然我自己已没有精力从事这样的工作了。日本和我们的情况不一样，我所说的日本要多从宏观处着手，主要是从方法上说的，希望他们跳出自身局限，多造就些大师级的专家。所以，我非但不否定日本学者一丝不苟的治学精神，恰恰相反，是非常钦佩的。

（《世纪新梦·与丁一川的对谈》，1993 年）

7

分析法可说是从感知的具体走向逻辑的抽象，把现实事物或对象分解、拆散；综合法可说是从逻辑的抽象走向现实的具体，它在思维里复制历史的行程。如马克思所说，在思想中，具体表现为综合即概括或总集。这正是逻辑与历史的一致，所以它显然是科学上正确的方法。而"综合法"所以能够不断展开和发展为具体，"综合判断"所以能获得新的知识，"综合"所以比"分析"，更为重要更为根本，原因在于：它反映了实践在现实活动中改造对象、消化对象，打破旧关系，建立新关系，造成不断由简单到复杂的历史行程。这正是它能在思想中扩大认识的基础，的确不同于以遵循形式逻辑为轴心的分析判断。因之，可以说，

"综合"在根本上是实践活动的本性，是吃掉对象、消化对象、改造对象的行动的逻辑。用这种方法在科学中将问题研究完备表述出来，就好像是种先验的方式了："材料的生命一经观念地反映出来，看起来我们就好像是先验地处理一个结构了"。这也才是康德强调各种"综合"、"综合法"的真实意义，虽然康德本人并未意识到。

（《批判哲学的批判：康德述评》，1979 年）

8

数学是人所有的特种认识工具和符号语言，如同人的物质工具一样。但它以最纯粹的形式体现了人的认识的主观能动性。这种认识能动性，从哲学上看，又仍然是人类的实践能动性的高度抽象化的反映。数学的原始概念应从这里去考虑和研究。数学的构造本性也应从这里来理解。因之，数学的普遍必然，从根源上讲，是抽象化了的实践活动（劳动操作）形式本身的普遍必然 [例如，"无穷"并不是指现实世界的事物、对象的无穷（无论是无穷大、无穷小），而首先是意味人（人类）能无穷地（只要人类存在）把任一操作继续进行下去，它终于反映在人类思维中，成为数学的一个不可缺少的基本概念。而人类所以能无穷地进行操作，又正是由于包括人的宇宙客观世界是无穷的原故，所以无穷这一数学概念又可以适用于客观世界。] 我们的实践（包括现代的天文观测）所达到的任何宏观世界或微观世界，不管它们独特的经验环境如何，$2 + 2 = 4$，$7 + 5 = 12$，仍然有效，原因就在这里。数学所以能作为人类认识世界改造世界的强大工具（现代科学广泛运用数学所获得的巨大成就不断证实着这一点），体现了人的认识能动性的显著特征，其哲学上的道理也在这里。莱布尼兹说数学是上帝的语言，其实数学是人类的骄傲。

（《批判哲学的批判：康德述评》，1979 年）

9

说也奇怪，我在理论和实际上一贯强调历史主义，但另方面，也许仍是受鲁迅的影响，我又非常注意人们的处世、为人。在我所认识的人中，我一直非常尊敬、赞佩和更为亲近那些或勤勤恳恳、老实本分，或铮铮铁骨、见义勇为的人，尽管他们非常普通，既非才华盖世，又未显赫于时，可说是"名不称焉"吧，但他们比那些经营得巧名重一时的"俊杰"老翁，或左右逢源聪明圆滑的时髦青年，总要使我觉得可爱可信得多。中国古人有言说，士先器识而后文艺。可惜这点点"伦理主义"在近几代（不能只指责青年一代，前面不是提到"俊杰"老翁吗？）中国知识分子好些人中，似乎在不同程度上被忽视被遗忘了。

（《杂著集·赵士林〈心学与美学〉序》，1991年）

"六经注我"和"我注六经"在治学层次上没有高低之分，而只是侧重点不同的方式。"六经注我"不是靠它所解释的对象，而是靠它所提供的观念、问题获得思想价值。皓首穷经有学术史的价值。可以一辈子搞一个人或一本书，但任何学术研究都带有个人的观念、思想，所以纯粹的"我注六经"是很难做到的，"我注六经"只能接近历史，永远有一定的限度。我所采用的"六经注我"的研究方式，是用经典材料来支持我的思想观点，同样是一种严肃的研究，与学术规范化毫无冲突。

（《走我自己的路（对谈集）·"六经注我"和"我注六经"》，1999年）

11

自然科学的范式（paradigm）转换需要经历常态科学发展的漫长过程，在这过程中并不是就没有"原创""突破"，只是层次、程度、范围、大小不同而已。社会科学、人文科学也如此。爱因斯坦"突破"牛顿前，仍有许多大科学家；只身千古的莎士比亚外，有许多大文学家。在哲学上，除我所喜欢的"六大家"（柏拉图、亚里士多德、笛卡尔、休谟、康德、海德格尔）外，也有好些伟大的哲学家。他们都有不同性质不同成就的"原创"或"突破"。不是任何人在任何时候都可以做出"范式的转换"或"伟大的突破"的，而任何增砖添瓦、补充改进、旧瓶新酒，都可以是"原创"或"突破"，只是规模、意义、作用可能小一些。但比那些蔑视一切、抹杀过去、空谈创造，要有价值得多。

（《走我自己的路（对谈集）·现代性与后现代性》，2001年）

知识面越宽越好

12

学习，有两个方面。除了学习知识，更重要的是培养能力。知识不过是材料。培养能力比积累知识更重要。我讲的能力，包括判断的能力，例如：一本书，一个观点，判断它正确与否，有无价值，以定取舍；选择的能力，例如，一大堆书，选出哪些是你最需要的，哪些大致翻翻就可以了。培根的《论读书》讲得很好，有的书尝尝味就可以了，有的要细细嚼，有的要快读，有的要慢慢消化。有的书不必从头到尾地读，有的书则甚至要读十几遍。读书的方法很重要。读书不能单凭兴趣，有些书没兴趣也得硬着头皮读。我说要争取最多的时间，不仅是指时间量上的多，而且更是指要善于最大限度地利用时间，提高单位时间的效果。有些书不值得读而去读就是浪费时间。比如看小说，我从小就喜欢看小说，但后来限制只看那些值得看的小说。读书最好是系统地读、有目的地读。比如看俄国小说，从普希金到高尔基，读那些名著，读完了，再读一两本《俄国文学史》，具体材料和史的线索结合起来组织起你对俄国文学的知识结构。这就是说要善于把知识组织起来，纳入你的结构之内。读书的方法也是多种多样的。要善于总结自己的读书方法和学习经验，在总结中不断改进自己的方法，改进、丰富自己的知识结构，这也就算"自我意识"吧。培养快读习惯，提高阅读速度，也属于争取更多时间之内。古人说"一目十行"，我看可以做到，未尝不好，对某些书，便不必逐字逐句弄懂弄通，而是尽快抓住书里的主要东西，获得总体印象。看别人的论文也可以这样。

（《走我自己的路·读书与写文章》，1981年）

13

知识面越宽广越好。有的学者提倡青年自学要早一点专起来，这当然是好意，也不无道理；不过，我觉得现在青年读书存在的问题还是狭，知识面太狭。我主张青年要博览群书，不要过早地去钻某一点。"术业有专攻"，在什么基础上去攻呢？最好能在雄厚的基础上去攻。只有这样，才能较快地攻出成果。过早地去攻，恐怕难以出成果，欲速则不达。现在的大学分科分得太细，各科之间"鸡犬之声相闻，老死不相往来"，这不利于广泛地吸取知识营养。鲁迅早就提倡搞自然科学的读一点文史书籍，搞文学的学一点自然科学知识，"触类"可"旁通"。听说清华大学准备开办中文系，这倒是一件大好事！

（《走我自己的路·答记者问》，1986年）

14

我一直主张快读，不求甚解，这可能没错，因为快读节省了许多时间，快读不是随意读，而是快读那些必须读的书，如某些经典。读书有两种，一种是有明确的目的，一种是无目的的合目的性，两种都重要。……我一直非常珍惜时间，从初中起就从不和人聊天侃大山，人际关系不好，原因之一大概也在这里。包括看了不值得看的书，也非常后悔，觉得浪费了时间，时间就是生命本身。我以为真正需要慢读、熟读、细读的并不多。当然也有。……在快读博览中作出判断，谁对谁错，对多少，错在何处，等等，我以为更为重要。在阅读中作出判断很重要，因此读书不是简单获取知识，而是培养自己的识别、估价的水平和能力。这样才能使自己对各种问题变得更敏锐更清醒也更理性，从而不做权威的奴隶，也不做时髦的奴隶。好些学人一辈子缺乏判断能力，分不清谁对谁错，谁高谁下，总是跟着潮流跑，跟着时髦走。……总之，在自己读书中培育才能，发现问题。……不读书觉得无书可读，越读书觉得越有书要读。而读原作又比读二三流的解说虽困难一些却有益得多。

（《该中国哲学登场了？——李泽厚 2010 年谈话录》，2010 年）

15

我看哲学史，同时看几本，读柏拉图，就同时看斯退司讲的、梯利讲的、威伯讲的、朗格讲的，读一个人要看四个人讲的，看谁讲得最好，比较高下优劣。读亚里士多德也如此，西方哲学史就这样学下来了，当然也看一些原著。我以为西方哲学史是"学"哲学的基本功，中国哲学史和哲学概论都不是。

（《该中国哲学登场了？——李泽厚 2010 年谈话录》，2010 年）

16

（《美的历程》）这本书里的材料，都是基本材料，我以为要害材料只要几条就够了，大路货也可点石成金。我故意要用大家熟知的材料，使人如逢故人又有新鲜感。……陈寅恪读那么多书，你看，他就是那几条材料，一下子就抓住了要害。康德的三大批判和历史政治论文也在于一下抓住要害，言语不多就够了。他们主要是靠自己的见解。

（《该中国哲学登场了？——李泽厚 2010 年谈话录》，2010 年）

17

我的读书范围很广，从武侠小说、侦探小说，到后来的鲁迅、冰心，只要是文学、历史书籍我都喜欢。……或许是早熟的个性使然，我自年轻时便培养了选书能力，当然，鲁迅观察事物的冷静态度以及历史人物的教训，多少也对我产生影响。一个人能读的书太多，而时间太少，不培养选书的能力是不行的。正如培根所言："有些书翻了一下就够了，有些书却要仔细阅读"，如此才能建立自己的知识结构。

（《〈中央日报〉记者采访录》，1996 年）

18

我不是个很狂妄的人，但也不是谦谦君子。我相信八十年代的看法，我现在还坚持。

1978 年上大学的，我敢说都受过我的影响，1998 年的，我就不敢说了。

有的书是给人专门的知识，有的书是给人广泛的知识，比如百科全书，比如教科书，你认为哪一种重要？都重要。对不对？但最基本的还是教科书讲的那些专门的知识。

有的书讲授的是知识，专门的或者广泛的知识，有的书是给人以启发，哲学家写的哲学史有的就是给人启发，像罗素的《西方哲学史》，我不主张学习西方哲学基本知识的人把这本书作为教材。

我的书算是给人以启发的吧。它不是教材，不是按部就班的一步步写下来，而是发表我自己的一些见解。

（《走我自己的路（对谈集）·"我的书是给人以启发的"》，1998 年）

但《己卯五说》这本书里的五篇文章的确都是提纲，每篇都可以写成一本专著。我原来也是那样计划的，后来放弃了，原因之一是时间不够，资料不好找；二是我认为，作为搞哲学的人的著作，提纲也不一定比专著差，主要看所提出的思想和观念。恩格斯的《费尔巴哈论》的附录，即马克思的十一条提纲，不过千把字吧，就比恩格斯整本书的重量重得多，也重要得多。当然，写成专著，旁征博引，仔细论证，学术性会强许多，说服力会更大，大概还可免去"浮躁"的恶名。……

我这本书的主题是人类学历史本体论，也即是主体性实践哲学。有人说可看做"儒学马克思主义"，我也不反对。但说它是"儒学后马克思主义"可能更准些。说它是马克思主义，因为在科技日益主宰人们生活的现时代，它具有世界性；说它是儒学，因为它要把中国传统精神渗透在马克思主义中并成为主导因素。作为一种学说而不是意识形态，它应当如同中国本身一样对世界具有意义。但这可能又要被人看做"浮躁"了。

（《走我自己的路（对谈集）·"六经注我"和"我注六经"》，1999 年）

学术研究要讲究多谋善断

20

在人生道路上，偶然性非常之多，经常一个偶然的机缘，便可以影响、制约、决定相当一段时期甚至整个一生的发展前途。因之，一般说来，如何在面临各种偶然性和可能性时，注意自我选择，注意使偶然性尽量组合成或接近于某种规律性、必然性（社会、时代所要求或需要的必然和自我潜能、性格发展的必然），似乎是一种值得研究的问题。在学术道路上，也如此，如何选择在客观上最符合时代、社会或学科发展的需要性，同时有具体环境、条件中的可行性；在主观上又最适合自己的基础、能力、气质、志趣的方向、方法、专业和课题，而不是盲目地随大流或与各种主观条件"对着干"，便是一件并不容易而最好能自觉意识到的事情。

（《走我自己的路·我的选择》，1985 年）

21

学术研究要讲究多谋善断，一个小问题可能越钻越小，以至于钻进牛角尖，出不来了。一个小问题也可能越想越大，大到无边，这样一来，也无法搞了。所以要善断。研究问题要一步步地来，否则"剪不断，理还乱"，永无穷尽。要求把一切都搞懂了以得到绝对真理似的研究结果，这是不可能的。

学术研究要善于比较，在比较中发现特点。比较可以见出现象上的规律，但是不等于见出本质规律。研究和学习都要善于扬长补短，要发现自己的能力，发展自己的特长。

（《走我自己的路·读书与写文章》，1979 年）

22

"做研究工作的学生若是自己负选题的责任（厚按：似亦可以释为主要由学生自己考虑、选择或决定选题），那么成功的可能性更大。"

"对于创造性思维来说，见林比见树更重要。"

"成功的科学家往往是兴趣广泛的人……多样化会使人观点新鲜，而过于长时期钻研一个狭窄领域则易使人愚钝……"

（《走我自己的路·推荐〈科学研究的艺术〉》，1984 年）

23

学术研究与各人的气质也有关系，有的人分析能力强。可以搞细致的精深的问题。现在国外的许多研究细极了，一个作家一部作品的细枝末节考证得十分清楚详细，这也是很有用的。不过就我个人来说，不习惯这样，不习惯一辈子只研究某一个人，考证某一件事、钻研某一细节。……现在更应该提倡一下这种细致的专题研究。总之，研究题目、途径、方法可以百花齐放，不拘一格。既不能认为只有考据才算学问，其他都是狗屁、空谈（这其实是二流以下学者的意见）；也不能认为考据毫无用处，一律取消，这是左的观点。

（《走我自己的路·读书与写文章》，1979 年）

24

我想，学术风格与人品、人格以至人生态度，学术的客观性与个体的主观性，大概的确有些关系。

（《走我自己的路·悼朱光潜先生》，1986 年）

25

爱因斯坦的《自述》是很值得读的好文章。其中实际也谈了选择。例如他谈到"……物理学也分成各个领域，其中每一个领域都能吞噬短暂的一生，而且还没能满足对更深邃的知识的渴望"，从而他"学会了识别出那种能导致深邃知识的东西，而把其他许多东西撇开不管，把许多充塞脑袋、并使它偏离主要目标的东西撇开不管"。这不正是选择吗？又如"当我还是一个相当早熟的少年的时候，我就已经深切地意识到，大多数人终生无休止的追逐的那些希望和努力是毫无价值的。而且，我不久就发现了这种追逐的残酷，……精心地用伪善和漂亮的字句掩饰着"（均见《爱因斯坦文集》第一卷）。这不也是选择吗？

（《走我自己的路·我的选择》，1985 年）

于是，一切的选择归根到底是人生的选择，是对生活价值和人生意义的选择。"吾宁悃悃款款，朴以忠乎？将送往劳来，斯无穷乎？宁诛锄草茅，以力耕乎？将游大人，以成名乎？"（《楚辞·卜居》）从屈原到爱因斯坦，古今中外这么多人，每个人都只生活一次，而且都是不可重复和不可逆转的，那么作什么选择呢？人生道路、学术道路将如何走和走向哪里呢？这是要由自己选择和担负责任的啊。

（《走我自己的路·我的选择》，1985 年）

27

最重要的是人要发现自己的潜能到底在哪里。这样你就也许能找到你的生命意义到底在哪里。实现个人潜在的一切，那就是最愉快的事情。这个我前几天还跟人说过，我讲搞学问，主、客观条件都很重要，主观条件最重要的就是你要看到你自己的潜能在哪里，不是你的兴趣在哪里，因为一般的人特别是少数天分高的好像搞什么都行，但是并不见得。还是要发现你所有才能里面，哪一点最强。包括搞理论思维的，有的分析能力强，有的综合能力强，有的推理能力强，有的直观能力强，那就不同了。"自明诚"也好，"自诚明"也好，有的情感因素比较重，有的能够非常冷静。那就发现哪个最适合，有的人甚至一辈子都没有发现自己，认识自己是很不容易的。客观条件当然有很多，其中很重要的一个就是这个学科，这个领域本身到底还有多少东西可以发掘可以发挥。杨振宁也讲过，有些东西已经做的差不多了，你再做也就是再增加一点点，或者你根本就做不出什么东西来，这就应该另择领域，另外开辟天地，不要以为一个东西老可以做的。

（《浮生论学：李泽厚　陈明2001年对谈录》，2001年）

28

做学问如同做大生意一样，需要有胆有识。有的人是有胆无识，像刘晓波，胆子是很大，但没有见识，只能张狂于一时，过后灰飞烟灭。有的人是有识无胆，因此能搞出一些小学问，这个比有胆无识还要好一些。有的人是无胆无识，滔滔者天下皆是也！陈寅恪，就是有胆有识。但我以为陈寅恪不如王国维，钱钟书不如陈寅恪。王国维是有天才的，他也以天才自命。但陈、王当时也并没好多人赞同，且遭人反对。当时大权威章太炎就极力贬低甚至不相信甲骨文，现在会觉得好笑。

（《李泽厚近年答问录·答陈明问：关于"玩学问"》，2004年）

29

科学家在设想或解决问题时经常面临极大的选择量，如何选择便有充分的主观性，有很大的个体因素和人间情味在起作用。彭加勒（H.Poincare）说，"发明就是选择，选择不可避免地要受感情的影响以至支配"，其中也包括科学上的美感。彭加勒把难以言喻的美作为科学理论的完满标准。日本物理学家汤川秀树说："他（爱因斯坦）追求自然界中尚未发现的一种新的美和简单性。抽象总是一种简单化的手段，而在某些情况下，一种新的美则表现为简单化的结果。爱因斯坦和少数理论物理学家才有的一种审美感，……而审美感似乎在抽象的符号中间给予物理学家以指导。"数学家哈代（G.H.Hardy）说："数学形态像画家、诗人一样，必须是美的。要定义数学美可能非常困难，不过这种美与其他任何种类的美一样真实"。

（《美学四讲》，1989年）

30

同时，在研究方法上，还应该研究一下自己。这也是重要问题。人们的性格、气质、背景、基础、兴趣、潜力、才能因人而异，每个人都可以具体地考虑、斟酌如何最大程度地发挥自己的潜能。文史哲的方法、成果，有时可以显示出研究者的个性、才能和特点。例如有人适合搞精确考证，有人更长于提出理论问题；有的长于分析，有的喜欢概括；有的更偏于冷静的客观描述，有的则不免主观倾向的注入……。因为个性、才能、潜力、背景、基础等等不同，照搬别人的方法不一定对自己合适。善于发现自己的特点，也不容易，但如果有意识地自觉地注意这个问题，注意寻找最适合自己运用的研究方法，也许可以少走些弯路。

（《走我自己的路·方法论答问：找最适合自己的方法》，1985 年）

31

创造需要知识，但知识却并不等于创造。培根说"知识就是力量"。我觉得从知识到力量，其中还需要某种转换。即是说，要使知识（对象）变成力量（主体），还得要有某种科学的选择、组织、建构、融化的工夫，这样才使知识纳入你的智力结构，成为你的能力，符合你的需要而为你所自由驾驭，而不只是像机器那样被动地贮存，凭外在指令来输入输出而已。也就是说，要善于读书，善于吸收融化知识，善于主动地选择、建构、运用和支配知识，使合规律性的知识趋向于、接近于、符合于你的合目的性的意愿和创造。

（《走我自己的路·新春话知识——致青年朋友们》，1985 年）

32

做学问，当学者，便可以有各种不同的形式和类别。海耶克（F.A.Hayek）曾把学者分为头脑清晰型和头脑困惑型两种，也有人分为狐狸型和刺猬型的。大体说来，前一类型善于分析和讲授，知识丰富，论证清楚，博闻强记，条例灿然。后一类型则相反，他不见得能记得很多知识，他的论证、讲授也可能很不充分或很不明晰，甚至含混晦涩。他经常忽视或撇开各种细节，却善于抓住或提出一些最重要、最根本的问题、观念或关键，其中蕴含着或具有极大的创造性、新颖性、原动性。前一类型更善于复述、整理、发展前人的思想、学说及材料；后者却更多沉溺于执著于自己所关注的新事物、新问题，而不知其他。如果借库恩（Thomas Kuhn）的话，前者大抵是常规科学，后者则属于创造范式（Paradigm）。……当然，这种二分法只是某种抽象化了的分类，在现实中，这两种因素经常是交织、混合在一起，只有程度和比例不同的差异而已。

（《走我自己的路·新春话知识——致青年朋友们》，1985 年）

写文章的人要学点平面几何

33

我建议写文章的人要学点平面几何。理论文章要概念清楚，遵守逻辑，要有论证，简明扼要，不要模模糊糊，不要让人看半天不知说了些什么。对于学术发展来说，这是最基本的一个问题。

（《走我自己的路·写文章的人要学点平面几何》，1987 年）

34

学术文章有三个因素，前人早已讲过。一是"义理"，用我们的话说，就是新观点、新见解。二是"考据"，也就是新材料，或者是新鲜的材料，或者是丰富的材料，或者旧材料有了新的使用和新的解释。三是"词章"，就是文章的逻辑性强，有文采。你每写一篇文章，也应该估计一下可以在哪个方面做得比较突出，有自己的特色。总之，写文章要有新意，没有新意，最好不要写文章。

（《走我自己的路·读书与写文章》，1979 年）

35

我学过数理逻辑，做过很多数理逻辑的练习题目。很多人特别是搞文学的很厌烦这些东西，因为要花很大的耐心，要一步一步地推理，好像小时做平面几何，那对自己就是训练……所以我到现在都非常注意概念的清楚，我常常喜欢问你这个概念，这个语词到底什么意思，有些人就是答不出来。

（《浮生论学：李泽厚　陈明 2001 年对谈录》，2001 年）

36

据说有人曾说我"杂"，又是中国思想史，又是外国哲学，又是美学……，我欣然接受。因为我从来不做一生治一经的"专家"。据史载，这种专家就四个字可以写上数万言，这当然很可以自炫，但我确无此本领。我倒是觉得，今天固然不可能再出现一个如亚里士多德那样的百科全书式的学者，科学分工愈来愈细。但另方面也要看到，今天我们正处在边缘科学方兴未艾、各科知识日益沟通融合的新历史时期，自然科学如此，人文社会科学亦然。中国文史哲素来不分，这其实是个好传统。如今（至少是目前）好些中、青年同志在知识方面的主要问题，恐怕也不在于杂、多、乱、倒在狭、少、贫。而古今中外，第一流的哲学社会科学名家都几乎无一不是知识极为广博，能多方面著书立说的。取法乎上，仅得乎中，虽不能至，心向往之。我以为，一方面确乎应该提倡狭而深的专题研究和狭而深的专家学者，但另方面也不应排斥可以有更高更大的目标，特别是对搞理论的同志来说，更加如此。我自恨太不"杂"，例如对现代自然科学知识太少，没有发言权，否则我想自己的研究工作将另是一番天地。

（《走我自己的路》，1981 年）

37

在上大学的时候。我对文史哲三个系的弱点有个判断。我以为哲学系的缺点是"空"，不联系具体问题，抽象概念比较多，好处是站得比较高。历史系的弱点是"狭"，好处是钻得比较深，往往对某一点搞得很深，但对其他方面却总以为和自己无关，而不感兴趣，不大关心；中文系的缺点是"浅"，缺乏深度，但好处是读书比较博杂，兴趣广泛。说到贵系，大家可不要见怪呀。（众笑）我当时在哲学系，文史哲三方面的书全看。上午读柏拉图，下午读别林斯基，别人认为没有任何联系，我不管它。所以我从来不按照老师布置的参考书去看，我有自己的读书计划。其中读历史书是很重要的，我至今以为，学习历史是文科的基础，研究某一个问题，最好先读一两本历史书。历史揭示出一个事物的存在的前因后果，从而帮助你分析它的现在和将来。马克思当年是学法律的，但是他最爱哲学和历史。现在一些搞文学史的人，为什么总是跳不出作家作品的圈子？就是因为对历史的研究不够。一般搞哲学史的人不深不透，原因大半也如此。你们的前任校长侯外庐先生的思想史研究，之所以较有深度，就因为他对中国历史比较重视。研究社会现象，有一种历史的眼光，可以使你看得更深，找出规律性的东西。规律是在时间中展示的。马克思主义的基本要点就是历史唯物论。对于一个事物，应该抓住它的最基本的东西，确定它的历史地位，这样也就了解了它。读历史书也是扩展知识面的一个方面。

（《走我自己的路·读书与写文章》，1979 年）

38

我并不想把"新知"与"多识"、"创造"与"学问"、年轻人与老教授对立起来，恰恰相反，如在《美学译文丛书序》中所认为的，创新必须有学问。在一定意义上，新知是建筑在旧识的基础之上的。因此，我想说的又不过是：创造需要知识，但知识却并不等于创造。培根说"知识就是力量"。我觉得从知识到力量，其中还需要某种转换。即是说，要使知识（对象）变成力量（主体），还得要有某种科学的选择、组织、建构、融化的工夫，这样才使知识纳入你的智力结构，成为你的能力，符合你的需要而为你所自由驾驭，而不只是像机器那样被动地贮存，凭外在指令来输入输出而已。也就是说，要善于读书，善于吸收融化知识，关于主动地选择、建构、运用和支配知识，使合规律性的知识趋向于、接近于、符合于你的合目的性的意愿和创造。

（《走我自己的路·新春话知识——致青年朋友们》，1985 年）

39

开拓精神实际上是一种能力、素质。中国留学生的考试成绩突出，但实验动手能力却不如外国学生，长期以来我们只重视让青年学到书本上的知识，却不注意培养他们的能力，忘记了学习知识的目的是什么。不学知识当然得不到能力，但知识本身并不代表能力。有位科学家说过，科学发现就是选择，这就要善于判断。我们应当培养青年判断、选择的能力。对待知识本身，也需要选择。

（《走我自己的路·答记者问》，1986 年）

40

前段时间报刊掀起了各种知识竞赛热，知识竞赛不应太滥。我见到不少琐碎无聊的题目，连专家也未必需要知道或记忆的"知识"。青年的读书热情很可贵，让他们去学、去记一些没有意义的知识，不是好的方向。在接受具体的知识时，青年人首先要注意的是科学的学习方法，建立合理的知识结构，要以创新为目标，而不应把任何东西都当知识来记，这样记的结果，只能使思维迟钝。世界上的大多数科学发明，都是由知识积累有限、但富于创新、挑战精神的年轻人完成的。

（《走我自己的路·答记者问》，1986 年）

41

还有一个问题，就是怎样把数学应用到社会科学中来。这当然更困难一些。但我记得马克思就讲过，一种科学只有在成功地运用数学时，才算达到了真正完善的地步。所以，这个问题也很值得我们重视。我相信，将来美学研究美感心理，能够用上某种数学方程，这在目前还不可能，因为现在心理学还不成熟。但在将来，比如说一百年后也许就可能。总之，不要把理论封得死死的，这不利于科学的发展，我们的视野应该更宽广一些，封死了我觉得倒是不符合马克思主义的。应该让大家去探索，如果有不成功的地方，可以不断改善。另外，通过这种探索，也可以了解某种方法的某种限度。比如，用结构主义的方法研究文学的形式（例如诗歌的律）很有用处，但涉及内容方面恐怕就无能为力。即使如此也很好嘛，我们可以由此了解到这种方法的适用程度。假如某种方法是普遍适用，那也可以研究一下，它为什么会成为普遍性的东西。

（《走我自己的路·社会科学要现代化》，1981 年）

42

几十年来流行"对对子"（唯物和唯心、辩证法和形而上学斗争史），现在又似乎流行"圆圈"（哲学史是螺旋形的上升的认识史）。我有点怀疑。我不大相信"两军对战"，也不大相信黑格尔说的那"圆圈"。柏拉图、老子并不比后来的哲学差，"圆圈"的起点可以高于终点，读这些著作比读经过"螺旋式上升"后的著作有时还更有味道。如何解释？这倒有点像艺术，屈原的《离骚》、希腊的雕刻便丝毫不亚于后来的作品。

（《走我自己的路·突破"对子"与"圆圈"》，1985 年）

43

在研究和表达过程中，既可以采取异常清晰的归纳、演绎，条理井然的议论叙述，像冯友兰教授那样；也可以注意采取非归纳非演绎的直观领悟的描述方式；这两种方法同样有价值，并无高下之分。我认为，学术作为整体，需要多层次、多角度、多途径、多方法去接近它、处理它、研究它。或宏观或微观、或逻辑或直观、或新材料或新解释……，它们并不相互排斥、而毋宁是相互补充相互协同相互渗透的。真理是在整体，而不只在某一个层面、某一种方法、途径或角度上。中国古人早就强调"和而不同"，"声一无听，物一无文"，不要把学术领域搞得太单一化、干巴巴，而应该构成一个多层面多途径多角度多方法的丰富充实的整体。这才接近客观真理。

（《走我自己的路·我的选择》，1985 年）

44

我至今认为，学习历史是文科的基础，研究某一个问题，最好先读一两本历史书。历史揭示出一个事物的存在的前因后果，从而帮助你分析它的现在和将来。

（《走我自己的路·读书与写文章》，1979 年）

45

真正创造性的思维并不是从归纳弄出来的，也不是从哪个公理引申演绎出来的，它恰恰是一种自由的想象和直觉把握。在庄子和禅宗里就有许多这种东西。它们都要求不用逻辑推理并且超越语言去领悟某种东西。它包含有神秘主义的因素。但这种神秘主义恰恰又与这种心理的感性直观地洞察顿悟联在一起，这与西方中世纪基督教会用理性和逻辑来证明上帝的存在大不一样。当然西方也有大讲神秘主义顿悟的，但与理性结合，即使在宗教里，也似乎仍然是主流，而中国主流却是这种以直感顿悟来达到天人合一的境界。

（《走我自己的路·中国思想史杂谈》，1985 年）

46

中国实用理性的一个特征是不重逻辑推论，而重类比联想。由类比而得到启发，范围宽广，直觉性强，便于由感受而引发创造。这可以是一种不同于逻辑推理的思维方法，我以"类比思维"名之。这种思维方式的创造性能及其在中国文化上的功能表现、优缺点，值得研究。《诗经》在古代不只是抒情的诗篇，而且更是类比的推论、联想的思维，用在公（如外交辞令）私（如上述的对谈）生活中。前章孔子引《诗经》教导子贡即一例。一般逻辑中有类比思维，但在中国此附庸蔚为大观，成了主流。"类比"乃内容，"对偶"成形式。

（《论语今读》，1998 年）

47

中国思维之特征与"诗"有关。它之不重逻辑推论，不重演绎、归纳，不重文法句法（语言），而重直观联想、类比关系均与此相关。它本源于巫术（Frezer 所谈之相似律，接触律）。此种类比既有情感因素，又有经验因素，故无固定秩序，而呈模糊多义状态；非线性关联，乃网状交叉，如云从龙风从虎之类；固非纯理性，乃美学方式。我所谓"以美启真"（见拙著《我的哲学提纲》《美学四讲》），亦此之谓。直观、模糊、多义却简明、准确。此思维方式当然又与汉字特征有关。汉字以"指事"为根源，以"会意"（诉诸理解）"象形"（视觉记忆）

为方法，以"形声"与言语相联接，"转注""假借"则其发展之辅助手段。

（《论语今读》，1998 年）

48

所以作家不可太聪明，太聪明了就成不了大作家。太聪明了，就是什么都想得、看得很透，有太强、太清醒、太准确的判断能力，想得很周全、精细，这样就会丢掉文学中那些感性的、偶然的、最生动活泼的东西。像陀思妥耶夫斯基，就常常是糊里糊涂的。他又是赌博，又是喝酒，连即将上绞刑架的前夕，也是糊里糊涂的，还想到告别、忏悔、新的生命等等。这种性格，才能把全部生命投入文学，不会被理性的聪明所阻挠所掩盖。从事社会科学研究、理论研究，分析问题却相反，要求清晰、准确、精细、全面，但文学创作则可以片面，作家诗人想得太全面，也就是太聪明，太精，什么方面都顾到，就写不好。所以我一直说文艺难以周延分析，感情无须周到全面。

（《世纪新梦·与刘再复的对谈》，1996 年）

49

自孔子开始的儒家精神的基本特征便正是以心理的情感原则作为伦理学、世界观、宇宙论的基石。它强调，"仁，天心也"，天地宇宙和人类社会都必须处在情感性的群体人际的和谐关系之中。这是"人道"，也就是"天道"。自然、规律似乎被泛心理（情感）化了。正因为此，也就不再需要人格神的宗教，也不必要求超越感性时空去追求灵魂的永恒不朽。永恒和不朽都在此感性的时空世界中。你看，大自然（"天"）不是永恒的么？你看，"人"（作为绵延不绝的族类）不也是永恒的么？"天地之大德曰生"，"生生之谓易"。你看它们（天地人）不都在遵循着这同一规律（"道"）而充满盈盈生意么？这就是"仁"，是"天"，是"理"，是"心"，是"神"，是"圣"，是"一"……。中国哲学正是这样在感性世界、日常生活和人际关系中去寻求道德的本体、理性的把握和精神的超越。体用不二、天人合一、情理交融、主客同构，这就是中国的传统精神，它即是所谓中国的智慧。如前面所多次说过，这种智慧表现在思维模式和智力结构上，更重视整体性的模糊的直观把握、领悟和体验，而不重分析型的知性逻辑的清晰。总起来说，这种智慧是审美型的。

（《中国古代思想史·论试谈中国的智慧》，1985 年）

50

我个人非常喜爱中国美学传统的体例。太漂亮了，很准确的点到了核心。西方的美学往往分析了半天，还碰不到要害。可是，西方美学的方法有好处，可以帮助我们思辨。

基本上，我认为治美学要有两个基础，第一是需要哲学思辨，第二是需要感受能力。因此，创作经验就很重要。创作是一种形象思维，不能用生硬的逻辑插入。艺术创作往往是理性吸引之后，化成为自己的血肉，再产生创作动机。

中国传统美学最可贵的地方就在于它不否定"感性"，因此更贴近文艺创作的本源。

……我觉得汉字本身就是一个充满幻想的理解力和记忆力的组合，它绝不可能被拼音代替。

［《走我自己的路（增订本）·与台湾学者蒋勋关于〈美的历程〉的对谈录》，1988 年］

我只为我的时代而写

51

我羡慕人们当专门家，但命运似乎注定我当不了；而且也并不想当。这观念经过"文化大革命"便变得更为明确。从而我的近代思想史、古代思想史、美学、康德……，便都采取了宏观的方向和方法。我不求我的著作成为"绝对真理"，不朽永垂，在微观研究尚不甚发达的情况下，去追求准确的宏观勾画是几乎不可能的事情，而稍一偏离，便可以相去甚远。但这种宏观勾画在突破和推翻旧有框架，启发人们去进行新的探索，给予人们以新的勇气和力量去构建新东西，甚至影响到世界观人生观，只要做得好，却又仍然是很有意义的。而这，不也就正是具体的哲学兴趣么？

（《走我自己的路·我的选择》，1985 年）

52

我从不盲目崇拜什么，迷信什么，对许多东西保持某种怀疑的清醒态度……。我想，"对人民负责，对历史负责"，而不是对别的什么人什么对象负责，就是我的信念。方法更多一些，但主要的一点是韧性，不管风吹雨打，坚持自由的独立的思考。

（《走我自己的路·答香港学者杜耀明问》，1987 年）

我不写五十年以前可写的东西，我也不写五十年以后可写的东西。我只为我的时代而写。

[《走我自己的路（增订本）·与台湾学者蒋勋关于〈美的历程〉的对谈录》，1988 年]

54

阅历是一种财富，但有时也是一种干扰。学术研究有它的独立性的特点，社会阅历与学术成就并没有必然的联系，不是一定要经历左丘盲目、史迁受辱的大磨难方可成为大学问家。康德几乎可说是足不出哥尼斯堡，却可说是最大的哲学家。对于纯学术研究来说，安宁平和的心态与环境也许更重要。西方许多学术大师都是经院教授出身，中国古往今来的大学者也大半只在书斋中讨生活。王国维、陈寅恪其实过的都是很单纯的学者生活，而梁启超、胡适如果少热衷些政治和社会活动，学术成就也许会大得多。

（《世纪新梦·与丁一川的对谈》，1993 年）

专家和大师不是对立的。我已经说过，专家有不同层次之分，学术大师如王国维、陈寅恪就是大专家。他们从事于某个具体研究领域，做极精深的研究，进而为其所在的领域树立规范，其中也有人触类旁通，突破原有领域，从而才成为规范一代学术的大师。学术大师是从专家中产生的。我在文章中提到的第三代人中，如陈寅恪、冯友兰、金岳霖、汤用彤、钱穆等，就是典型的由专家而成为学术大师者，他们分别在各自的领域中制定了学术规范。从这个意义上说，新文化运动的启蒙者，如陈独秀、梁启超、胡适、严复、鲁迅，便不是上述意义上的学术大师，他们是思想家，不是学术家。我们不应当把后者的标准定在他们身上。成就学术大师，与每个人的素质、条件与机遇有关，与时代条件和学术积累也有很大关系，我当然希望你们都能成为学术大师，而路还是要从专家之路走起，但这并不是说要你们终守一艺、自设樊篱、自我限制。

（《世纪新梦·与丁一川的对谈》，1993 年）

56

思想家不仅需要广阔的智力资源，在情感、意志、品格方面也有更多要求。人格中对历史和现实的承担意识和悲悯情怀，便常常是其创造性工作的原动力。学问家的工作一定程度上可以被电脑之类的机器替代，思想家的工作则不可能。此外就社会作用或历史意义说，设想一下本世纪如果没有鲁迅、胡适、陈独秀情况会有怎样的不同？如果没有王国维、陈寅恪、吴宓呢，情况又是怎样？尽管陈、胡著作今日看来是如此的幼稚浅薄，也够不上真正的"思想家"，但他们在思想史上的地位，却比王、陈、吴要重要，尽管在学术史上也许相反。……再其次，真正的大学问家又多少具备某些思想家的品格。这就是说他们的著作不仅有其专业学术领域内的价值，而且有时超出其专业，具有某种更广泛的"思想"意义。王国维的历史研究所采取的近代方法与他对西方哲学的兴趣有关，并渗透了他对人生的思索，具有思想史的某种意义。陈寅恪之所以能够"较乾嘉诸老，更上一层"，也在于他有充满时代特色的自己的文化感受、思索和判断。我尝以为陈著是以"思想"而并非以"材料"取胜。同是治中古史的学问家岑仲勉先生，材料掌握也很渊博，他在史料的考证和编排上作了大量工作。但较之陈，二位的成就孰高孰低，孰大孰小，不很清楚吗？总之，今天中国既需要有大批（人数多多益善）从事各种专业研究的大小专家，也需要有一些（也许数量不必过大）年轻人去勇敢地创造"思想"。

（《世纪新梦·与陈明的对谈》，1994 年）

57

我认为时代不一样了，这样的作法已没有必要。我在过去的文章中就曾提到过，"五四"那一代人刚刚从封建社会中冲出来，所以主要从事"破"的工作，他们在学术建设上的贡献主要在于开一代学术风气。风气确立后，需要的就是扎扎实实的学术建设工作。我在分"代"时，把紧接着他们的 30 年代的一批人视为走向实证研究的专家，这也是历史的必然。可惜这种实证研究的传统后来中断。今天的时代大概已经不是启蒙思想家的时代了，我们尤其不再需要那种以救世主姿态登高一呼的英雄。其实在国外同样也是这种情况，以汉学家为例，过去还有些思想家式的人物在从事汉学研究，现在则是专家教授的天下。说老实话，在知识爆炸、学科划分越来越细的今天，以往那种打通文史哲的国学大师实际上已经很难出现，更不要说百科全书式的学术大师。现今学术发展上最需要的正是大量从事微观研究的专家，学术大师也只能从他们中间成长起来。这是我们这个时代的特点，也是我所以要特别呼吁中国要抓紧培养自己的大小学术专家的一个原因。

（《世纪新梦·与丁一川的对谈》，1993 年）

58

我向来反对连基本的知识也没有，就去建构空中楼阁和思想体系，从不相信一本书、一篇文章就能说清楚现代化的诸多问题。我总是希望自己的学生对具体问题作微观的实证的研究。

但是，重视专门之学，强调细部研究并不就是一切。现在似乎又有"以一种倾向掩盖着另一种倾向"的味道，认为只有考据、微观、实证才是真功夫，而所谓"思想"则既不能称为学问，对社会也并无用途，而且似乎谈思想搞宏观是非常容易的事，既不需要下扎实功夫，又可以"一鸣惊人"，双收名利，因此颇为鄙薄，似乎不值一顾。其实，这又大错特错了。真是差以毫厘，失之千里。学问家与思想家各有所长，各有其用。互相均不可替代。思想家又何尝不然？学问家固然需要基础扎实，厚积薄发，在知识结构上，思想家读书也许不如学问家精专，但在广博上则常有过之。思想家必须具有广阔视野和强有力的综合把握能力，才能从大千世界中抓住某些关键或重点，提出问题，或尖锐或深刻，反射出时代心音，从而才能震撼人心而成为思想家。可见所要求于思想家的这种种能力便不可多得，而光有能力，没有足够的学识也还是不行。这也就是为什么那么多的宏观论著，那么多想当思想家的人中，却只有极少数论著和人物能成为真正的思想论著或思想家。古往今来的学问家何止千数，而大思想家又有多少？

（《世纪新梦·与陈明的对谈》，1994 年）

59

名利是副产品。名利是需要的，但只是副产品，正产品是发现真理的愉快。今天我仍如此认为。所以我说爱因斯坦最愉快的时候不是领诺贝尔奖的时候，而是完成相对论的时候，他本人与真理合为一体，那多么兴奋多么愉快！

（《李泽厚近年答问录·经历答问之一》，2004 年）

60

我这人比较懒。很多文章本可以写得很长，包括《中国古代思想史》、《美的历程》等等，都可以写成很厚的书，我只写了个小册子，包括最近写的《己卯五说》，我在去年的一个答问里面讲，我本来想写成五本书，最后变成了五篇文章，实际上是提纲。我的书基本上都是提纲性质的。如果写成一本厚书，那当然说服力就更大，旁征博引，层层论证，在目前来说学术价值就高了。但我不这么看。我是搞哲学出身的，我觉得提供一些基本的想法、观念、角度，如果对人家有启发，就可以了。至于其他什么标准、规范，我向来不大管它。……我的书不一定要使人心服，或者要人家来引用。我没有这企图。只要读后觉得还有意思，有点启发，就足够了。因为哲学也只能够起这个作用。

（《中国哲学如何登场？——李泽厚 2011 年谈话录》，2011 年）

我把哲学看成是科学＋诗。哲学中的有些东西，常常是某一时代、社会、阶级、人群某种主观的、朦胧的愿望、情感、意向和要求，这种东西的确接近于诗，而诗是很难用上数学和自然科学的。

（《走我自己的路·社会科学要现代化》，1985 年）

我常常感觉，某些伟大的思想家早期在建立自己整体世界观中，具有多方面的丰富思想。但在他以后的一生中，多半是自觉或不自觉地依据时代的需要，充分发展了他的世界观或思想中的某些方面而并非全部。

（《美学四讲》，1989 年）

坚持不是发展，发展才是坚持。

（《美学四讲》，1989 年）

我对文字没什么特别的追求，辞达而已矣。我喜欢文章能够读，能够朗朗上口，这也是中国传统。由于自己小时候写过骈文，我比较注意对称、简练和节奏，其中注意平仄就是入门功。但并未刻意追求，只是顺其自然。我毕竟不是作家、艺术家。有人说我笔锋常带感情，像梁启超，我并未注意到，也没去学梁。

上世纪七八十年代讨论文章的本质特征时，我倒讲过文章不一定要有形象性，有情感性就可以了。当时也是一种离经叛道的说法，但我举例说，韩愈的《原道》是理论文章，没什么形象性，都是概念，但读起来有气势，感到一种情感的力量。欧阳修的文章，是另外一种情感形态。而且中国文章讲究对仗，对仗有一种形式美，而且对仗不能死对，要讲究灵活。

（《该中国哲学登场了？——李泽厚 2010 年谈话录》，2010 年）

65

我不欣赏现在"弯弯绕""团团转"的文章。"弯弯绕"是讲了半天，其实一句话就能讲清楚。"团团转"就是转得你头晕脑胀、天昏地暗，兜来兜去，最后仍然不知道在讲什么，读起来太费劲了。

不光是（学术论文），但学院的论文的确问题严重。其实这也是西方后现代那里学来的。我希望自己能学英美哲学的清晰明畅而无其繁细碎琐，能学德国哲学的深度力量而无其晦涩艰难，我以为这才是中国风格、中国气派的承扬。很难做到，心向往之。

（《该中国哲学登场了？——李泽厚 2010 年谈话录》，2010 年）

我其实没有作文风上的特别追求。每个时期的文章，和环境、心境、写作条件、文章内容、准备时间的长短，可能都有关系。……我包括写散文，也没有特别追求什么文风。但是在修辞上，特别是题目上，我一般还是要做一些推敲的。怎么样把我的意思表达出来，使人容易理解，这是最重要的。我反对故作高深。

（《该中国哲学登场了？——李泽厚 2010 年谈话录》，2010 年）

卷五　艺文

永恒的"人生之诗"

1

再伟大的科学著作也会过时，而哲学名著却和文艺作品一样，可以永恒存在。为什么？这大概就是此独特的"人生之诗"的魅力所在？这诗并非艺术，而是思辨；它不是非自觉性的情感形式，而是高度自觉性的思辨形式；它表达的不只是情感，而且还是知性和理性，它似乎是某些深藏永恒性情感的思辨、反思，这"人生之诗"是人类高层次的自我意识，是人意识其自己存在的最高方式，从而拥有永恒的魅力。

（《美学四讲》，1989 年）

2

艺术作为各种艺术作品的总和，它不应看作只是各个个体的创作堆积，它更是一个真实性的人类心理—情感本体的历史的建造。如同物质的工具确证着人类曾经现实地生活过，并且是后代物质生活的必要前提一样；艺术品也确证人类曾经精神地生活过，而且也是后代精神生活的基础或条件。艺术遗产已经积淀在人类的心理形式中、情感形式中。艺术品作为符号生产，其价值和意义即在这里。

这个符号系统是对人类心理情感的建构和确认。

（《美学四讲》，1989 年）

3

　　在这个外化了的物质形态—艺术作品以及艺术潮流、倾向中，可以看见一部触摸得到的人们内在魂灵的心理学。艺术正是这种魂灵、心灵的光彩夺目的镜子。审美对象的历史正是审美心理结构的历史，是人类自己建立起来的心理—情感本体而世代相承的文化历史。同一作品同一对象在不同时代社会的不同遭遇，折射出不同社会世代不同人们的不同心灵。这些心灵尽管一方面归根到底仍然是特定的社会经济、政治、文化所决定和规范；但另方面，而且从美学看是更为重要的方面，即它们又悠久流传，至今仍在。词所以大行于五代北宋，正如小说戏曲高潮在明中叶，诗在唐代极盛一样，它们都是时代的产儿，展示的是特定社会时代下人们心灵的物态化的同形结构。但更重要的是，唐诗宋词仍然万口传诵，并不澌灭。理性的、浪漫的、感伤的……各种艺术倾向和潮流的出现和更替，是人们审美心理中各种不同要素的不同凸出和不同比例，更重要的是它们的不断沿承，展示了人类心理—情感本体的不断充实、更新、扩展和成长的历史。正是它们不断构成着和构成了这个日益强大的情感本体世界。

（《美学四讲》，1989 年）

4

　　所以，成功的艺术作品不仅具有历史性，同时也具有开放性。它随着时代、随着读者观众而不断更新，不断展示出它的新的意味。这种历史性和开放性恰好是同一的，艺术意义的联系性正在于它们是心理本体的不断创造和丰富，从而它才不是主观的，也不只是经验的，而具有整体生活的和总体历史的本体性质，对艺术的个人体验是从属于又构造着这本体。艺术作为与此本体相对应的物态化，通过与情欲层的联系而使此本体具有潜在的行动性（"以美储善"），通过与感知层联系使此本体具有潜在的可理解性（"以美启真"）。它直接培育着人性亦即人类特有的文化—心理结构。可见，这个结构并不只是经验科学的个体主观心理状况，而是具有历史性的超越的哲学本体存在。艺术正是人类这种作为精神生命和本体在不断伸延着的物态化的确证。人们在这物态化的对象中，直观到自己的生存和变化而获得培养、增添自我生命的力量。因此所谓生命力就不只是生物性的原始力量，而是积淀了社会历史的情感，这也就是人类的心理本体的情感部分。它是"人是值得活着的"的强有力的确证。艺术的最高价值便不过如此，不可能有比这更高的价值了，无论是科学或道德都没有也不可能达到这个有关生命意义的价值。所以，艺术及其意味作为历史性与开放性之同一，不只是回首过去，也不只是现时体验，它同时是指向未来的。它和时间一样，把过去现在未来融为一体，是无时间的时间，所以，它是永恒的，只要人类能永恒的话。

（《美学四讲》，1989 年）

5

艺术本来是在一定时空中的。它有时代性、历史性，但如前所述，恰恰是艺术把时空凝冻起来，成为一个永久的现在。画幅上、电影中、小说里，即是这种凝冻的时空，它毫不真实，却永不消逝。谢林（Schilling）说艺术勾销时间。这种勾销却使心理增长。时空本是人类把握世界的基本感性方式（康德），艺术里的时空却成为人类心理增长的途径。其中又特别是时间，只在时间中进行的音乐常常成为衡量艺术意味的某种标尺。人类和个体都通过时间的体验而成长，人经常感叹人生无常，去日苦多，时间一去不复返，总希望把时间唤醒、逆转和凝冻，艺术便能满足人的这种要求，时空从人们现实地把握世界的感性知觉变而为体验人生的心理途径，它直接地唤醒、培育、塑造人的自觉意识，丰富人的心灵，去构建这个艺术—心理情感的本体世界，以确证人类的生存和人的存在。

（《美学四讲》，1989 年）

6

我认为作家、艺术家最重要的就是要善于感受这种种氛围，特别是具有深刻意义的"社会氛围"，因为这种"社会氛围"能集中表现社会的潮流、时代的气息、生活的本质，它和人们的命运、需要、期待交织在一起，其中包括有炽热的情感，有冷静的思考，有实际的行动，从而具有深刻的人生意味。曹雪芹的"悲凉之雾遍被华林"，托尔斯泰的"俄国革命的一面镜子"，陀思妥耶夫斯基的心理折磨和苦难，卡夫卡的可怖的异化人生，都是透过形象层传出的深刻的人生意味，它们正是特定社会氛围的生活积淀。现代生活中偶然性的增大，使命运感愈益凸出，荒谬、绝对孤独、无家可归，……无不透过"氛围"而渗入作品中。善于感受和捕捉"社会氛围"，对艺术创作是很重要的。这就是生活积淀，即把"社会氛围"转化入作品，使作品获有特定的人生意味和审美情调，生活积淀在艺术中了。例如，在那么吵闹毫无思想的 disco 舞蹈中，却也仍然可以有人生的深刻意味，青年们之所以为此"疯狂"，其实并不是件浅薄的事。

（《美学四讲》，1989 年）

7

解决艺术的永恒性秘密的钥匙究竟在哪里呢？一方面，每个时代都应该有自己时代的新作，诚如车尔尼雪夫斯基所说，尽管是莎士比亚也不能代替今天的作品；艺术只有这样才流成变异而多彩的巨川；而从另一方面，这里反而产生继承性、统一性的问题。譬如说，凝冻在上述种种古典作品中的中国民族的审美趣味、艺术风格，为什么仍然与今天人们的感受爱好相吻合呢？为什么会使我们有那么多的亲切感呢？是不是积淀在体现在这些作品中的情理结构，与今天中国人的心理结构有相呼应的同构关系和影响？人类的心理结构是否正是一种历史积淀的产物呢？也许正是它蕴藏了艺术作品的永恒性的秘密？也许，应该倒过来，艺术作品的永恒性蕴藏了也提供着人类心理共同结构的秘密？生产创造消费，消费也创造生产。心理结构创造艺术的永恒，永恒的艺术也创造、体现人类传流下来的社会性的共同心理结构。然而，它们既不是永恒不变，也不是倏忽即逝、不可捉摸。它不会是神秘的集体原型，也不应是"超我"（superego）或"本我"（id）。心理结构是浓缩了的人类历史文明，艺术作品则是打开了的时代魂灵的心理学。而这，也就是所谓"人性"吧？

（《美的历程》，1981 年）

我认为文学的最高价值，文学的永恒性源泉在于它可以帮助人类心灵进行美好的历史性积淀。就是说，成功的文学作品，它总是可以在人类心灵中注入新的美好的东西。这可能看不见，不是像科学那样可以测量、计算，但它确实存在着。

在社会各种生态中，文学艺术的独特作用正是从这里派生出来。现在好些人强调用"知识—权力"结构来解释文学，我以为未必能完全解释得通。在商品经济潮流中，一切日趋商品化，正如马克思所说它在撕破一切温情脉脉的面纱，人成了商品的奴隶，人在商品面前丢失情感和灵魂，变成"肉人"。那么，这个社会还如何保持它的"生态平衡"，人们又如何保持它的"心态平衡"，总得还有一些东西可以帮助人们保持一些"温情"，保持一点人际温暖，否则人界岂不是又要变成金钱动物界。我想，文艺可以起这种保留、平衡作用。现代也好，后现代也好，人际关系中的这点温情，保留一点下来总还是可以吧。千百年之后，人类大概还会欣赏《诗经》、莎士比亚、曹雪芹、托尔斯泰、陀思妥耶夫斯基吧？文学正是在保持人际温暖这一点上获得永恒，获得"知识—权力"结构之外的另一种价值。我在《我的哲学提纲》中，讲人的本体是情感本体，就是讲情感是人的最后实在，最后的归宿，但这个"本体"实际上没有本体，即没有一种根本原则来支配你、主宰你。以前的一切本体，"理"也罢，"心"、"性'也罢，西方的"理性"、"存在"也罢，都要构造一种最根本的原则来统治你，这就是所谓"知识—权力"结构，但情感本体，没有这个东西，没有一种根本原则，没有一种"知识—权力"结构，感情是分散的，不可捉摸的，不可能以一种情感来主宰一切。文学是感情的，它的前途就在这里。

（《世纪新梦·与刘再复的对谈》，1994 年）

9

我觉得作家不必读文学理论，最好读点历史和哲学。读历史可以获得某种感受，读哲学则可以增加智慧。

无论对历史还是对现实，都应当有敏锐和独特的感受，保持这种感受才有文学的新鲜。读文学理论的坏处是创作中会有意无意地用理论去整理感受，使感受的新鲜性独特性丢掉了。

文学艺术的价值就在陶冶、锻铸人的心灵世界——这个心灵世界就是情感本体。文学艺术本体只是对应这一情感本体而生长而扩展的。

（《世纪新梦·与刘再复的对谈》，1994 年）

10

所谓灵感，就是悟的果实。作家应当以最大的努力保护作家的悟性，就是不能让悟性被各种外在因素所污染所摧毁，特别是那些根本与文学毫不相干的各种庸俗的文学理论和批评。我以为作家大可不必去考虑批评。说好或坏随他去说好了，何必管它。我不是作家，但我就一向不在乎别人对我如何评论，不管说好说坏，我还是按照我的路子写。……

……

我认为文学的最高价值，文学的永恒性源泉在于它可以帮助人类心灵进行美好的历史性积淀。就是说，成功的文学作品，它总是可以在人类心灵中注入新的美好的东西。这可能看不见，不是像科学那样可以测量、计算，但它却是存在着。……

作家的工作是可羡慕的，时间对他们有利。李后主是皇帝，人们只记得他是诗人。休谟主要是历史学家，但人们只记得他是哲学家，哲学、文学，生命更长久。所以我一直强调，作家对自己工作的坚定信念，应当表现在不怕被埋没的胸怀和气概上。

（《世纪新梦·与刘再复的对谈》，1996 年）

11

哲学是时代的灵魂。反映时代这一重大的内在脉搏。
文艺毕竟走在前头，开时代风气之先。

（《美的历程》，1981 年）

12

一看"形象思维"这个词，那当然是一种思维了。其实，形象思维到底是不是就是通常讲的思维呢？在什么意义上，说它是思维呢？大家没有很好地研究。比如我们说"机器人"，这是不是人呢？人有两种，一种叫机器人，一种叫肉体人，那总不对吧？这大家一看，就知道荒谬。因为大家知道人跟机器不一样，机器人到底还不是人，机器人就是机器，只不过它有人的某种作用，某种人的功能，他好像是个人似的。所以这只是一种借用。艺术创作中的形象思维也有这个问题。形象思维是不是通常的思维（狭义）呢？这值得研究。它不是通常的（狭义的）思维。实际上它是指人们在艺术创作中间有某种跟狭义思维的作用、功能相同的东西。……在西方不大用形象思维这个词，而是用"想象"，叫做"艺术想象"，指的就是形象思维。形象思维这个词就是抽出想象中包含着的认识作用，相当于思维的方面，但是不能用逻辑思维套在上面去。

（《走我自己的路·谈谈形象思维问题》，1979 年）

13

Ruth Benedict 曾依据一些原始民族的调查研究认为，从一开始，文化就有酒神型和日神型的类型差异。日神型的原始文化讲求节制、冷静、理智、不求幻觉，酒神型则癫狂、自虐、追求恐怖、漫无节制……，它们各有其表达情感的特定方式，而世代相沿，形成传统。这一理论是否准确，非属本文讨论范围。但对了解中国古代的"礼乐"传统却仍有参考价值。

很明显，即使不说"礼乐"传统是日神型，但至少它不是酒神型的。Max Weber 也讲到过这一点。它是一种非酒神型的原始文化。

（《华夏美学》，1988 年）

14

但是，另方面，这种人化的范围又毕竟狭隘。现实原则对快乐原则的战胜。"超我"的过早的强大出现，使个体的生命力量在长久压抑中不能充分宣泄发扬。甚至在艺术中也如此。

奔放的情欲、本能的冲动、强烈的激情、怨而怒、哀而伤、狂暴的欢乐、绝望的痛苦、能洗涤人心的苦难、虐杀、毁灭、悲剧，给人以丑、怪、恶等等难以接受的情感形式（艺术）便统统被排除了。情感被牢笼在、满足在、锤炼在、建造在相对的平宁和谐的形式中。即使有所谓粗犷、豪放、拙重、潇洒，也仍然脱不出这个"乐从和"的情感形式的大圈子。无怪乎现代的研究者要说："用西方人的耳朵听来，中国音乐似乎并没有充分发挥出表情的效力，无论是快乐或是悲哀，都没有发挥得淋漓尽致。"……一般说来，我国音乐往往由凄婉的感受而转变为乐天知命、和谐与自得其乐。我们的绘画与抒情诗也有同样的特质。

（《华夏美学》，1988 年）

15

巫术对原始人来说，是非常重要的、独一无二的"上层建筑"；原始人类没有它就难以生存。巫术（礼仪）通过原始歌舞即图腾活动，一方面模拟各种生产活动，把生产活动中分散的东西集中起来，在操练、演习、回忆的过程中，锻炼培养原始人的生产技能，另方面又使群体得到了协同、合作的锻炼、演习。在巫术的活动中包含着科学的成分、宗教的成分和艺术的成分，在当时起着把人群团结起来、组织起来、巩固起来并延续下去的作用，它的社会意义是多方面的。

中国最早的音乐、舞蹈、诗歌都是从巫术中产生出来的，它们都围绕着祭神。为什么很久很久之后乃至今天，某些少数民族的酋长、巫师口中念念有词地讲述着他们部族的历史？这就是因为只有通过巫术、礼仪、神话、史诗、传奇，才能组织群体，动员群众，并把经验保持和流传下来。所以卢卡契说艺术是人类的一种记忆，是人类的自我意识，我认为是深刻的。艺术不是为审美而出现或创造的。

（《美学四讲》，1989 年）

语言和汉字

16

人们说，是语言说人而不是人说语言。但汉字却显示"天言"仍由"人言"所建立的。特别是书面语汉字，乃世界文化的大奇迹。它以不动的静默，"象天下之赜"，神圣地凝冻、保存、传递从而扩展着生命："人活着"的各种经验和准则。难怪传说要张扬人造字使"天雨粟，鬼夜哭"。汉字凝结、融化了传之远古的历史事实，哺育了这么巨大的一个中华文化的时空实体，并证实这个实体在活着。所以，恰好不是随抹随写，写了就抹；相反，"敬惜字纸"，应该敬惜这生命的历史和历史的生命。易曰："书不尽言，言不尽意。……系辞焉以尽其言"；又说，"鼓天下之动者存乎辞"，用知性语言，表述某种超语言的实存的情感体认，以推动它的存在，即此之谓也。

（《世纪新梦·哲学探寻录》，1994 年）

17

"五四"白话文和新文学运动可以作为一个成功的范例。它是现代世界文明与中国本土文化相冲撞而融合的一次凯旋，是使传统文化心理接受现代化挑战而走向世界的一次胜利反应。"五四"以来的新文体，特别是直接诉诸情感的新文学，所载负、所输入、所表达的是现代的新观念、新思想和新生活；但它们同时又是中国式的。它们对人们的影响极大，实际是对深层文化心理所作的一种转换性的创造。其中，作为新文体和新文学的负载工具的现代汉语（白话书面文字）在输入外来概念、语汇时，所采取的意译而非音译的方式，便是一例。这一在其他语言文字中所较为罕见的现象，在使巨大的汉民族容受外来文化上所起的积极功能，颇值注意。

（《世纪新梦·初拟儒学深层结构说》），1996 年）

18

意译承续了本民族传统的文化心理结构或思想定势，充分实现了汉字的理解性特征，免去了可能发生的情感抵触。这既不是"保存国粹"，又不是"废除汉字"，而恰好是一种对情理深层结构的适应与创造。不是鲁迅的"硬译"，也不是林纾的古文，不是传统章回体，看来也未必是当今流行的各种佶屈聱牙、晦涩难通的文体，才能促进表、深层结构的改换。近代成功的新文体常常是既明白如话，又文白相间；传统与现代在这里是合为一体的。

（《世纪新梦·初拟儒学深层结构说》），1996 年）

19

汉字在培养中国人的智力（记忆力、理解力和思维能力）上，在统一方言，形成强大持久的经济政治局面上，在同化外来种族特别是形成华夏的文化心理结构上，起了无可估量的巨大作用。传说"仓颉造字"使"天雨粟，鬼夜哭"，民间也常有"敬惜字纸"的标语张贴，都展示出汉字的既神秘又神圣的地位。可惜至今对这一点仍然研究不多。看来，汉字的根源在于"记事"，而并非口头语言的记录，问题是这两者如何融合起来的。

（《论语今读》，1998 年）

20

中国价值（value）事实（fact）不分，理论（认识）与实践不分，名与实不分，有其语言学的根基：（A）文字（书面语言）并非口头语言之记录，乃历史经验（"指事"）之记录;（B）从而文字有直接驱使人行动的重要功能，这又与巫术渊源有关，因"历史经验"之记录与巫术仪式本有纠葛。中国汉字因来自指事即记录历史经验，故重单字、名词，而无需复数、冠词、性别之类，它的作用在于以历史经验指导人们的行动、生活，而不在指示、描述、复写客观事物或记录口头语言。这些均"实用理性"之重要构成方面和要素，大不同于希腊——希伯来之西方传统。

（《论语今读》，1998 年）

21

我以为，汉字（书面语言）重大的特点在于它并不是口头声音（语言）的记录或复写，而是来源于和继承了结绳和记事符号的传统。在这里，完全用不上索绪尔所说的"语言和文字是两种不同的系统，后者唯一的存在理由在于表现前者"。恰好相反，从字源说，汉文字的"存在理由"并不是表现语言，而是承续着结绳大事大结、小事小结、有各种花样不同的结来表现各种不同事件的传统，以各种横竖弯曲的刻划以及各种图画符号（"象形"）等视觉形象而非记音形式（拼音）来记忆事实、规范生活、保存经验，进行交流。它不是"帮助个人记忆而使用的一些单个的标记"，而是集体（氏族、部落的上层巫师们）使用的整套系统的符号工具。其实，前引《周易》说得很明白，"结绳"是为了"记事"，"易之以书契"是指用刻划的"书契"代替了结绳，但并未改变"记事"。所以我以前说，在许慎"六书"中"指事"是第一原则，但"指事"不是许慎举例说的"上、下是也"，而是指记录、记忆上古氏族、部落所发生的重大历史事件、人群生活的重大经验以及发现、发明。这些事件、经验、发现和发明关系着整个氏族、部落的生存秩序和生活规范。《说文》序说，神农结绳为"治"。可见这个"结绳记事"与整个社会的"治理"大有关系。它与对人群社会树立规范、颁布法令有关。也因为此，结绳和文字都具有非常崇高甚至神圣的地位，其中便有沟通天地鬼神的巫术功能。……所以上古传说仓颉造字使"天雨粟，鬼夜哭"，文字刻划即"书契"的确立，标志着人类对自然外界的控制主宰力度的分外加强和人类生存处境的极大提升。

（《己卯五说（增订本）·中华文化的源头符号》，2004 年）

22

汉字作为刻划符号，它积累成文，形成文法，具有愈来愈丰富和复杂的意义和内容，而后与口头语言相衔接，这一时期形声字猛增。汉字接纳、交融口头语言而成为书面语言（汉字文言文），但仍然与口语保持相当距离，始终不是口头语言的表现和记录。所以与其他书面语言（文字）大不相同，在这里，不是语言主宰（支配、统帅、规范）文字，而是文字主宰（支配、统帅、规范）语言。口头语言即使大有变化迁移，而汉字和书面语言却基本可以巍然不动。即使大量形声字的出现标志着文字与语言的交会衔接，但文字复述的仍然只是语言的意义，而不是语言的声音，始终是"语言文字寖寖分别而行，初不以文字依附语言，而语言转可收摄于文字。"（梁漱溟）汉字文言在与地域辽阔、地理复杂、语音差异极为巨大、文法结构并不尽同的口头语言的互动中，始终处于绝对地支配、统帅、主宰的地位，起着无比巨大的规范功能。我以为二千年前的《尔雅》中的一部分，就是这种统一各地方言、规范语言的著作。直到"我手写我口"的今天白话文时代，仍然无论在词语构成和使用上、语法习惯上、表达感叹上，汉字文言仍然具有很大的支配力量，始终是文字左右语言而非相反。

[《己卯五说（增订本）·中华文化的源头符号》，2004 年]

23

从彩陶刻划、骨卜刻划到甲文金文，到石刻铭功，贮存了大量历史经验的文字，正好指示着鱼龙时代的纪纲秩序的"成文化"。它以标准的符号系统成为这个生命、生活和权威／秩序的体现者。一代又一代的人群，主要是统治——领导集团和阶层，拥有着、享用着这貌似僵固却实际永生的历史经验的权威凝结物，作为符号工具，不断指导、规范、巩固、统治人群的生存和延续。……所以汉字着重的是它作用于人们行为活动的规范特质，而不在于复写、记录口头语言的认识功能。
……
汉字文言中虚词的众多和并非口语特点的音乐形式，如由平仄音调到字义的对偶反复、抑扬顿挫、合辙押韵，使汉字文言文的表情功能非常显著而重要。它融情感、理解、记忆三者于一炉，对中华文化心理结构的塑造和影响甚为巨大。

也许，中华儿女可以流连忘返在这作为心理积淀的汉文字（书法）和文学中，去寻找或寄托那失去的历史家园和邈远的故国乡愁？！

[《己卯五说（增订本）·中华文化的源头符号》，2004年]

24

艺术趣味和审美理想的转变，并非艺术本身所能决定，决定它们的归根到底仍然是现实生活。

（《美的历程》，1981年）

25

何谓"形象"？我想一般是指生活中各种现实存在的或幻想变形的具体物像：山水花鸟，人物故事，体貌动作以及妖魔鬼怪等等。何谓"抽象"？则大概是指非此类具体物象的形体状貌，如线条、色彩、音响等等。足见，"抽象"也者，并非无形体无物质结构之谓。园林里的怪石耸立，寺庙中的香烟缭绕，沙丘风迹，屋漏雨痕……均为有形之物，而与形体全无的思辨抽象不同。思维抽象也有其物质载体的形状符号，书法与它们的不同在于：作为思维抽象的物质形体的符合、记号（从大街上的红绿灯到纸上的数学公式、化学方程……），指示的是一些确定的观念、意义、判断、推理……；而书法及其他作为艺术作品的"抽象"却蕴含其全部意义、内容于其自身。就在那线条、旋律、形体、痕迹中，包含着非语言非概念非思辨非符号所能传达、说明、替代、穷尽的某种情感的、观念的、意识和无意识的意味。这"意味"经常是那样的朦胧而丰富，宽广而不确定……，它们是真正美学意义上的"有意味的形式"。这"形式"不是由于指示某个确定的观念内容而有其意味，也不是由于模拟外在具体物象而有此意味。它的"意味"即在此形式自身的结构、力量、气概、势能和运动的痕迹或遗迹中。书法就正是这样一种非常典型的"有意味的形式"的艺术。

（《走我自己的路·略论书法》，1986年）

26

书法一方面表达的是书写者的"喜怒窘穷，忧悲愉佚，怨恨思慕，酣醉无聊不平……"（韩愈），它从而可以是创作者有意识和无意识的内心秩序的全部展露；另一方面，它又是"观于物，见山水崖谷，鸟兽虫鱼，草木之花实，日月列星，风雨水火，雷霆霹雳，歌舞战斗，天地事物之变，可喜可愕，一寓于书"（同上），它可以是"阴阳既生，形势出矣"（蔡邕），"上下与天地同流"（孟子）的宇宙普遍性形式和规律的感受同构。书法艺术所表现所传达的，正是这种人与自然、情绪与感受、内在心理秩序结构与外在宇宙（包括社会）秩序结构直接相碰撞、相斗争、相协奏的伟大生命之歌。这远远超出了任何模拟或借助具体物象具体场景人物所可能表现再现的内容、题材和范围。书法艺术是审美领域内人的自然化与自然的人化的直接统一的一种典型代表。它直接地作用于人的整个心灵，从而潜移默化地影响着人的身（从指腕神经到气质性格）心（从情感到思想）的各个方面……

（《走我自己的路·略论书法》，1986 年）

27

"象形"作为"文"的本意，是汉字的始源。后世"文"的概念便扩而充之相当于"美"。汉字书法的美也确乎建立在从象形基础上演化出来的线条章法和形体结构之上，即在它们的曲直适宜，纵横合度，结体自如，布局完满。甲骨文开始了这个美的历程。……应该说，这种净化了的线条美——书法艺术在当时远远不是自觉的。就是到钟鼎金文的数百年过程中，由开始的图画形体发展到后来的线的着意舒展，由开始的单个图腾符号发展到后来长篇的铭功记事，也一直要到东周春秋之际，才比较明显地表现出对这种书法美的有意识地追求。它与当时铭文内容的滋蔓和文章风格的追求是颇相一致的。……

有如青铜饕餮这时也逐渐变成了好看的文饰一样。在早期，青铜饕餮和这些汉字符号（经常铸刻在不易为人所见的器物底部等处）都具严重的神圣含义，根本没考虑到审美，但到春秋战国，它作为审美对象的艺术特性便突出地独立地发展开来了。与此并行，具有某种独立性质的艺术作品和审美意识也要到这时才真正出现。

（《美的历程》，1981 年）

28

如果拿殷代的金文和周代比，前者更近于甲文，直线多而圆角少，首尾常露尖锐锋芒。但布局、结构的美虽不自觉，却已有显露。到周金中期的大篇铭文，则章法讲究，笔势圆润，风格分化，各派齐出，字体或长或圆，刻划或轻或重。著名的《毛公鼎》《散氏盘》等达到了金文艺术的极致。它们或方或圆，或结体严正、章法严劲而刚健，一派崇高肃毅之气；或结体沉圆，似疏而密，外柔而内刚，一派开阔宽厚之容。它们又都以圆浑沉雄的共同风格区别于殷商的尖利直拙。

（《美的历程》，1981 年）

29

可以看出作为线的艺术的中国书法的某些特征：它像音乐从声音世界里提炼抽取出乐音来，依据自身的规律，独立地展开为旋律、和声一样，净化了的线条——书法美，以其挣脱和超越形体模拟的笔划（后代成为所谓"永字八法"）的自由开展，构造出一个个一篇篇错综交织、丰富多样的纸上的音乐和舞蹈，用以抒情和表意。可见，甲骨、金文之所以能开创中国书法艺术独立发展的道路，其秘密正在于它们把象形的图画模拟，逐渐变为纯粹化了（即净化）的抽象的线条和结构。这种净化了的线条——书法美，就不是一般的图案花纹的形式美、装饰美，而是真正意义上的"有意味的形式"。

（《美的历程》，1981 年）

30

金文之后是小篆，它是笔划均匀的曲线长形，结构的美异常突出，再后是汉隶，破圆而方，变联续而断绝，再变而为草、行、真，随着时代和社会发展变迁，就在这"上下左右之位，方圆大小之形"的结体和"疏密起伏"、"曲直波澜"的笔势中，创造出了各种各样多彩多姿的书法艺术。它们具有高度的审美价值。与书法同类的印章也如此。在一块极为有限的小小天地中，却以其刀笔和结构，表现出种种意趣气势，形成各种风格流派，这也是中国所独有的另一"有意味的形式"。而印章究其字体始源，又仍得追溯到青铜时代的钟鼎金文。

（《美的历程》，1981 年）

美的脚步（上）

31

原始社会是一个缓慢而漫长的发展过程。它经历了或交叉着不同阶段，其中有相对和平和激烈战争的不同时代。新石器时代的前期的母系氏族社会大概相对说来比较和平安定，其巫术礼仪、原始图腾及其图像化的符号形象也如此。文献资料中的神农略可相当这一时期……

其特征恰好是这相对和平稳定的社会氛围的反照。你看那各种形态的鱼，那奔驰的狗，那爬行的蜥蜴，那拙钝的鸟和蛙，特别是那陶盆里的人面含鱼的形象，它们虽明显具有巫术礼仪的图腾性质，其具体含义已不可知，但从这些形象本身所直接传达出来的艺术风貌和审美意识，却可以清晰地使人感到：这里还没有沉重、恐怖、神秘和紧张，而是生动、活泼、纯朴和天真，是一派生气勃勃、健康成长的童年气派。

……

社会在发展，陶器造型和纹样也在继续变化。和全世界各民族完全一致，占据新石器时代陶器的纹饰走廊的，并非动物纹样，而是抽象的几何纹，即各式各样的曲线、直线、水纹、漩涡纹、三角纹、锯齿纹种种。

（《美的历程》，1981 年）

32

屈原是中国最早、最伟大的诗人。他"衣被词人，非一代也"(《文心雕龙》)。一个人对后世文艺起了这么深远的影响，确乎罕见。所以如此，正由于屈原的作品（包括归于他名下的作品）集中代表了一种根柢深沉的文化体系。这就是上面讲的充满浪漫激情、保留着远古传统的南方神话——巫术的文化体系。儒家在北中国把远古传统和神话、巫术逐一理性化，把神人化，把奇异传说化为君臣父子的世间秩序。例如"黄帝四面"（四面脸）被解释为派四个大臣去"治四方"，黄帝活三百年说成是三百年的影响，如此等等。在被孔子删定的《诗经》中再也看不见这种"怪力乱神"的踪迹。然而，这种踪迹却非常活泼地保存在以屈原为代表的南国文化中。

……《离骚》把最为生动鲜艳、只有在原始神话中才能出现的那种无羁而多义的浪漫想象，与最为炽热深沉，只有在理性觉醒时刻才能有的个体人格和情操，最完满地溶化成了有机整体。由是，它开创了中国抒情诗的真正光辉的起点和无可比拟的典范。两千年来，能够在艺术水平上与之相比配的，可能只有散文文学《红楼梦》。

（《美的历程》，1981 年）

33

文学没有画面限制，可以描述更大更多的东西。壮丽山川、巍峨宫殿、辽阔土地、万千生民，都可置于笔下，汉赋正是这样。尽管是那样堆砌、重复、拙笨、呆板，但是江山的宏伟、城市的繁盛、商业的发达、物产的丰饶，宫殿的巍峨、服饰的奢侈、鸟兽的奇异、人物的气派、狩猎的惊险、歌舞的欢快，在赋中无不刻意描写，着意夸扬。这与上述画像石、壁画等等的艺术精神不正是完全一致的么？它们所力图展示的，不仍然是这样一个繁荣富强、充满活力、自信和对现实具有浓厚兴趣、关注和爱好的世界图景么？尽管呆板堆砌，但它在描述领域、范围、对象的广度上，却确乎为后代文艺所再未达到。它表明中华民族进入发达的文明社会后，对世界的直接征服和胜利，这种胜利使文学和艺术也不断要求全面地肯定、歌颂和玩味自己存在的自然环境、山岳江川、宫殿房屋、百土百物以至各种动物对象。所有这些对象都是作为人的生活的直接或间接的对象化而存在于艺术中。人这时不是在其自身的精神世界中，而完全溶化在外在生活和环境世界中，在这种琳琅满目的对象化的世界中。汉代文艺尽管粗重拙笨，然而却如此之心胸开阔，气派雄沉，其根本道理就在这里。汉代造型艺术应从这个角度去欣赏。汉赋也应从这个角度去理解，才能正确估计它作为一代文学正宗的意义和价值所在。

（《美的历程》，1981 年）

34

只有对世间生活怀有热情和肯定，并希望这种生活继续延续和保存，才可能使其艺术对现实的一切怀有极大兴趣去描绘、去欣赏、去表现，使它们一无遗漏地、全面地、丰满地展示出来。汉代艺术中如此丰富众多的题材和对象，在后世就难以再看到。正如荷兰小画派对日常世俗生活的玩味意味着对自己征服大海的现实存在的肯定一样，汉代艺术的这种丰富生活场景也同样意味着对自己征服世界的社会生存的歌颂。比起荷兰小画派来，它们的力量、气魄、价值和主题要远为宏伟巨大。这是一个幅员广大、人口众多、第一次得到高度集中统一的中华帝国的繁荣时期的艺术。辽阔的现实图景、悠久的历史传统、邈远的神话幻想的结合，在一个琳琅满目五色斑斓的形象系列中，强有力地表现了人对物质世界和自然对象的征服主题。这就是汉代艺术的特征本色。

（《美的历程》，1981 年）

35

……但陈旧的礼法毕竟抵挡不住新颖的思想，政治的迫害也未能阻挡风气的改变。从哲学到文艺，从观念到风习，看来是如此狂诞不经的新东西，毕竟战胜和取代了一本正经而更虚伪的旧事物。才性胜过节操，薄葬取替厚葬，王弼超越汉儒，"竹林七贤"成了理想人物，甚至在墓室的砖画上，也取代或挤进了两汉的神仙迷信、忠臣义士的行列。非圣无法、大遭物议并被杀头的人物竟然嵌进了地下庙堂的画壁，而这些人物既无显赫的功勋，又不具无边的法力，更无可称道的节操，却以其个体人格本身，居然可以成为人们的理想和榜样，这不能不是这种新世界观人生观的胜利表现。人们并不一定要学那种种放浪形骸、饮酒享乐，而是被那种内在的才情、性貌、品格、风神吸引着、感召着。人在这里不再如两汉那样以外在的功业、节操、学问，而主要以其内在的思辨风神和精神状态，受到了尊敬和顶礼。是人和人格本身而不是外在事物，日益成为这历史时期哲学和文艺的中心。

（《美的历程》，1981 年）

36

陶潜在田园劳动中找到了归宿和寄托。他把自《古诗十九首》以来的人的觉醒提到了一个远远超出同时代人的高度，提到了寻求一种更深沉的人生态度和精神境界的高度。从而，自然景色在他笔下，不再是作为哲理思辨或徒供观赏的对峙物，而成为诗人生活、兴趣的一部分。"霭霭停云，蒙蒙时雨"；"倾耳无希声，举目皓以洁"；"平畴交远风，良苗亦怀新"；……春雨冬雪，辽阔平野，各种普通的、非常一般的景色在这里都充满了生命和情意，而表现得那么自然、质朴。与谢灵运等人大不相同，山水草木在陶诗中不再是一堆死物，而是情深意真，既平淡无华又盎然生意。

陶潜和阮籍在魏晋时代分别创造了两种迥然不同的艺术境界，一超然事外，平淡冲和；一忧愤无端，慷慨任气。它们以深刻的形态表现了魏晋风度。应该说，不是建安七子，不是何晏、王弼，不是刘琨、郭璞，不是二王、颜、谢，而是他们两个人，才真正是魏晋风度的最高优秀代表。

（《美的历程》，1981 年）

37

新兴世俗地主阶级的这些文艺巨匠（以杜、韩、颜为代表）为后世立下了美的规范，如同比他们时间略先的那一批巨匠（以李白为代表）为后世突破了传统一样。这两派人共同具有那种元气淋漓的力量和势概，"盛唐诸公之诗，如颜鲁公书，既笔力雄壮，又气象浑厚。"（《沧浪诗话》）所以，它们既大体同产于盛唐之时，而被共同视为"盛唐之音"，就理所自然。虽然依我看来，真正的盛唐之音只是前者，而非后者。如果都要说盛唐，那就应该是两种"盛唐"，它们是两种不同的"有意味的形式"，各自保有、积淀着不同的社会时代内容。

（《美的历程》，1981 年）

38

如果再作一次比较，战国秦汉的艺术，表现的是人对世界的铺陈和征服；魏晋六朝的艺术突出的是人的风神和思辨；盛唐是人的意气和功业；那末，这里呈现的则是人的心境和意绪。与大而化之的唐诗相对应的是纤细柔媚的花间体和北宋词。

（《美的历程》，1981 年）

39

"词境"确乎尖新细窄，不及"诗境"阔大浑厚，然而这却有如人的心情意绪与人的行动事功的差别一样，各有其所长和特点。为什么多少年来，好些青年男女更喜爱词、接近词，不正是因为这种形式和作品更亲切、更细腻地表现、描写了人们的各种（又特别是爱情）的心情意绪么？

（《美的历程》，1981 年）

40

诗境深厚宽大，词境精工细巧，但二者仍均重含而不露，神余言外，使人一唱三叹，玩味无穷。曲境则不然，它以酣畅明达，直率痛快为能事，诗多"无我之境"，词多"有我之境"，曲则大都是非常突出的"有我之境"。它们约略相当于山水画的这三种境界（当然这只在某种极为限定的意义上来说）。"夜阑更秉烛，相对如梦寐"是诗，"今宵剩把银釭照，犹恐相逢在梦中"是词。"小楼一夜听春雨，深巷明朝卖杏花"是诗，"杏花疏影里，吹笛到天明"是词，"觉来红日上窗纱，听街头卖杏花"是曲。"寒鸦千万点，流水绕孤村"是诗，（但此诗已带词意）"斜阳外，寒鸦数点，流水绕孤村"是词，"枯藤老树昏鸦，小桥流水人家，古道西风瘦马"是曲。尽管构思、形象、主题十分接近或相似，但艺术意境却仍然不同。诗境厚重，词境尖新，曲境畅达，各有其美，不可替代。

（《美的历程》，1981 年）

纵观前面，如可说汉代文艺反映了事功、行动，**魏晋风度**、北朝雕塑表现了精神、思辨，唐诗宋词、宋元山水展示了襟怀、意绪，那末，以小说戏曲为代表的明清文艺所描绘的却是世俗人情。这是又一个广阔的对象世界，但已不是汉代艺术中的自然征服，不是那古代蛮勇力量的凯旋，而完全是近代市井的生活散文，是一幅幅平淡无奇却五花八门、多彩多姿的社会风习图画。

（《美的历程》，1981 年）

42

所谓"无我"，不是说没有艺术家个人情感思想在其中，而是说这种情感思想没有直接外露，甚至有时艺术家在创作中也并不自觉意识到。它主要通过纯客观地描写对象（不论是人间事件还是自然景物），终于传达出作家的思想情感和主题思想。从而这种思想情感和主题思想经常也就更为宽泛、广阔、多义而丰富。陶渊明的"暧暧远人村，依依墟里烟，狗吠深巷中，鸡鸣桑树颠"，"采菊东篱下，悠然见南山。山气日夕佳，飞鸟相与还"等等便是这种优美的"无我之境"。它并没有直接表达或抒发某种情感、思想，却通过自然景物的客观描写，极为清晰地表达了作家的生活、环境、思想、情感。画的"无我之境"由于根本没有语词，就比上述陶诗还要宽泛。但其中又并非没有情感思想或观念，它们仍然鲜明地传达出对农村景物或山水自然的牧歌式的封建士大夫的美的理想和情感。面对它们，似乎是在想象的幻觉中面对一大片真山水。但又不是，而是面对处在小农业生产社会中为地主士大夫所理想化了的山水。五代和北宋的大量作品，无论是关仝的《大岭晴云》，范宽的《溪山行旅》《雪景寒林》，蓝源的《潇湘图》《龙袖骄民图》以及巨然、燕文贵、许道宁等等，都如此。他们客观地整体地把握和描绘自然，表现出一种并无确定观念、含义和情感，从而具有多义性的无我之境。

（《美的历程》，1981 年）

43

良辰美景奈何天，赏心乐事谁家院。朝飞暮卷，云霞翠轩，雨丝风片，烟波画船。锦屏人忒看的这韶光贱。遍青山啼红了杜鹃，荼蘼外烟丝醉软，牡丹虽好，春归怎占先……

这是多么美好的充满希望的时节！整个剧本文词华丽，充满喜剧氛围。这个爱情故事之所以成为当时浪漫思潮的最强音，正在于它呼唤一个性解放的近代世界的到来。并且呼喊得那么高昂，甚至逸出中国传统理性主义传统，真人荒唐地死而复活（其他情节都又合常情）竟成了剧本主线。本章第一节中讲的世态人情、市民文艺的粗俗根苗，在这里最终升华为典雅骀荡的浪漫之花。它们以不同形式却同样反映了明中叶以来巨大变动着的社会动向、氛围和意绪。

（《美的历程》，1981 年）

44

作为近代资本主义新因素的下层市民文艺和上层浪漫思潮，在明末发展到极致后，却遭受了本不应有的挫折。历史的行程远非直线，而略一弯曲却可以是百十年。李自成的失败带来了满清帝国的建立，落后的少数民族总是更易接受和强制推行保守、反动的经济、政治、文化政策。资本主义因素在清初被全面打了下去，在那几位所谓"雄才大略"的君主的漫长统治时期，巩固传统小农经济、压抑商品生产、全面闭关自守的儒家正统理论，成了明确的国家指导思想。从社会氛围、思想状貌、观念心理到文艺各个领域，都相当清楚地反射出这种倒退性的严重变易。与明代那种突破传统的解放潮流相反，清代盛极一时的是全面的复古主义、禁欲主义、伪古典主义。从文体到内容，从题材到主题，都如此。作为明代新文艺思潮基础的市民文艺没再发展，而且还突然萎缩，上层浪漫主义则一变而为感伤文学。《桃花扇》《长生殿》和《聊斋志异》则是这一变易的重要杰作。

（《美的历程》，1981 年）

45

浪漫主义、感伤主义和批判现实主义，这就是明清文艺思潮三个不同阶段，这是一条合规律性通道的全程。在第三阶段（乾隆），时代离开解放浪潮相去已远，眼前是闹哄哄而又死沉沉的封建统治的回光返照。复古主义已把一切弄得乌烟瘴气麻木不仁，明末清初的民主民族的伟大思想早成陈迹，失去理论头脑的考据成了支配人间的学问。"避席畏闻文字狱，著书都为稻粱谋"，那是多么黑暗的世界啊。像戴震这样先进的思想家也只能以考据名世，得不到人们的任何了解。他自己视为最重要的哲学著作——痛斥宋儒"以理杀人"的《孟子字义疏证》，连他儿子在编集子时也把它排斥在外，视为无足轻重。那是没有曙光、长夜漫漫、终于使中国落在欧洲后面的 18 世纪的封建末世。在文艺领域，真正作为这个封建末世的总结的，就要算中国文学的无上珍宝《红楼梦》了。

（《美的历程》，1981 年）

关于《红楼梦》，人们已经说过了千言万语，大概也还有万语千言要说。总之，无论是爱情主题说、政治小说说、色空观念说，都似乎没有很好地把握住具有深刻根基的感伤主义思潮在《红楼梦》里的升华。其实，正是这种思潮使《红楼梦》带有异彩。笼罩在宝黛爱情的欢乐、元妃省亲的豪华、暗示政治变故带来巨大惨痛之上的，不正是那如轻烟如梦幻、时而又如急管繁弦似的沉重哀伤和喟叹么？因之，千言万语，却仍然是鲁迅几句话比较精粹：

> ……颓运方至，变故渐多；宝玉在繁华丰厚中，且亦屡与"无常"觌面，……悲凉之雾，遍被华林；然呼吸而领会之者，独宝玉而已。

这不正是上述人生空幻么？尽管号称"康乾盛世"，这个社会行程的回光返照毕竟经不住"内囊却也尽上来了"的内在腐朽，一切在富丽堂皇中，在笑语歌声中，在钟鸣鼎食、金玉装潢中，无声无息而不可救药地垮下来、烂下去，所能看到的正是这种种金玉其外败絮其中的糜烂、卑劣和腐朽，它的不可避免的没落败亡。严峻的批判现实主义于是成熟了。"与前一阶段市民文艺的现实主义对富贵荣华、功名利禄的渴望钦羡恰好对照，这里充满着的是对这一切来自本阶级的饱经沧桑，洞悉幽隐的强有力的否定和判决。这样，创作方法在这里达到了与外国19世纪资产阶级批判现实主义相比美的辉煌高度，然而也同样带着没有出路、没有革命理想、带着浓厚的挽歌色调。"《儒林外史》也是这种批判现实主义的代表作。它把理想寄托在那几个儒生、隐士的苍白形象上，如同《红楼梦》只能让贾宝玉去做和尚解脱在所谓色空议论中一样，这些都正是《桃花扇》归结为渔樵的人生空幻感的延续和发展。它们充满了"梦醒了无路可走"的苦痛、悲伤和求索。但是，它们的美学价值却已不在感伤，而在对社会生活具体地描述、揭发和批判。《红楼梦》终于成了百读不厌的封建末世的百科全书。"极摹人情世态之歧，备写悲欢离合之致"，到这里达到了一个经历了正反合总体全程的最高度。与明代描写现实世俗的市民文艺截然不同，它是上层士大夫的文学，然而它所描写的世态人情、悲欢离合，却又是前者的无上升华。

（《美的历程》，1981 年）

美的脚步（下）

47

线条和色彩是造型艺术中两大因素。比起来，色彩是更原始的审美形式，这是由于对色彩的感受有动物性的自然反应作为直接基础（例如对红、绿色彩的不同生理感受）。线条则不然，对它的感受、领会、掌握要间接和困难得多，它需要更多的观念、想象和理解的成分和能力。

（《美的历程》，1981 年）

48

如果说，雕塑艺术在六朝和唐达到了它的高峰；那么，绘画艺术的高峰则在宋元。这里讲的绘画，主要指山水画。中国山水画的成就超过了其他许多艺术部类，它与相隔数千年的青铜礼器交相辉映，同成为世界艺术史上罕见的美的珍宝。

（《美的历程》，1981 年）

49

"山水有可行者，有可望者，有可游者，有可居者，……但可行可望不如可居可游之为得"。正是在这种审美趣味的要求下，中国山水画并不采取透视法，不固定在一个视角，远看近看均可，它不重视诸如光线明暗、阴影色彩的复杂多变之类，而重视具有一定稳定性的整体境界给人的情绪感染效果。这种效果不在具体景物对象的感觉知觉的真实，不在于"可望、可行"，而在于"可游、可居"。"可游可居，当然就不应是短暂的一时、一物、一景。"着此画令人生此意，如真在此山中，此画之景外意也"。即要求通过对自然景物的描绘，表达出整个生活、人生的环境、理想、情趣和氛围。从而，它所要求的就是一种比较广阔长久的自然环境和生活境地的真实再现，而不是一时一景的"可望可行"的片刻感受。"楚塞三湘接，荆门九派通，江流天地外，山色有无中。郡色浮前浦，波澜动远空，襄阳好风日，留醉与山翁。"这种异常广阔的整体性的"可游、可居"的生活——人生——自然境界，正是中国山水画去追求表现的美的理想。

（《美的历程》，1981 年）

宋画中这第二种艺术意境是一种重要的开拓。无论从内容到形式，都大大丰富发展了中国民族的美学传统，作出了重要贡献。诗意追求和细节真实的同时并举，使后者没有流于庸俗和呆板（"匠气"），使前者没有流于空疏和抽象（"书卷气"）。相反，从形似中求神似，由有限（画面）中出无限（诗情），与诗文发展趋势相同，日益成为整个中国艺术的基本美学准则和特色。对称走向均衡，空间更具意义，以少胜多，以虚代实，计白当黑，以一当十，日益成为艺术高度发展的形式、技巧和手法。讲究的是"虚实相生，无画处均成妙境"（《画筌》），这与"意在言外"、"此时无声胜有声"完全一致。并且，由于这种山水是选择颇有局限的自然景色的某个部分某些对象，北宋画那种地域性的不同特色便明显消退。哪里没有一角山水、半截树枝呢？哪里没有小桥流水、孤舟独钓呢？哪里没有春江秋月、风雨归舟呢？描绘的具体景物尽管小一些，普遍性反而更大了。抒发的情感观念尽管更确定一些，却也更鲜明更浓烈了。它们确乎做到了"状难言之景列于目前，含不尽之意溢出画面"，创造了中国山水画另一极高成就。北宋浑厚的、整体的、全景的山水，变而为南宋精巧的、诗意的、特写的山水，前者以雄浑、辽阔、崇高胜，后者以秀丽、工致、优美胜。两美并峙，各领千秋。

（《美的历程》，1981 年）

51

如果像庄子那样，"死生无变于己"就不能有这主题；如果像儒学那样，那么平宁而抽象，"存吾顺事，段吾宁也"也不会有这主题。屈原正是在明确意识到自己必须选择死亡、自杀的时候，来满怀情感地上天下地，觅遍时空，来追询，来发问，来倾诉，来诅咒，来执著地探求什么是是，什么是非，什么是善，什么是恶，什么是美，什么是丑。他要求这一切在死亡面前展现出它们的原形，要求就它们的存在和假存在来作出解答。"何昔日之芳草兮，今直此萧艾也？""何方圆之能周兮，夫孰异道而相安？"（《离骚》）政治的成败，历史的命运，生命的价值，远古的传统，它们是合理的么？是可以理解的么？生存失去支柱，所以"天问"；污浊必须超越，所以"离骚"。人作为具体的现实存在的依据何在，在这里有了空前的突出。屈原是以这种人的个体血肉之躯的现实存在的重要性和可能性来寻问真理。从而，这真理便不再是观念式的普遍性概念，也不是某种实用性的生活道路，而是"此在"本身。所以，它充满了极为浓烈的情感哀伤。

可以清楚地看到，那是颗受了伤的孤独的心；痛苦、困惑、烦恼、骚乱、愤慨而哀伤。世界和人生在这里已化为非常具体而复杂的个体情感自身，因为这情感与是否生存有着直接联系。事物可以变迁。可以延续，只有我的死是无可重复和无可替代的。以这个我的存在即将消失的"无"，便可以抗衡、可以询问、可以诅咒那一切存在的"有"。它可以那样自由地遨游宇宙，那样无所忌惮地怀疑传统，那样愤慨怨恨地议论当政……

（《华夏美学》，1988 年）

52

"我辈"不是神，可以完全超越而无情；也不是物，可以无知无识而无情；正因为是具备感性血肉有生有死的个体（人），才会有这生命的嗟叹，宇宙的感怀，死亡的恐惧……，这是怎样也难以解脱的。

从而，这个"情"便不复是先秦两汉时代那种普遍性的群体情感的框架符号，也还不是近代资本主义时期与个体感情欲求（"人欲"）紧相联系的个性解放。这个"情"虽然发自个体，却又依然是一种普泛的对人生、生死、离别等存在状态的哀伤感喟，其特征是充满了非概念语言所能表达的思辨和智慧。它总与对宇宙的流变、自然的道、人的本体存在的深刻感受和探询连在一起。艺术作为情感的形式，与远古那种规范性的普遍符号，进到这里的本体探询和感受的深情抒发，算是把艺术的本质特征较完满地凸显出来了。

魏晋哲学之所以美，魏晋风度之所以美，魏晋六朝的书法和雕塑之所以美，原因恐怕都在这里。

（《华夏美学》，1988 年）

53

从技能到文艺，所有的创作过程都有非一般概念语言、逻辑思维所能表达、说明的一面，此即无意识或非意识的一面，这一面就是庄子讲的"不以目视"、"不以心稽"、"坐忘"、"心斋"；但它又并不是先验的或神赐的。应该说，庄子对这两个方面都作了精彩的描述。看来是"以神遇而不以目视"、"指以物化而不以心稽"、"口不能言"的活动和心境，却又"有数存焉于其间"、"依其天理"、"因其固然"的根本原因在。亦即是说，无意识是有其自身的规律和逻辑的，它与意识是有联系和有关系的。意识的排除和沉积，才造就了无意识。在这里，无意识并不是所谓"幽暗的"生物本能，仍然是人经过意识的努力所达到的非意识的积淀。如果说，前面的审美态度等等是积淀的心理成果，那么这里讲的，便正是描述这积淀的心理过程。

这对华夏美学起了重要影响，无论诗、文、书、画，几乎是经常不断地提出这个无意识创作规律的问题。

（《华夏美学》，1988 年）

54

柳宗元和上述司马迁、嵇康、阮籍等人，都是屈骚传统的突出继承者。所以尽管他们的作品或被人称为"谤书"，或自称"薄汤、武而非周、孔"，但仍然受当时和后代广大的儒家知识分子的欢迎和首肯。正像陶潜、李白吸收了庄子一样，他们继承、吸收、发扬了屈骚精神，再一次地扩展了、丰富了、发展了儒学，使儒家重道德、重节操、重情感的仁学传统获得了深刻的生死内容。正是通过这些人物及其作品的精神感召和艺术感染，在后世首先是在魏晋而被确定下来，成为华夏的人性结构和美学风格中的重要因素。

（《华夏美学》，1988 年）

55

除动中静外，禅的"妙悟"的另一常见形态是对人生、生活、机遇的偶然性的深沉点发。就在这偶然性的点发中，在这飘忽即逝不可再得中去发现、去领悟、去寻觅、去感叹那人生的究竟和存在（生活、生命）的意义。

"人生到处知何似，应似飞鸿踏雪泥。泥上偶然留指爪，鸿飞那复计东西。……"

"……多情应笑我，早生华发。人间如梦，一樽还酹江月。"

"人间如梦"，是早就有的感慨，但它在苏轼这里所取得的，却是更深一层的人生目的和宇宙存在的怀疑与叹喟。它已不是去追求人的个体的长生、飞升（求仙）、不朽，而是去寻问这整个存在本身究竟是什么？有什么意义？有什么目的？它要求超越的是这整个存在本身，超越这个人生、世界、宇宙……从它们中脱身出来，以参透这个谜。所以，它已不仅是庄，而且是禅。不只是追求树立某种伦理的（儒家）或超越的（道家）理想人格，而是寻求某种达到永恒本体的心灵道路。这条道路，是"妙悟"，并且也只有通由"妙悟"，才能得到永恒。

（《华夏美学》，1988 年）

56

……庄所树立、夸扬的是某种理想人格，即能作"逍遥游"的"圣人"、"真人"、"神人"，禅所强调的却是某种具有神秘经验性质的心灵体验，庄子实质上仍执着于生死，禅则以参透生死关自许，于生死真正无所住心。所以前者（庄）重生，也不认世界为虚幻，只认为不要为种种有限的具体现实事物所束缚，必须超越它们，因之要求把个体提到与宇宙并生的人格高度。它在审美表现上，经常以辽阔胜，以拙大胜。后者（禅）视世界、物我均虚幻，包括整个宇宙以及这种"真人"、"至人"等理想人格也如同"干屎橛"一样，毫无价值，真实的存在只在于心灵的顿悟觉感中。它不重生，亦不轻生，世界的任何事物对它既有意义，也无意义，过而不留，都可以无所谓，所以根本不必去强求什么超越，因为所谓超越本身也是荒谬的，无意义的。从而，它追求的便不是什么理想人格，而只是某种彻悟心境。庄子那里虽有这种"无所谓"的人生态度，但禅由于有瞬刻永恒感作为"悟解"的基础，便使这种人生态度、心灵境界、这种与宇宙合一的精神体验，比庄子更深刻也更突出。在审美表现上，禅常以精巧胜。

（《华夏美学》，1988 年）

57

苏轼不是佛门弟子，也非漆园门徒，他的生活道路、现实态度和人生理想，仍然是标准的儒家。他的代表性正在于，吸收道、禅而不失为儒，在儒的基础上来参禅悟道，讲妙谈玄。也可能因为此，苏轼尽管为极少数恪守正统教义的儒家理学家所不满，但始终是当时和后世广大知识分子所喜爱、所欣赏、所崇拜的天才人物。他的人格、风格使人感到亲切自然，易于接受，他比其他任何人似乎更能从审美上体现出儒家所标榜的"极高明而道中庸"的最高准则。所以，与其说是宋明那些大理学家、哲学家，还不如说是苏轼，更能代表宋元以来的已吸收了佛学禅宗的华夏美学。无论在文艺创作中或人生态度上，无论是对后世的影响上或是在美学地位上，似都如此。

（《华夏美学》，1988 年）

58

有趣味的现象是，宋明理学的最高潮时期也大体是中国山水画的高潮时期。哲学思辨与艺术趣味的这种同步是否说明其中有贯通一致的东西呢？这是一个尚待深究的问题。在宋明哲学，道德理性与生命感性的"天人合一"，建构了"属道德又超越道德"、"准审美又超审美"的本体境界。山水画则以形象化的境界，同样展现了这个"天人合一"。在中国山水画中，尽管人物形象是小小的，甚至看不大清楚，但他们既不表现为征服自然的主体，却又并不是匍匐自然之下的鸡虫，如果没有这些似乎是小小的樵夫、渔夫、行客、书生，大自然就会寂寞、无聊、荒凉、恐怖。所以山水画虽然没去表达人的功业、个性，也没表达神的人格、威力，它表达似乎只是人与自然的和谐，但这和谐却不止是乡居生活的亲密写实，而更是一种传达本体存在的人生的境界和形上的韵味。这是与大自然合为一体的人的存在，是人的自然化和自然的人化的统一。尽管它已不仅是道家，而且有禅意，但又仍然是回到人世、从属儒道的禅。即使是倪云林的不画人的山水，也仍然以这种儒道互补式的"天人合一"的韵味和境界吸引、感受、打动着人们，只是他的"亭下不逢人，夕阳淡秋影"，使空幻的禅意可能更浓一些罢了。

（《华夏美学》，1988 年）

59

创作和欣赏山水画的，主要并不是出家的和尚或道士，而仍然是士大夫知识阶层。"士"是一般的知识分子，"大夫"可说是知识分子兼官僚；但他们都经过儒家的教育和训练，是儒学所培育出来的。这些知识分子面对山水画，体会和感叹着自然的永恒、人生之苦旅、天地之无垠、世事之无谓，而在重山叠水之间，辽旷平远之际，却又总有草堂半角，溪渡一张，使这审美领会仍然与人生相关。世事、家园、人生、天地在这里奇妙地组成对本体的诗意接近。于是，在热衷仕途的积极者来说，它给予闲散的境地和清凉的心情；对悲观遁世的消极者来说，它又给予生命的慰安和生活的勇气。这，也许就是山水画的妙用所在吧？这所谓"妙用"，不又正是儒、道、释（禅）渗透交融而仍以儒为主的某种方剂配置么？苏轼词云"我欲乘风归去，又恐琼楼玉宇，高处不胜寒。起舞弄清影，何似在人间。"还是带着那妙悟禅意，回到人间情味和人际温暖中来吧，这里即有实在，有本体，有永恒。经过禅意洗礼后的华夏美学和文艺便正是这样。如果说，庄以对"感知层"，屈以对"情感层"，那么禅便以对"意味层"的丰富，突破、扩大和加深了华夏美学。

（《华夏美学》，1988 年）

现代之魅

60

关于王国维及其《人间词话》，已经有足够多的论著，王国维是典型的儒家传统的知识分子，却又同时是勇于接受西方哲学美学的近代先驱。他提出了有名的"境界"说。

关于他的境界说有各种解说，我认为，这"境界"的特点在于，它不只是作家的胸怀、气质、情感、性灵，也不只是作品的风味、神韵、兴趣，同时它也不只是情景问题。[徐复观认为"人间词话受到今人过分重视，境界实即情景问题而已。"见《中国文学论集续篇》（学生书局，台北，1984）]他是通过情景问题，强调了对象化、客观化的艺术本体世界中所透露出来的人生，亦即人生境界的展示。尽管王的评点论说并未处处紧扣这一主题，但在王的整个美学思想中，这无疑是焦点所在。所以王以三种境界（"望断天涯路"、"衣带渐宽终不悔"、"蓦然回首"）来比拟做学问，也并非偶发的联想。

（《华夏美学》，1988 年）

61

王国维之追求境界，提出境界说，也正是希望在这个艺术本体中去寻求避开个体感性生存的苦痛。儒家传统本是重"生"的，但这个"生"主要是讲群体、社会、"天下"、国家，而并不特别看重感性个体的情欲，因此当这个群体的"生"或"生命"变得失去意义时，个体感性的生存也就毫无价值了。对一个"故国"（清朝）情深、深感前景无望的士大夫来说，再加上传统中原有的人生空幻的感伤，他的接受叔本华的意志盲目流转的悲观哲学，并希望在建立"境界"的艺术本体中去逃避人生，便是相当自然的事情。对感性个体血肉生存的逃避和扔弃，恰好证实着它的觉醒和巨大压力的存在。从而，提出建构一个超利害忘物我的艺术本体世界（"境界"），就比严羽、王士禛以禅悟为基础的"兴趣"、"神韵"的美学理论，要在哲学层次上高出一头。这也就是王国维之所以比严羽等人更吸引现代人的根本原因。因为，它那吸入西方式的否定意欲，否定生命的理论，却更突出了近代的"情欲"——人生问题。

......

之所以追求艺术的幻想世界（"境界"），以之当作本体，来暂时逃避欲望的追逼和人生的苦痛，这也正因为儒家士大夫本来没有宗教信仰的缘故。王国维就是这样。他只能在艺术中去找安身立命的本体，虽然他明明知道这个本体是并不可靠的暂时解脱。……儒家哲学没有建立超道德的宗教，它只有超道德的美学。它没建立神的本体，只建立着人的（心理情感的）本性。它没有去归依于神的恩宠或拯救，而只有对人的情感的悲怆、宽慰的陶冶塑造。

（《华夏美学》，1988 年）

62

蔡元培仅把宗教归之于情感教育，撇开其伦理、意志功能，强调"陶养感情"，以达到"本体世界"，这说明蔡是完全站在儒学传统的无神论立场，来提出以美育代宗教的命题的。

这实际上是以正面积极方式提出了王国维以消极方式提出的艺术为消歇利害、暂息人生的同一命题，他们都追求在艺术—审美中去达到人生的本体真实。所以，重要的是，他们二人为什么不约而同和殊途同归地得到了同一结论？我认为，这正是儒学传统与西方美学相交遇渗透的结果；非酒神型的礼乐文化、无神论的儒门哲学又一次地接受和同化了 Kant、Schopenhauer 的哲学和美学，而提出了新命题。这一命题尽管与明中叶以来纵情欲的外部征象并不一致，却又同样是建立在重个体情欲生存的近代之上，其走向是相当一致的。

……以美育代宗教，以审美超道德，从而合天人为一体，超越有限的物欲、情思、希望、恐怖、人我、利害……以到达或融入真实的本体世界，推及社会而成"华胥之国"、理想之民，王、蔡二人是相似相通的。这似乎再一次证实着中国古典传统（主要又仍然是以孔子为代表的儒家传统）的顽强生命，以及它在近代第一次通过美学领域表现出来的容纳、吸取和同化近代西方的创造力量。

（《华夏美学》，1988 年）

63

自二十年代以后，随着政治斗争的激剧紧张，救亡呼声盖过一切，美学早被压缩在冷落的角色里，纯粹的哲学也是这样。王、蔡这种"以美育代宗教"的观念更被搁置一旁，无人过问。在文艺领域，则自二十年代"文学研究会"提出"为人生而艺术"，到三十年代左翼文艺的"为革命而艺术"，到四十年代的抗战文艺，儒学正统的"文以载道"似乎以一种新的形式占据了中心，形成为主流。所谓"为艺术而艺术"的"纯"文艺的创作和理论始终未有多大影响。这一切都非偶然。有意思的倒是，在五四运动打到孔家店之后，这种经世致用、关怀国事民瘼的儒学传统却仍然可以是新文艺的基本精神。这既说明不可低估的儒学传统的生命力，也说明人们所难以或免的文化心理结构的继承性质。于是重男女个体情欲的近代倾向又被倒转，重新转换为重现实社会生活的思潮。

反映到美学上，四十年代传入，五十年代风行的俄国 Chernyshevski 的"美是生活（命）"命题，便正好符合了人们的理论需要，它既是"为人生而艺术"、"为革命而艺术"的理论概括，又吻合重生命重人生的华夏美学传统，普遍地为知识分子和青年学生群所欢迎和接受，而构成现代新美学的起点。

（《华夏美学》，1988 年）

64

胡适是温文尔雅的学者。他宁静、清晰、平和，然而软弱。他的兴趣是在学术，认为考证一个古字和发现一颗新星具有同样价值。从待人处世到政治倾向，他都尽量照顾周全，平稳妥当。他相信并主张自由主义，提倡"好人政府"，但在中国现代的条件下，却不得不最终依附在独裁政权下。他创作了《终身大事》，歌颂自由恋爱，但在中国的条件下，他却不能也不愿与母亲包办的旧式婚姻决裂，而宁可自己忍受一生。"又向蛮方作寒食，强持厄酒对梨花"，他满足在由成功所带来的小康舒适的人生境地中 [直到晚年与铃木大拙（Suzuki）关于禅宗的辩论中，也表现出自始至终未脱离他的科学主义、理性主义，而不能像鲁迅那样有更深刻的非理性的形上感受和观念]。

陈独秀则不然，他是意志刚烈的革命家，勇敢、坚决、顽强，但是肤浅。他当了一生的反对派。反满、反袁、反北洋军阀、反国民党蒋介石到反共产党。陈独秀有比较彻底的理论兴趣和概括能力，密切关怀着国事民瘼，积极行动，但他由思想领袖变而为政治领袖，既是中国现代必然会有的历史误会，也是他个人的悲惨命运安排。"衣带渐宽终不悔，为伊消得人憔悴"，陈独秀一生处在革命的人生境界中。

（《中国现代思想史论·胡适　陈独秀　鲁迅》，1987 年）

65

鲁迅与陈、胡迥然不同。鲁迅是深沉锐敏的文学家和思想家。他的思想充满了爱憎强烈的情感色彩和活生生的现实气息，他的情感充满了思想的力量和哲理的深意。他的作品比起陈、胡来，显然具有远为强大长久的生命力。陈、胡的思想和作品（包括思想的、政治的、文艺的和学术的），今天已基本过时而不需重读了，但鲁迅却至今仍可以激动着人们。"前不见古人，后不见来者"，鲁迅的孤独、悲凉的人生境界也是超越和伟大的。

胡适、陈独秀、鲁迅都开创了思想范式（Paradigm），从而都指导、决定和影响了很大一批人。胡适在学术领域内，陈独秀在革命领域内，鲁迅在文学领域内，都各有一大批承继者、追随者、景仰者。他们作为先驱在现代思想史上留下了不可磨灭的痕记。

（《中国现代思想史论·胡适　陈独秀　鲁迅》，1987 年）

66

一切都值得怀疑，一切都可能虚妄。一切都并无意义和价值，连绝望本身也虚妄得好笑……但人却还得活着，还得彷徨于明暗是非之间。于是我奋然前进，孤独地前行，没有伙伴，没有歌哭，面对惨淡的人生，向死亡突进。

所以，鲁迅喜欢安特也夫，喜欢迦尔洵，也喜欢厨川白村。鲁迅对世界的荒谬、怪诞、阴冷感，对死和生的强烈感受是那样的锐敏和深刻，不仅使鲁迅在创作和欣赏的文艺特色和审美兴味（例如对绘画）上，有着明显的现代特征，既不同于郭沫若那种浮泛叫喊、自我扩张的浪漫主义，也不同于茅盾那种刻意描绘却同样浮浅的写实主义，而且也使鲁迅终其一生的孤独和悲凉，具有形而上学的哲理风味。可惜加缪晚生，否则加缪将西西福斯（Sisyphus）徒劳无益却必须不停歇的劳动（向山上推石头，石头刚推到山顶就滚下来，又重新开始向上推）比作人生，大概是会得到鲁迅欣赏的吧？鲁迅虽悲观却仍愤激，虽无所希冀却仍奋力前行。但正因为有这种深刻的形上人生感受，使鲁迅的爱爱憎憎，使鲁迅的现实战斗便具有格外的深沉力量。鲁迅的悲观主义比陈独秀、胡适的乐观主义更有韧性的生命强力。

（《中国现代思想史论·胡适　陈独秀　鲁迅》，1987 年）

67

事实上，这里有两种不同的因素或方面的融合，构成了鲁迅独有的孤独和悲怆（悲凉）。一个方面是形上的人生意义的感受和寻求，鲁迅认真钻研过佛学，鲁迅从尼采到安特也夫的现代西方文艺中感受到现代意识，可能还包括日本文学所表达的人生悲哀无托的影响，都使鲁迅的孤独与悲凉具有某种超越的哲理风味。另方面，由于日益卷入实际的战斗历程，与旧文化战，与旧势力战……，他所感受、承担和认识的现实的黑暗、苦难的深重、战斗的艰难、前景的渺茫、道路的漫长、人民大众的不觉醒、恶势力的虚伪凶残以及他屡次被革命者和一些青年所误解、反对和攻击，受着来自同一阵营的冷枪暗箭……，都使他感到孤独和悲怆。这是一种具有非常具体的社会历史内容的孤独与悲怆。

（《中国现代思想史论·胡适　陈独秀　鲁迅》，1987 年）

68

　　然而，正是这两者结合交融才构成了鲁迅的个性特色。因为有后一方面，鲁迅才不会走向纯粹个人主义的超人幻想，才不是那种纯粹个人的失落感、荒谬感、无聊厌倦和脱离现实。因为有前一方面，鲁迅才没有陷入肤浅的"人道主义"、"集体主义"以及科学主义、理性主义中，而忘却对个体"此在"的深沉把握。鲁迅后期的政治色彩异常确定鲜明，几乎压倒其他一切，但他却并没有完全政治化。鲁迅是伟大的启蒙者，他不停地向各种封建主义作韧性的长期的尖锐斗争；但同时却又超越了启蒙，他有着对人生意义的超越寻求。他早年所说"向上之民，欲离是有限相对之现世，以超无限绝对之至上"（《集外集拾遗·破恶声论》）的精神、观念并未完全消失，尽管他不再认为"迷信可存"，宗教当兴。鲁迅是启蒙者又超越了启蒙，这就使他的启蒙比陈、胡具有更深沉的力量、激情和智慧。

　　　　　　　　　　　　（《中国现代思想史论·胡适　陈独秀　鲁迅》，1987 年）

69

　　鲁迅曾经想写包括自己一代在内四代知识分子的长篇小说，可惜没有实现。所谓四代，前面已讲。这就是，章太炎一代，这一代是封建末代知识分子，其中的少数先进者参加（或受影响，下同）了"戊戌"，领导了"辛亥"。下面是鲁迅一代，这一代的先进者参加了"辛亥"，领导了"五四"。再一代的优秀者是"五四"的积极参加者，1927 年"大革命"（北伐）的各级领导者。最后一代是"大革命"的参加者或受影响者，以后抗日战争的广大基层的领导者。总之，"辛亥"的一代，"五四"的一代，"大革命"的一代，"三八式"的一代，如果再加上解放的一代（四十年代后期和五十年代）和"文化大革命红卫兵"的一代，是迄今中国革命中的六代知识分子（第七代将是一个全新的历史时期）。每一代都各有其时代所赋予的特点和风貌、教养和精神、优点和局限。例如最早两代处于封建社会彻底瓦解的前期，他们或来自农村环境或与社会有较多的关系和联系，大都沉浸在忠诚的爱国救亡的思想中，比较朴质认真，但他们又具有较浓的士大夫气息，经常很快就复古倒退，回到传统怀抱中去了。第三代眼界更宽、见闻更广，许多成为学者教授，有的首创与农民战争结合进行武装斗争，成为中国革命的栋梁和柱石，第四代大多数是典型的小资产阶级学生知识分子群，聚集于城市，与农村关系更疏远一些了，他们狂热、激昂然而华而不实，人数较多，能量较大，其中很多人在抗日战争中走上"与工农兵相结合"的路途，成了革命的骨干。第五代的绝大多数满怀天真、热情和憧憬接受了革命，他们虔诚驯服，知识少而忏悔多，但长期处于从内心到外在的压抑环境下，作为不大。其中的优秀者在目睹亲历种种事件后，在深思熟虑一些根本问题。第六代是在邪恶的斗争环境中长大成熟的，他们在饱经各种生活曲折、洞悉苦难现实之后，由上当受骗而幡然憬悟，上代人失去了的勇敢和独创开始回到他们身上，再次喊出了反封建的响亮呼声。他们将是指向未来的桥梁和希望。总之，这几代知识分子缩影式地反映了中国革命的道路，他们在辛亥革命失败之后，迈过了启蒙的二十年代（1919—1927），动荡的三十年代（1927—1937），战斗的四十年代（1937—1949），欢乐的五十年代（1949—1957），艰难的六十年代（1957—1969），萧条的七十年代（1969—1976），而以"四人帮"的垮台迈向苏醒的八十年代。当然，所有各代中又有各种不同的类型和性格，有些人则介乎两代之间，有些人则属于此代却具有上一代或下一代的典型特征……，如此等等。总之，他们的命运和道路，他们的经历和斗争，他们的要求和理想，他们的悲欢离合和探索追求，他们所付出的沉重代价、牺牲和苦痛，他们所迎来的胜利、欢乐和追求……如果谱写出来，将是一部十分壮丽的中国革命的悲歌。鲁迅的遗志应当有人来完成。

（《中国近代思想史论·略论鲁迅思想的发展》，1978 年）

例如，这本书本来打算讲的一个中心主题，是中国近现代六代知识分子（辛亥一代、五四一代、北伐一代、抗战一代、解放一代、红卫兵一代）。这问题在《中国近代思想史论》提出过，原来想在本书中再做些论述。例如第五代的忠诚品格的优点，第六代实用主义、玩世不恭的弱点等等，都需要加以补充和展开。"代"的研究注意于这些"在成年时（大约 17 ～ 25 岁）具有共同社会经验的人"在行为习惯、思维模式、情感态度、人生观念、价值尺度、道德标准……等各方面具有的历史性格。他们所自夸或叹惜的"我（们）那时候"（my time），实际是具体地展现了历史的波浪式的进行痕迹。仔细研究这些问题对这一历史阶段和每一代人的时代使命、道德责任、现实功能和其间的传递、冲突（如"代沟"）诸问题，对所谓社会年龄、生理年龄的和心理年龄的异同和关系，当然有更清晰深切的理解。从而，对这种超越个体的历史结构的维系或突破，便会有更为自觉更为明智的选择。"人世有代谢，往来成古今"，古今正是由"代"的凋谢和承续而形成。这是些很有意思的问题，只好等以后再写了。

（《中国现代思想史论·后记》，1986 年）

71

中国现代知识分子，如同古代的士大夫一样，确乎起了引领时代步伐的先锋者的作用。由于没有一个强大的资产阶级，这一点便更为突出。中外古今在他们心灵上思想上的错综交织、融合冲突，是中国近现代史的深层逻辑，至今仍然如此。这些知识分子如何能从传统中转换出来，用创造性的历史工作，把中国真正引向世界，是虽连绵六代却至今尚远未完成的课题。这仍是一条漫长的路。

在这近百年六代知识者的思想旅程中，康有为（第一代）、鲁迅（第二代）、毛泽东（第三代），大概是最重要的三位，无论是就在历史上所起的作用说，或者就思想自身的敏锐、广阔、原创性和复杂度说，或者就思想与个性合为一体从而具有独特的人格特征说，都如此。也正是这三点的综合，使他们成为中国近现代思想史上的最伟大人物。但是，他们还不是世界性的大思想家。正如别林斯基在评论普希金是俄罗斯伟大作家时所说，普希金虽然具有与世界上任何大师相比也毫不逊色的创作才能，但他的创作却仍然不可能与莎士比亚、拜伦、席勒、歌德相比，他的作品内容的深度和广度还不够用这种世界性的尺度来衡量，他还不能产生真正世界性的巨大影响。这是因为俄罗斯民族当时还未真正走进世界的缘故。中国近现代也是如此。因此，当中国作为伟大民族真正走进了世界，当世界各处都感受到它的存在影响的时候，正如英国产生莎士比亚、休谟、拜伦，法国产生了笛卡尔、帕斯噶、巴尔扎克，德国产生了康德、歌德、马克思、海德格尔，俄国产生了托尔斯泰、陀思妥耶夫斯基一样，中国也将有它的世界性的思想巨人和文学巨人出现。这大概要到下个世纪了。

我愿为明天的欢欣而努力铺路。

（《中国现代思想史论·后记》，1986 年）

卷六　美学

有意味的形式

1

美是自由的形式。……

真正的自由必须是具有客观有效性的伟大行动力量。这种力量之所以自由，正在于它符合或掌握了客观规律。只有这样，它才是一种"造形"——改造对象的普遍力量。孔子说，"从心所欲不逾矩"，庄子有庖丁解牛的著名故事，艺术讲究"无法而法，是为至法"，实际都在说明无论在现实生活或艺术实践中，这种在客观行动上驾驭了普遍客观规律的主体实践所达到的自由形式，才是美的创造或美的境界。在这里，人的主观目的性和对象的客观规律性完全交融在一起，有法表现为无法，目的表现为无目的（似乎只是合规律性，即目的表现为规律），客观规律、形式从各个有限的具体事物中解放出来，表现为对主体的意味……，于是再也看不出目的与规律、形式与内容、需要与感受的区别、对峙，形式成了有意味的形式，目的成了无目的的目的性，"上下与天地同流"，"大乐与天地同和"。要达到这一点，无论从人类说或从个体说，都需要经过一个漫长的实践奋斗的现实历程。艺术家要达到"无法而法"，就得下长期的苦功夫，那更何况其他更根本的实践？所以，自由（人的本质）与自由的形式（美的本质）并不是天赐的，也不是自然存在的，更不是某种主观象征，它是人类和个体通过长期实践所自己建立起来的客观力量和活动。就人类说，那是几十万年的积累；就个体说，那也不是一朝一夕的功夫。自由形式作为美的本质、根源，正是这种人类实践的历史成果。

（《美学四讲》，1989 年）

2

人的审美感受之所以不同于动物性的感官愉快，正在于其中包含有观念、想象的成分在内。美之所以不是一般的形式，而是所谓"有意味的形式"，正在于它是积淀了社会内容的自然形式。所以，美在形式而不即是形式。离开形式（自然形体）固然没有美，只有形式（自然形体）也不成其为美。

……正因为似乎是纯形式的几何线条，实际是从写实的形象演化而来，其内容（意义）已积淀（溶化）在其中，于是，才不同于一般的形式、线条，而成为"有意味的形式"。也正由于对它的感受有特定的观念、想象的积淀（溶化），才不同于一般的感情、感性、感受，而成为特定的"审美感情"。

（《美的历程》，1981 年）

3

各种形式结构，各样比例、均衡、节奏、秩序，亦即形成规律和所谓形式美，首先是通过人的劳动操作和技术活动（使用—制造工具的活动）去把握、发现、展开和理解的。它并非精神、观念的产物。它乃是人类历史实践所形成所建立的感性中的结构，感性中的理性。正因为如此，它们才可能是"有意味的形式"。

人也正是通过这种种形式结构、规律的发现和把握，获得了巨大的物质力量，于是人不再是自然生物界的简单成员，而成了它的主宰。人在这形式结构和规律中，获得了生存和延续，这就正是人在形式美中获有安全感、家园感的真正根源。……对形式的把握，形式美的出现，标志着目的性与规律性相统一，是人类生存、发展史中（不仅是艺术史中）的最大事件。

（《美学四讲》，1989 年）

4

可见，在我看来，"抽象"的出现，形式美的来由或根源仅仅从现代艺术品出发，归结为某种观念意识、精神特征，如沃林格那样，是本末倒置了。抽象和形式美的来由和根源仍然在远古的人类劳动操作的生产实践活动之中。在这种活动所主动造成的各种形式结构（工具和使用工具的活动的结构、人群协同组织的结构等等）和各种因果系列中，从而不同于动物，并在动物世界的生存竞争中居于优越地位。另方面，外在自然世界的杂多、变换、混乱、无秩序，通过这种活动，获得了整理、澄清和安顿，使自然界的规律性和秩序性日益呈现出来，而且能成为人的意识（认识）对象。例如，节奏便是使生产、生活和不同对象从其具体形态中抽离出来而均等化、同质化，从而建立秩序的基本形式。比例、均衡、对称是人用以处理（实践）从而理解（认识）客观世界的基本规范。总之，各种形式结构，各样比例、均衡、节奏、秩序，亦即形式规律和所谓形式美，首先是通过人的劳动操作和技术活动（使用—制造工具的活动）去把握、发现、展开和理解的。它并非精神、观念的产物。它乃是人类历史实践所形成所建立的感性中的结构，感性中的理性。正因如此，它们才可能是"有意味的形式"。

人也正是通过这种种形式结构、规律的发现和把握，获得了巨大的物质力量，于是人不再是自然生物界的简单成员，而成了它的主宰。人在这形式结构和规律中，获得了生存和延续，这就正是人在形式美中获有安全感、家园感的真正根源。上述农业社会原始陶器的抽象纹饰美，充分表达了这一点。它们实际上也正是现代艺术的形式主义者所特别着重却又无法正确解释的普遍性的审美感受的真正根源。对形式的把握，形式美的出现，标志着目的性与规律性相统一，是人类生存、发展史中（不仅是艺术史中）的最大事件。

（《美学四讲》，1989 年）

5

《周易》这种认为自然与人事只有在运动变化中存在的看法，即"生成"的基本观点，也正是中国美学高度重视运动、力量、韵律的世界观基础。整个天地宇宙既然存在于它们的生生不息的运动变化中，美和艺术也必须如此。

……中国之所以讲究"线"的艺术，正因为这"线"是生命的运动和运动的生命。所以中国美学一向重视的不是静态的对象、实体、外貌，而是对象的内在的功能、结构、关系；而这种功能、结构和关系，归根到底又来自和被决定于动态的生命。……《周易》这种天人同构的运动世界观，显然把孟子强调道德生命的气势美，经过荀学的洗礼后，提到了宇宙普遍法则的高度，成为儒家美学的核心因素，它也是儒家美学的顶峰极致。

……《周易》说："天下至动而不可乱也。""至动而不可乱"即是在各种运动变化中，在种种杂乱对立中，在相摩相荡中，仍然保持着自身的秩序。华人和华夏艺术的美的理想正是如此。它不求凝固的、不变的永恒，而求动态的平衡、杂多中的和谐、自然与人的相对应而一致，把它看作是宇宙的生命、人类的极致、理想的境界、"生成"的本体。

（《华夏美学》，1988 年）

6

自然界本无纯粹的线，正如没有纯粹的乐音一样。线是人创造出来的形象的抽象，即它脱离开了具体的事物图景（体积、面积、质量、形状、面貌等），但它之脱离开具体事物的具体形象，却又恰恰是为了再现（表现）宇宙的动力、生命的力量，恰恰是为了表现"道"，而与普遍性的情感形式相吻合相同构。

（《华夏美学》，1988 年）

7

中国美学的第二个特征是线的艺术。中国的艺术是线的艺术。其实这是乐为中心这个特征的延伸。因为音乐是在时间中流动的，是表情的。线实际上是对音乐的一种造型，使它表现为一种可视的东西。从这个意义上讲，线就是音乐。宗白华先生在《美学散步》中说，音乐、舞蹈、书法是中国艺术的基本形式，我是同意这个看法的。这一点自古以来就与西方不一样。古希腊是悲剧；文艺复兴时期，莎士比亚的戏剧，塞万提斯的小说，达·芬奇、拉斐尔的画，都是再现的，都不脱离希腊。中国则强调表情，讲究节奏、韵律、味道。中国陶瓷上的花纹也很值得研究，那是一种流动线条美。像龙山、大汶口、马家窑、半山、马厂等陶器的流动的线条，确实给人一种音乐感。它有节奏，有韵律。所以我把它称为净化了的线条。这是一种净化了的情感的造型形体，也就是经过提炼和抽象而构成的，它离开了对实际对象的模拟和再现。这是中国艺术一个很大的特点。

（《走我自己的路·关于中国美学史的几个问题》，1981 年）

8

在审美感知中，你经常随对象的曲直、大小、高低、肥瘦、快慢……等形式、结构、运动而自觉不自觉地作出模拟反应。……

格式塔心理学家则把这种现象归结为外在世界的力（物理）与内在世界的力（心理）在形式结构上的"同形同构"，或者说"异质同构"，就是说质料虽异而形式相同，它们在大脑中所激起的电脉冲相同，所以才主客协调，物我同一，外在对象与内在情感合拍一致，从而在相映对的对称、均衡、节奏、韵律、秩序、和谐……中，产生美感愉快。一切所谓"移情"、所谓"通感"、所谓"共鸣"非他，均此之谓也。（参看 R·阿海姆《艺术与视知觉》《艺术心理学试论》）而这也就是艺术家们所非常熟悉、所经常追求、在美学中占有重要地位的"形式感"。它比起那种单纯感官快适，对美感来说当然更为重要，它"表现"的是远为复杂多样的运动感受。不是吗？曲线使人感到运动，直线使人感到挺拔，横线使人感到平稳；红色使人感到要冲出来，蓝色使人感到要退回去；直线、方形、硬物、重音、狂吼、情绪激昂是一个系列，曲线、圆形、软和、低声、细语、柔情又是一种系列。"其得于阳与刚之美者，则其文如霆如电，如长风之出谷，如崇山峻崖，如决大川，如奔骐骥，其光也如杲日，如火，如金镠铁……其得于阴与柔之美者，则其文如升初日，如清风，如云，如霞，如烟，如幽林曲涧……"（姚鼐）我不知道你读不读古文，这段文章是写得相当漂亮的，它没有科学的论证，但集中地、淋漓尽致地把对象与情感（感知）相对应、具有众多"异质同构"的两种基本的形式感说出来了。

（《走我自己的路·关于中国美学史的几个问题》，1981 年）

9

正是在这种有节奏、有秩序的操作实践中，人开始拥有和享受自己作为主体作用于外界的形式力量（forming force）的感受。这即是说，节奏等等形式规

卷六　美学◎有意味的形式 ｜ 203

则成了人类主体所掌握、使用的形式力量，这就是所谓"形式感"（the sense of form）的真正源起。……

这种普遍性的形式感却是通过众多特殊操作的肢体运作的感受中，人们概括地掌握并普遍地应用于对象世界不断取得成功才获得的。从外在能力说，这是人类由使用—制造工具所获得而拥有的技艺，即"度"的工具——社会本体力量的诞生和扩展；从内在心理说，这是构成人性能力的心理—情感本体力量的诞生和扩大。这便是人的"自由"的开始。

（《实用理性与乐感文化·论实用理性与乐感文化》，2004 年）

10

可见，历史本体论谈论的"自由"，是人类生存本源意义上的人性能力，并强调它在起源上与人所拥有的形式力量和形式感受相关。形式力量是人类活动中所产生、所获得、所拥有的一种物质性的规范、造就、制成对象的力量。也由于此，这种力量所具有的普遍必然性（可以施加和适用于众多对象和境况）使人本有的生物潜能（体力、视力、听力、估计能力等等）得到了远超于其他动物族类的极大发展，而开始造成质的差异。人性能力出自这个来源于操作—实践却又概括成长起来的造型力量。它不仅优越于人类任何特殊的经验本身，也优越于任何具体的"度"。而这，就是由"度"到"美"。1962 年我在《美学三题议》中说，美是"自由的形式"，就是这个意思。任何具体的操作、活动均有具体的规律和目的，"自由"正是突破了种种具体而狭隘的规律性（客观活动）和狭窄的功利性（主观欲求），才成为"无概念的普遍性"和"无目的的目的性"，即美。在这里，人类主体力量表现在被掌握了的普遍必然的规律如节奏、对称、均衡、秩序……中。它由技术（尚局限在特定范围）到舞蹈（形式感的自由运用），由物质（实践操作活动）到精神（心理的自由愉悦）。

（《实用理性与乐感文化·论实用理性与乐感文化》，2004 年）

11

"度"是"美"的基石，还不是"美"本身。美是"度"的自由运用，是人性能力的充分显现。人对形式力量如节奏、比例、次序、对称、均衡等等的运用，通过物质工具和操作活动的多样性，开拓了广漠无垠的驰骋天地，这才是美。正是在"度"的基础上，这种人自由运用形式力量所取得的生存和延续，使"度"作为人的本体性得到了真正的巩固和展示。"度"还是"技"，"美"才是"艺"。"艺"之所以高于"技"，在于它是"技"的自由运用。庄子那个庖丁解牛的著名故事说的就是这个由技到艺的过程。舞蹈之不同于杂技，也在于此。观赏者对杂技的观赏主要是对表演某项技能的惊叹赞服，而非对艺术的自由形式的观赏愉悦。舞蹈将技能（不止一种）抽象而普遍化，亦即自由运用形式技能（不局限于特定项目或境遇）再加上与"内容"性的情感、想象各种心理功能相交织，才构成审美愉悦。

……

只有"度"摆脱了其具体目的和规律而成为人所掌握而普遍应用的自由形式时，它才是美。

（《实用理性与乐感文化·论实用理性与乐感文化》，2004 年）

12

（我）仍然认为美的本质和人的本质不可分割。离开人很难谈什么美。我仍然认为不能仅仅从精神、心理或仅仅从物的自然属性来寻找美的根源，而要用马克思主义的实践观点，从"人化的自然"中来探索美的本质或根源。如果用古典哲学的抽象语言来讲，我认为美是真与善的统一，也就是合规律性和合目的性的统一。所谓社会美，一般是从形式里能看到内容，显出社会的目的性。在合目的性和合规律性的统一中，更多表现出一种实现了的目的性，功利内容直接或间接地显现出来。其实也就是康德所讲的依存美。但还有大量看不出什么社会内容的形式美、自然美，也就是康德讲的纯粹美。这可说是在合规律性与合目的性的统一中，更多突出了掌握了的规律性。但无论哪一种美，都必须有感性自然形式。一个没有形式（形象）的美那不是美。这种形式就正是人化的自然。这两种美都应该用马克思讲的"人化的自然"来解释。

（《李泽厚哲学美学文选·美学的对象与范围》，1980 年）

13

在我看来，原始陶器的抽象几何纹饰，正是当时人们在精神上对农业生产所依赖的自然稳定秩序的反应，它实际表现的是一种稳定性、程序性、规范性的要求、实现和成果。这个所谓"封闭"、"永恒"、"宁静"、"超越具体时空和现实世界"等等，恰恰意味着一个豕突狼奔的狩猎时代的彻底结束，一个稳定生存、安居乐业的农业社会的成熟、巩固和提高。因此，这种"抽离"恰好表现了农业社会生产劳动与自然相协同的秩序性、规范性、节奏性和韵律性（至于原始几何纹饰中或流畅或凝冻的不同形态，则反映着原始社会所经历的不同阶段或形态，其中不同的社会统治秩序，如有无严厉的等级秩序、压迫杀戮等等，便造成各种具体不同的抽象。参阅《美的历程》第 1、2 章）。

（《美学四讲》，1989 年）

14

人也正是通过这种种形式结构、规律的发现和把握，获得了巨大的物质力量，于是人不再是自然生物界的简单成员，而成了它的主宰。人在这形式结构和规律中，获得了生存和延续，这就正是人在形式美中获有安全感、家园感的真正根源。上述农业社会原始陶器的抽象纹饰美，充分表达了这一点。它们实际上也正是现代艺术的形式主义者所特别着重却又无法正确解释的普遍性的审美感受的真正根源。对形式的把握，形式美的出现，标志着目的性与规律性相统一，是人类生存、发展史中（不仅是艺术史中）的最大事件。

（《美学四讲》，1989 年）

15

总之，格式塔心理学派用主客观的同构学说来解释审美性质的根源和来由，指出一定的形式结构，因为同构感应，引发人们特定的知觉情感，从而具有审美素质。应该说，这是有一定道理的。但其缺点是把人生物化了，因为动物也可以有这种同构反应。牛听音乐能多出奶，孔雀听音乐能开屏，它们也感到"愉快"。但人听音乐感到愉快与牛听音乐能多出奶的"愉快"，毕竟有根本的不同。人能区别莫扎特与贝多芬，能区别中国民歌和意大利歌剧，从中分别得到不同的美感，而牛大概就不行。

为什么不行？

这个问题相当复杂。真正科学地解决这个问题，需要心理学、语言学、文化人类学、发生认识论等各种学科的相互协作、长期研究才有可能。现在似乎只能从哲学上指出一点，即人的这种生物性的同构反应乃是人类生产劳动和其他生活经历、教育熏陶、文化传统的原由。就人类来说，它是通由长期的生活实践（首先是劳动生产的基本实践），在外在的自然人化的同时，内在自然也日渐人化的历史成果。亦即在双向进展的自然人化中产生了美的形式和审美的形式感。只有把格式塔心理学的同构学说建立在自然人化说即主体性实践哲学（人类学本体论）的基础上，使"同构对应"具有社会历史的内容和性质，才能进一步解释美和审美诸问题。

（《美学四讲》，1989 年）

16

中国艺术有两个明显的特点：其一，抽象具象之间。你说它是抽象吧，它又并不完全抽象，有一定的形象。你说它是具象吧，它又不是非常具象，带有一定的抽象的味道。其二，表现再现同体。这就是说，既是表现的，又是再现的。所以我用两句话来概括：抽象具象之间，表现再现同体。这跟现代派不完全一样。现代派完全是抽象的。中国的画，像齐白石、八大山人等的作品，还具有一定的模拟形象的，但这些形象不像工笔画那么具体细致，所以有点抽象的味道。但说它是表现，却又有点再现、模拟的味道。是人，是树，是鸟，是山，并不难分辨。春天的山不至于变成冬天的。但是，要说清它具体的时间是上午还是下午，是什么树，是什么鸟。是多少年纪的人，那就很困难了。在西方传统画里，不同时间的太阳，阴影各不一样。中国画里没有什么阴影。因为从长久的历史的观点来看，个别的暂时的现象是没有什么关系的，不重要的。你画个阴影干什么呢？所以说在中国艺术中，想象的真实大于感觉的真实。

（《走我自己的路·关于中国美学史的几个问题》，1981 年）

17

何谓"形象"？我想一般是指生活中各种现实存在的或幻想变形的具体物像：山水花鸟，人物故事，体貌动作以及妖魔鬼怪等等。何谓"抽象"？则大概是指非此类具体物象的形体状貌，如线条、色彩、音响等等。足见，"抽象"也者，并非无形体无物质结构之谓。园林里的怪石耸立，寺庙中的香烟缭绕，沙丘风迹，屋漏雨痕……均为有形之物，而与形体全无的思辨抽象不同。思维抽象也有其物质载体的形状符号，书法与它们的不同在于：作为思维抽象的物质形体的符号、记号（从大街上的红绿灯到纸上的数学公式、化学方程……），指示的是一些确定的观念、意义、判断、推理……；而书法及其他作为艺术作品的"抽象"却蕴含其全部意义、内容于其自身。就在那线条、旋律、形体、痕迹中，包含着非语言非概念非思辨非符号所能传达、说明、替代、穷尽的某种情感的、观念的、意识和无意识的意味。这"意味"经常是那样的朦胧而丰富，宽广而不确定……，它们是真正美学意义上的"有意味的形式"。这"形式"不是由于指示某个确定的观念内容而有其意味，也不是由于模拟外在具体物象而有此意味。它的"意味"即在此形式自身的结构、力量、气概、势能和运动的痕迹或遗迹中。书法就正是这样一种非常典型的"有意味的形式"的艺术。

（《走我自己的路·略论书法》，1986 年）

书法的美本是独立的，并不依存于其作为汉字符号的文字内容和意义；所以，断碑残简，片楮只字，仍然可以具有极大的审美价值。不过，中国人的审美趣味却总是趋向综合，小说里有诗词，画面中配诗文，诗情又兼画意，戏曲更是如此：集歌、舞、音乐、文学于一炉；即使手工艺品，也以古董为佳，因为除欣赏其技艺外，还可发思古之幽情。总之，似乎在各种艺术的恰当的彼此交叠中，可以获得更大的审美愉快。书法何不然？挂在厅室里的条幅一般不会是无意义的汉字组合，而总兼有一定的文学的内容或观念的意义。人们不唯观其字，而且赏其文，品其意，而后者交织甚至渗透在前者之中，使这"有意味的形式"一方面获得了更确定的观念意义，另方面又不失其形体结构势能动态的美。两者相得益彰，于是乎玩味流连，乐莫大焉。

（《走我自己的路·略论书法》，1986 年）

以美启真

19

科学中，最合规律的经常便是最美的，你不常听到科学家们要赞叹：这个证明、这条定理是多么美啊。有位著名的科学家说，如果要在两种理论———一种更美些，一种则更符合实验——之间进行选择的话，那么他宁愿选择前者（《国外社会科学》1980 年第 1 期第 26 页）。这不是说笑话，里面有深刻的方法论问题。有趣的是，科学家不仅在自己的抽象的思辨、演算、考虑中，由于感受、发现美（如对称性、比例感、和谐感）而感到审美愉快，而且它们还经常是引导科学家们达到重要科学发现、发明的桥梁：由于美的形式感而觉察这里有客观世界的科学规律在。宇宙本就是如此奇妙，万事万物彼此相通，它们经常遵循着同样的规则、节律和秩序，作为万物之灵的人类，通过漫长的历史实践，正日益广泛地领会着、运用着、感受着它们，通过科学和艺术，像滚雪球似地加速度地深入自然和生活的奥秘，这里面不有着某种哲理吗？这里不需要哲学来解释吗？我想，如果中国哲学"天人合一"（自然与人的统一）的古老词汇，经过马克思主义实践哲学的改造，去掉神性的、消极被动的方面，应用到这里，应用到美学，那也该是多么美啊。你不会以为我在说胡话吧，别忙于表态，再仔细想想，如何？

（《走我自己的路·审美与形式感》，1981 年）

好些大物理学家喜欢谈论"科学美"，他们甚至说，宁肯相信自己的美感即上述的直觉形式感（如节奏、对称、均衡、比例、简单、次序），而不相信实验室的经验数据。为什么？也就是因为这种种形式感与宇宙的存在有深刻的关连。这个存在超出了上节所讲的辩证范畴所涉及的存在层。那个存在层只是文化心理结构中特别是处理人际关系的理性认知和人类智慧，是作为主体的人用以引导自己的认识而加在客体对象上的理性工具。这里所说的存在和形式感并不是理性工具，而是直接与感性交融混合的类比式的情感感受，这种感受是一种审美感受。它的特点是与对象世界具有实际存在的同一性。它是与宇宙（cosmos，秩序）同一的"天人合一"。因之，这说不清道不明的审美感受或领悟，反而比那说得清道得明的逻辑规则和辩证智慧更"超出一头"。这就是我所谓"自由直观"或"审美优于理性"。

"优"在何处？"优"在发现真理，"以美启真"。

（《实用理性与乐感文化·论实用理性与乐感文化》，2004 年）

技术对科学的推动不仅表现在工具—社会本体层面，即技术创新和发明刺激科学的发现；而且也表现在心理—情感本体层面，这就是上述技术发明和创新中的形式感对科学家的刺激和吸引。

（《实用理性与乐感文化·论实用理性与乐感文化》，2004 年）

22

艺术通过形式感的自由开拓可以引导、启发科学去感受和发现新天地，去发现宇宙自然中的新秘密。逻辑—数学在某种意义上说是使人心机械化，即以某些固定的秩序、规律、程序来统领支配人的思想、语言、活动，并以之规范、引导和表达非理性的本能、欲念和需要。这就是"理性的内化"。科学和技术是这种人心机械的物态化或物化。这对人类是必要和有益的，它是人性构成的一个方面。而艺术则主要通过审美和情感冲出和破坏这种"人心机械化"而进行新的感受、创造和自由直观，这是人性构成的另一方面。这就是教育既需要科学，也需要审美，人类既需要数学，也需要艺术，而我一开始就将"理性内化"与"自由直观"同时并提的重要原因。

（《实用理性与乐感文化·论实用理性与乐感文化》，2004 年）

23

实用理性的"逻辑"之所以把"以美启真"作为非常重要的课题，是为了说明，不仅个体的人的存在，而且他（她）的心理以及感知，都不是理性所能全部占有。人作为生物，其生存意志和本能欲望，即使被理性和社会逐入心理的无意识层，也仍然活跃生动。它不断渗透、干预、参与意识层面的工作和活动。从而使个体的生存及其感受，永远具有非机器所能替代的个性特征。由个体感受上升为普遍真理的创造发明的心理和逻辑，亦即判断力特别是审美判断力是 Kant 所说的不可教授的"天赋能力"，实用理性认为它是人类文化心理结构即人性积淀或人性能力中最为活跃的部分。正是它，引导走向实现和完成个体自身的潜能，实现生命的最终价值。自然人化论和实践美学之所以最后落脚为多项心理功能的复杂结构体，我称之为不断生成、变异和积累的文化心理积淀的"审美方程式"或审美"双螺旋"（double helix）。它不只有美学、艺术的意义，而更在于它具有人和宇宙自然共在的本体论的性质。"审美方程式"或"双螺旋"作为人的心理的最终构成（"成于乐"），在于它把"人和宇宙共在"联成了一体。这也就是美学为何成了历史本体论的"第一哲学"的原由。

（《实用理性与乐感文化·论实用理性与乐感文化》，2004 年）

24

……经验成功和习惯并不一定能产生秩序感，秩序和秩序感也不是经验成功的充分或必要条件。秩序感是某种具有概括性质的个体主观感受，与个性的偶然关系很大而不是具有普遍性的客观方法或逻辑推论。所以"美"只能"启真"，而不就是"真"，"真"还必须经过严格的逻辑推论和数学演证才能得到。

形式感受很重要。新的秩序感可以发现（实际是发明）新规律。比起实验室的经验数据来，科学家们常常更看重这种可以作为原创推动力的新感受，即由直觉所"发现"的新秩序。这是一个极有意思却难以解答的问题。

（《哲学纲要·认识论纲要·答问》，2010 年）

25

我曾将情感粗分之为由内而外、由情而感曰"情感"（相当于 emotion，如艺术创作）和由外而内、由感而情曰"感情"（feeling，如艺术欣赏）。前者多由内在生理需求引发，后者多由感官接受外物引发，二者又互相渗透交织而错综多端。它与理知认识的关系也如此。凡此种种现仍处在一团混沌中，不知多少年后才有科学的某种答案。所以，情感、感情二词我也仍是同义使用。至于它们与秩序感的关系，便更是复杂了。

所谓秩序感也就是我以前讲过的形式感（the sense of form）。Dewey 说"自然节奏与自然规律是同义词"，举出了四季循环、昼夜更替、潮涨潮落、月缺月圆、呼吸循环、心脏跳动等等一大堆自然、生命、人事、环境之间的各种"节奏"，以及重轻、大小、动静、推拉、胀缩、升降……等等规律。这都是形式感或秩序感。Dewey 讲小孩由动物式的 play 转到人的 game，就是因为后者有一定的秩序、规则，在其中寻求各种变化觉得更好玩更有趣，它也更激发和培育小孩的心智能力。这与我所讲的"理性内构"的第三形式约略相当。它的特点是与"理性融化"（审美）联系在一起。它使游戏的动物本能和游戏中的动物性的情感加进了理性的控制和规范，而形成人所特有的情理结构。人的各类游戏都有其规则，也就是秩序。诗文书画亦然。今天人们仍多愿作曾被讥为"带着镣铐跳舞"七律而不作自由体白话诗，觉得前者更有兴味，大概也是如此。所以，秩序感虽是"感"，却已经有理知和概念渗入融化于其中。该"理"在这里是渗透和融化，不同于前面所说逻辑—数学形式和观念—范畴形式的"理性内构"的理知认识。

（《哲学纲要·认识论纲要·答问》，2010 年）

26

音乐奇妙之处，是既可以表示最原始的意绪情欲，也可以表达最深沉的哲理情感。其间差距极大。绘画从小儿式的执笔涂鸦到伟大画家的成熟作品，其中秩序感的差异也不可以道里计。共同处正是后者将深刻的理知融化在情感之中而成为新的感知秩序。音乐以其音响（乐音、自然声、颤音、震音、和声……）、节奏、旋律、复调等等，人为地创造着一个多么丰富复杂而又不断复杂变化的秩序世界，强烈地影响和塑造着人的心灵。

［问：从认识论说，秩序感之所以与"以美启真"有关，是由于人们以美去"发现"（实际是发明）宇宙 cosmos 的秩序有关？这也是你要概括在"自然的人化"和"人的自然化"哲学中的命题？］

也是"人性"的具体内容。人性是既积淀又开放的过程。秩序感不只是人的自然生命与自然环境的协调同在，而且更是"理性内构"与"理性融化"的交汇。我以前谈过一些伟大的理论物理学家酷爱音乐，其中大概有某种道理，这道理可能就与创造秩序感有关。

（《哲学纲要·认识论纲要·答问》，2010 年）

生命之美

27

在走向一个交往日益频繁密切的世界文化的交会中，中国传统如何吸取西方宗教和艺术中那种痛苦悲厉的深刻感受，来补充和加深加强自己的生命力量，便是在培育塑造悦志悦神的审美能力所应特别重视的现代课题。其中，特别需要强调的是，中国传统的"天人合一"将不再是古典式的和谐宁静，而将是一个充满了冲突、苦难、争斗的过程；"天人合一"不再只是目的，而且也是过程。

（《美学四讲》，1989 年）

28

再过一两百年，也许能在世界范围内基本和逐渐解决物质匮乏、吃饱穿暖的问题，于是人类往何处去？即人类命运问题，个体寻觅其存在意义问题，等等，不也就变得更为突出了吗？人被一个自己制造出来并生存于其中的庞大的机器包围着、控制着，什么是真正的自己呢？凡此种种均足见随着现代科技的高度发展，文化心理问题愈来愈显得重要，将日益成为未来世界要求思考的课题。哲学应该看得远一点，除了继续研究物质文明中的许多问题外，应该抓紧探究文化心理问题。把艺术和审美与陶冶性情、塑造文化心理结构（亦即建立心理本体）联系起来，就可以为发展美学开拓一条新路。

（《美学四讲》，1989 年）

29

总之，如何使社会生活从形式理性、工具理性（Max Weber）的极度演化中脱身出来，使世界不成为机器人主宰、支配的世界，如何在工具本体之上生长出情感本体、心理本体，保存价值理性、田园牧歌和人间情味，这就是我所讲的"天人合一"。这个"天人合一"不仅有"自然的人化"，而且还有"人的自然化"。这恰好是儒道互补的中国美学精神。所以，我说的"天人合一"和一些人讲的"天人合一"又不一样。我讲的"天人合一"，首先不是指使个人的心理而首先是使整个社会、人类从而使社会成员的个体身心与自然发展，处在和谐统一的现实状况里。这个"天人合一"首先不是靠个人的主观意识，而是靠人类的物质实践，靠科技工艺生产力的极大发展和对这个发展所作的调节、补救和纠正来达到。这种"天人合一"论也即是自然人化论（它包含自然人化与人自然化两个方面），一个内容、两个名词而已。

（《美学四讲》，1989 年）

30

把本来是人的形体生理的概念当作美学和文艺尺度，相当清晰地表现了重视感性生命的儒道互补：以生命为美，以生命呈现在人体自然中的力量、气质、姿容为美。

（《华夏美学》，1988 年）

31

深情、执著、温柔含蓄，成了华夏美学的标准尺度。它承继着儒家诗教的"温柔敦厚"，却又突破而补充着它。这是应该从魏晋算起的。

（《华夏美学》，1988 年）

32

什么叫原始积淀？原始积淀，是一种最基本的积淀，主要是从生产活动过程中获得，也就是在创立美的过程中获得，即由于原始人在漫长的劳动过程生产过程中，对自然的秩序、规律，如节奏、次序、韵律等等掌握、熟悉、运用，使外界的合规律性和主观的合目的性达到统一，从而才产生了最早的美的形成和审美感受。也就是说，通过劳动生产，人赋予物质世界以形式，尽管这形式（秩序、规律）本是外界拥有的，但却是通过人主动把握"抽离"作用于物质对象，才具有本体的意义的。虽然原始人群的集体不大，活动范围狭隘，但他（她）们之所以不同于动物的群体，正在这种群体是在使用、制造工具的劳动生产过程中建立起来的"社会"关系。只有在这种社会性的劳动生产中才能创建美的形式。而和这种客观的美的形式相对应的主观情感、感知，就是最早的美感。它们也是积淀的产物：即人类在原始的劳动生产中，逐渐对节奏、韵律、对称、均衡、间隔、重叠、单复、粗细、疏密、反复、交叉、错综、一致、变化、统一、升降等等自然规律性和秩序性的掌握、熟悉和运用，在创立美的活动的同时，也使得人的感官和情感与外物产生了同构对应。动物也有同构对应。但人类的同构对应又由于主要是在长期劳动活动中所获得和发展的，其性质、范围和内容便大不一样，

在生物生理的基础上，具有了社会性。这种在直接的生产实践的活动基础上产生的同构对应，也就是原始积淀。

（《美学四讲》，1989 年）

33

所谓积淀，本有广狭两义。广义的积淀指所有由理性化为感性、由社会化为个体、由历史化为心理的建构行程。它可以包括理性的内化（智力结构），凝聚（意志结构）等等，狭义的积淀则是指审美的心理情感的构造。这里所述之积淀均属狭义范围。

积淀既由历史化为心理，由理性化为感性，由社会化为个体，从而，这公共性的、普遍性的积淀如何落实在个体的独特存在而实现，自我的独一无二的感性存在如何与这共有的积淀配置，便具有极大的差异。这在美学展现为人生境界、

生命感受和审美能力（包括创作和欣赏）的个性差异。这差异具有本体的意义，即那似乎是被偶然扔入这个世界，本无任何意义的感性个体，要努力去取得自己生命的意义。这意义不同于机器人的"生命意义"，它不能逻辑地产生出来，而必需由自己通过情感心理来寻索和建立。所以它不只是发现自己，寻觅自己，而且是去创造、建立那只能活一次的独一无二的自己。人作为个体生命是如此之偶然、短促和艰辛，而死却必然和容易。所以人不能是工具、手段，人是目的自身。

（《美学四讲》，1989 年）

34

于是，回到人本身吧，回到人的个体、感性和偶然吧。从而，也就回到现实的日常生活中来吧！不要再受任何形上观念的控制支配，主动来迎接、组合和打破这积淀吧。艺术是你的感性存在的心理对应物，它就存在于你的日常经验中，这即是心理—情感本体。在生活中去作非功利的省视，在经验中去进行情感的净化，从而使经验具有新鲜性、客观性、开拓性，使生活本身变而为审美意味的领悟和创作，使感知、理解、想象、情欲处在不断变换的组合中，于是艺术作品不再只是供观赏的少数人物的产品，而日益成为每个个体存在的自我完成的天才意识。个体先天的潜力、才能、气质将充分实现，它迎接积淀、组建积淀却又打破积淀。于是积淀常新，艺术常新，经验常新，审美常新；于是，情感本体万岁，新感性万岁，人类万岁。

（《美学四讲》，1989 年）

35

人的本质通过漫长而苦难的各种异化历程而成长、前进，中世纪的宗教、政治的异化，资本主义的经济、科技和心理的异化，只有美和审美经常作为异化的对抗物而出现和存在。人只有在美的王国中才真正是自由的。美和审美作为人类历史的感性成果，艺术作为打开了的这种心灵书券，它们鲜明地暴露出一个久被忽视、失落和缺失的由物质实践过渡到文化符号的中介环节。这个环节乃是"积淀"。"积淀"或将成为今后的哲学和美学的一个重要课题。

它可能提供一个社会与个体、理性与感性、历史与心理的统一如何可能的中介。

（《李泽厚哲学美学文选·美学的对象与范围》，1980 年）

36

所谓艺术作品的"意味层"，即包括它们，亦即它是指艺术作品的形象层、感知层的"意味"和"有意味的形式"中的"意味"。这"意味"不脱离"感知"、"形象"或"形式"，但又超越了它们。其超越处在于它既不只是感知的人化，也不只是情欲的人化，不只是情欲在艺术幻相中的实现和满足。而是第一，它所人化的是整个心理状态；从而第二，它有一种长久的持续的可品味性。为什么有些作品可以轰动一时争相传阅，而时日一过便被人遗忘？为什么有些作品初次接触时使人兴奋激动和满足，再读却已索然无味，有些作品则长久保持其生命力量？为什么大量的商业电影（娱乐片）装饰艺术看过便忘，而卓别林却长留记忆？

唐诗、宋词，可以百读不厌，《红楼梦》《安娜·卡列尼娜》还想再看一回，听《命运》《悲怆》亦然。这些文艺作品似乎可以让人捉摸不透，玩味无穷。在这无穷的玩味中便作用于、影响于你整个心灵。情欲是一时的，满足了便完事，动物食饱弃余，某些诉诸感知和情欲的"艺术"品便有类似处，但艺术作品的意味层却不是这样。成功的作品之有持久性，从审美讲，就在这意味层。意味层似乎构成艺术批评的重要原则，但是原则如何实现和具体化，便是艺术哲学、文艺理论所应研究的科学课题。

（《美学四讲》，1989 年）

37

我曾分"积淀"的广狭两义。广义的"积淀"指不同于动物又基于运动生理基础的整个人类心理的产生和发展。它包括"理性的内化"即作为认识功能的诸知性范畴、时空直观等等；它包括"理性的凝聚"，即人的行为、意志的感性现实活动中的伦理道德（均见诸《主体性论纲》）。而狭义的"积淀"则专指理性在感性（从五官知觉到各类情欲）中的沉入、渗透与融合（见《美学四讲》）。前二者（认识功能、道德意志）因为主要是理性在建造、主宰、控制着感性，尽管语言不同，各种生存状况、时空条件不同，但为了同一生存（衣食住行），其人类普遍性非常突出。传统中国没有"名学"（形式逻辑），中国人的思维仍然遵守同一律、矛盾律；尽管各种伦理道德有巨大的差异甚至冲突（例如我举过的杀老与尊老、守贞与开放），但其心理形式即由理性观念主宰着感性行为的"自由意志"，又是共同的。文化的差异常常只具有表面意义。

狭义的"积淀"即审美，却有所不同。它常常直接呈现为人整个"情理结构"即整个心理状态，而不限于认识和行为。从而由各不相同的文化（民族、地区、阶层）所造成的心理差异，即理性与感性的结构、配合、比例，便可以颇不相同。这是一个尚待开发的课题，特别应是当今比较文学艺术研究的一个新的出口。

（《历史本体论》，2001 年）

38

这种能超越生死的道德境界的培育，既不依赖于"对上帝的供献"或"与神会通"以获得灵魂的超升和迷狂的欢乐，那么就只有在通由与全人类全宇宙相归属依存的某种目的感（天人合一）中吸取和储备力量。"民吾同胞，物吾与焉"，"仁即天心"，在这种似乎是平凡淡泊的"存吾顺事，殁吾宁也"中，无适无莫，宁静致远；必要时就视死如归，从容就义，甚至不需要悲歌慷慨，不需要神宠狂欢。中国传统是通过审美替代宗教，以建立这种人生最高境界的。正是这个潜在的超道德的审美本体境界，储备了能跨越生死不计利害的道德实现的可能性，这就叫"以美储善"。

（《实用理性与乐感文化·关于主体性的补充说明》，1983 年）

39

如同人类创造了日益发达的外在物质文明的世界一样，人们心灵世界也在历史中不断前进、发展、创造和丰富。审美心理结构便正是人类所创造的内在精神文明的极为重要的组成部分。艺术是这种心理结构的物态化的对应品，艺术生产审美心理结构，这个结构又生产艺术。随着这种交互作用，使人类的心理结构日益细致、丰富、敏锐和复杂，人类的内在文明也就愈益成长起来。这是一个漫长的过程。从儿童可以看出，任何种类的人类动作形式结构（例如使用工具的动作）的获得，都绝不是一件容易的事。成人看得极为简单的几乎是本能性的动作（例如结绳、使用筷子），对儿童来说都要经历一个从学习到熟练的艰难过程。审美心理结构的获得，当更是如此。就人类说，它经历了漫长的历史过程，就个人说，它必需有一个教育过程。而无论就人类发展或个体教育说，审美心理结构最初都是从动作活动中获得而后才逐渐转化变形为静观的。就人类说，原始人的图腾歌舞是审美心理结构的最早状态（参阅拙作《美的历程》第 1 章），就个人说，儿童的美育也应该从幼儿的游戏性劳作、唱歌开始而后才进到对美术、音乐等等静观欣赏。总之，由活动到观照，这是审美心理结构的历史产生过程。

（《李泽厚哲学美学文选·美学的对象与范围》，1980 年）

40

如仅就个人偏爱来说，我宁肯欣赏一个真正的历史废墟，而不愿抬高任何仿制的古董。记得在成都，我对游人冷落的王建墓非常赞叹，这是五代艺术的真迹；而一点也不喜欢那著名的、挂满了名人字画的、虚构的杜甫草堂。

（《走我自己的路·偏爱》，1984 年）

41

在中国诗画中，水边垂柳常表示轻柔抒情，山上高松表现刚强正直。中国画论说："喜气写兰，怒气写竹。"中国古人不知道刚才提及的西方心理学，但他们讲的道理却相同。刚强、愤怒的情感，通常用直线表现，柔和、舒闲的情感则用曲线。所以说喜气时画兰草，画竹则表现硬朗、愤怒，也是说感知同人的情感有一种同构的关系。雕刻家用不同的颜色、质料、形状，书法家用线条的直、曲、停顿、流畅，以及空间结构，都不只是外在的感知而已，而是与内在的情感直接相关，给予人不同的感情感染。

（《漫谈美学——在香港国际创价学会上的演讲》，2002 年）

42

就整体看，从古至今，可说并没有纯粹的所谓艺术品，艺术总与一定时代社会的实用功利紧密纠缠在一起，总与各种物质的（如居住、使用）或精神的（如宗教的、伦理的、政治的）需求内容相关联。即使是所谓纯供观赏的艺术品，如贝尔所谓的"有意味的形式"，也只是在其原有的实用功能逐渐消褪之后的遗物，而就在这似乎是纯然审美的观赏中。过去实用的遗痕也仍在底层积淀着，如欣赏书法中对字形的某种辨认，古庙或神像观赏中的某种敬畏情绪，等等。当艺术品完全失去社会功用，仅供审美观赏，成为"纯粹美"时，它们即将成为"完美"的装饰而趋向衰亡。艺术品如何从实用、功利的人工制作向所谓纯艺术的审美过渡，正是有关心理—情感本体的建构关键之一。

因此，何谓艺术品？只有当某种人工制作的物质对象以其形体存在诉诸人的此种情感本体时，亦即此物质形体成为审美对象时，艺术品才现实地出现和存在。

（《美学四讲》，1989 年）

43

马克思十分强调人与动物在感受、感觉、感知上的区别，动物是满足它生存的需要，为了生存必须不停的吃，不填饱肚子就无法生存。当然动物园中的动物可以不去觅食，但野生动物在很多时间里都在寻找它生存的需要。个体完全是为了消费与生命的存在，在不停的活动着。而人恰恰与动物在这方面区别开来。从而人的感性也逐渐不只是为了生存的功利而存在的东西。马克思在《手稿》中再三强调感性的社会性而不是理性的社会性。理性的社会性好理解，什么逻辑呀、思维呀这些东西。而马克思恰恰讲的是感性的社会性，感性的社会性是超脱了动物性生存的功利的。眼睛变成了人的眼睛，耳朵变成人的耳朵。马克思说："因此，（对物的）需要和享受失去了自己的利己主义性质"，"而自然界失去了自己的赤裸裸的有用性，因为效用成了属人的效用"。就是说它不是属于个体的、自然的、消费的关系，不是与个体的直接的功利、生存相关的。对于一个饥饿的人，并不存在食物的"人"的因素。忧心忡忡的人，对于最美的风景也无动于衷。一个饥饿的人跟动物吃食没有什么区别，这是有很深刻道理的。中国古老的吃饭筷子上常刻有"人生一乐"几个字，把吃饭当成是人的快乐与享受，而不是纯功利性的填饱肚子。这样，人的感性也就失去了非常狭窄的维持生存的功利性质，而成为一种社会的东西，这也是美感的特点。它具有感性、直接性，亦即直观、直觉，不经过理智的特点；又不仅仅是为了个人的生存，所以它又具有社会性。我所讲的美感两重性，实际上是来源于《手稿》。

（《美学四讲·美感的二重性与形象思维》，1981 年）

44

美感不光是认识这一个因素，而是由直觉、感觉、想象、情感、欲望、意向等多种因素所组成，认识不能独立于它们之外。假设简单地把认识当作审美，那么艺术就不成其为艺术，就变成一篇理论文章了。我们认识封建社会的没落，何必去看《红楼梦》，去看一本历史教科书不是更好吗？所以，认识的因素在艺术里面，就像水里放了盐，喝水知道咸味但你看不见盐。也就是你可以感觉到但不一定很明确。所以，艺术有它的多义性、不明确性、朦胧性。

（《走我自己的路·在电视剧艺术讨论会上的发言》，1986 年）

45

我们喜欢讲民族性，当然民族性是需要的。但不能过分强调。因为我发现有些人经常用民族性来抵抗时代性，抵抗外来的新事物。我想，只要我们民族性的特点恰恰在于它有高度的自信心，就不仅不怕而且很善于接受、吸收、融化外来的东西。汉、唐不就是采取大气魄的来多少便接纳多少的方法吗？现在的所谓"民乐"中不是有带"胡"字的乐器吗？我们民族文化不但没有因之消亡，反而变得更加伟大。鲁迅反对了一辈子国粹，甚至说不读中国书，然而他恰恰代表了民族精神，是"民族魂"。而那些大喊保存国粹的人反而并不代表中华民族。

（《走我自己的路·在电视剧艺术讨论会上的发言》，1986 年）

46

美育的范围非常广，可以有广义、狭义两种解释。

从广义看，美育不简单地是一个艺术教育问题，它是指一个人在人生境界所达到的最高水准。它是某种新感性的建立。所谓新感性，包含深刻的理性，它是一种渗透理性达到的超理性，它把一个人的社会性的东西同生理性的东西融合在心理中。这就不仅仅是道德、功利的境界。它不完全脱离道德境界，但比之更高一层；它也不完全脱离功利，但又是超功利的。在这个意义上，美育就关系到每一个人，关系到每一个人怎样去追求和建构自己的人生，不仅是追求灵魂的完美，而且是超过这种完美的"天人合一"。这里面似乎有某种神秘味道和目的性的东西，今天不能细讲了。总之正因为这样，美育才可以代替宗教。所谓狭义的美育主要指艺术教育。艺术教育对人的心灵、行为、语言等各方面都有深刻的影响，而且就在数学教育中，也有美学规律问题。掌握、运用这些规律，对开发、促进智力发展特别是青少年智力发展也极有好处。

无论广义或狭义的美育，理论方面的研究需要大大加强，现在的确是太单薄了。只有理论上把有关诸问题研究清楚，才能够真正有效地指导实践，把美育工作全面地深入地开展下去。美育工作的事业是大有可为的，随着社会的进步、发展，这一点也会愈来愈明显地表现出来。

（《走我自己的路·美育的广义与狭义》，1986 年）

研究审美态度的意义在于，揭示艺术创作和日常欣赏中主观心理的巨大能动特征，从而扩大人们审美的眼界和欣赏的范围，于丑怪中识光华，在平凡中见伟大，确证了审美不是消极的反映、被动的静观，而是主体主动地投入了自己全部心理功能，包括知觉、想象、情感、理解、意向等各种心理因素的积极活动的高级精神成果。然而，这种审美态度以及审美经验、审美心理的具体身心状态和过程究竟是怎样的？是否可以和如何来作出定性以至定量的严格的科学分析？它与日常经验和心理活动，它与社会、时代、阶级、民族、集团、个性的内在外在关系又如何？如此等等，都仍然是一系列远未解决的课题。这些课题极端复杂，涉及了多种学科（如脑生理学、社会心理学、信息论等等），估计相当时期内还很难真正解决。

美学至今也还是一门年轻的学科。

（《李泽厚哲学美学文选·美学》，1985 年）

48

我们今天要搞现代化，也要注意研究西方的后现代化。要注意如何能设法避免西方现代化工业、现代化社会带来的技术与人的疏离，所造成的人际关系的疏远，以及对自然的污染、生态平衡的破坏等等。这也向美学提出了课题。我们怎样把美和审美规律用到科学、技术、生产中去？用到整个社会生产中去？如何能使社会生产和生产环境更好地符合人的身心健康的节奏？如何使我们的行政管理机构效能、社会部门的协同合作更符合适度的规律？如何能使人的个性潜能得到全面发展、充分发挥，不再受物的奴役、压抑，使合目的性与合规律性得到和谐、交融、统一？技术美学应当向社会提出各种合理化建议。当然，技术系统的美学问题要通过工业设计这个中介来实现。因此，我主张技术美学应该同工业设计密切联系，自觉地将形式美的规律运用到其中去。可以先围绕产品设计，以后再进一步深入研究技术生产过程中的许多美学问题。

（《走我自己的路·谈技术美学》，1986 年）

49

审美感知是社会历史的成果，它本身包含有理性的因素。因而对艺术作品的审美感知是感性的又超感性，艺术作品的美在于形式又超形式。这就是说，包括艺术作品的形式结构，

从色彩、声音、线条、体积、速度、节奏、韵律等等，就在与人的身心发生同构感应时，就有社会性渗透包含于其中了。也就是说，上述那种种色、声、线、体、节奏、速度、韵律又都是有一定时代性、民族性甚至阶级性的特色的。为什么不同时代不同民族有不同的工艺品和建筑物？为什么古代的工艺造型、纹样是那样的繁细复杂，而现代的却那么简洁明快？为什么京剧的节奏如此之慢而现代电影的节奏又如此之快？这难道与过去农业小生产和今天的工业化大生产、生活、工作的节奏没有关系？为什么当代电影的快节奏、意识流以及广阔的现实时空感和心理时空感，使你感到带劲？因为它们反映了一个航天飞行的宇宙时代的来临。另一方面，为什么许多人喜欢欣赏绿苔斑斑的青铜器而不去恢复原状擦得锃亮？为什么人们愿意去欣赏断墙残垣的历史遗迹？因为它记录了实践的艰辛，凝冻了过去生活的印痕，能使你得到一种深沉的历史感受。可见，审美感知离开了社会历史性也是无法充分解释的。

（《美学四讲》，1989 年）

50

不是神，不是上帝和宗教，而是实践的人、集体的人，即亿万劳动群众的实践斗争，使自然成为人的自然。不仅外在的自然界，而且作为肉体存在的人本身的自然（五官感觉到各种需要），也超出了动物性的本能而具有了人（即社会）的性质。人在自然存在的基础上，产生一系列超生物性的素质：审美就是这种超生物性的需要和享受，正如在认识领域内产生了超生物性的肢体（不断发展的工具）和认识能力（语言、思维），伦理领域产生了超生物性的道德一样，这都是人所独有的不同于动物的社会产物和社会特征。不同的只是，前两个领域的超生物性质表现为外在的，而在审美领域，则已积淀为内在的心理结构了。

（《李泽厚美学旧作集·康德的美学思想》，1979 年）

不必去诅咒科技世界和工具本体，而是要去恢复、采寻、发现和展开科技世界和工具本体中的诗情美意。如果说，手工艺术的世纪中曾经有过诗和美，古代直观科技中有过诗和美，大工业生产的工具本体就没有可能渗入情感（心理）本体的可能吗？就不可能恢复工艺—社会结构中的生命力量和人生情味和意义吗？

哲理和美在现代科学和理论科学家中分量的加重，说明有这可能。

事在人为。

（《美学四讲》，1989 年）

52

近人常说华夏民族精神的特征为所谓"忧患意识"。《易系辞》说："作易者，其有忧患乎。"从诗、书、礼、乐、易、春秋所谓六经原典来看，这种主冷静反思，重视克制自己，排斥感性狂欢的非酒神类型的文化特征，是很早就形成了。

这是优点，也是缺点。……概略说来，其优点方面是，由于自觉地、坚决地排斥、抵制种种动物性本能欲求的泛滥，使自然情欲的人化、社会化的特征非常突出：情欲变成人际之间含蓄的群体性的情感，官能感觉变成充满人际关怀的细致的社会感受。从而情感和感受的细致、微妙、含蓄、深远，经常成为所谓"一唱三叹"，"余意不尽"的中国艺术的特征。……

但是，另方面，这种人化的范围又毕竟狭隘。现实原则对快乐原则的战胜，"超我"的过早的强大出现，使个体的生命力量在长久压抑中不能充分宣泄发扬，甚至在艺术中也如此。奔放的情欲、本能的冲动、强烈的激情、怨而怒、哀而伤、狂暴的欢乐、绝望的痛苦、能洗涤人心的苦难、虐杀、毁灭、悲剧，给人以丑、怪、恶等等难以接受的情感形式（艺术）便统统被排除了。情感被牢笼在、满足在、锤炼在、建造在相对的平宁和谐的形式中。即使有所谓粗犷、豪放、拙重、潇洒，也仍然脱不出中国"乐从和"的情感形式的大圈子。

（《华夏美学》，1987 年）

自然的人化

人类在改造自然界的社会实践中，要认识、掌握和运用自然规律。我曾把自然界本身的规律叫做"真"，把人类实践主体的根本性质叫做"善"。当人们的主观目的按照客观规律去实践得到预期效果的时刻，主体善的目的性与客观事物真的规律性就交会融合了起来。真与善、合规律性和合目的性的这种统一，就是美的本质和根源。

（《美学四讲》，1989 年）

54

那么，美的根源究竟何在呢？

这根源（或来由）就是我所主张的"自然的人化"。

在我看来，自然的人化说是马克思主义实践哲学在美学上（实际也不只是在美学上）的一种具体的表达或落实。就是说，美的本质、根源来于实践，因此才使得一些客观事物的性能、形式具有审美性质，而最终成为审美对象。这就是主体论实践哲学（人类学本体论）的美学观。

（《美学四讲》，1989 年）

　　"自然的人化"可分狭义和广义两种含义。通过劳动、技术去改造自然事物，这是狭义的自然人化。我所说的自然的人化，一般都是从广义上说的，广义的"自然的人化"是一个哲学概念。天空、大海、沙漠、荒山野林，没有经人去改造，但也是"自然的人化"。因为"自然的人化"指的是人类征服自然的历史尺度，指的是整个社会发展到一定阶段，人和自然的关系发生了根本改变。"自然的人化"不能仅仅从狭义上去理解，仅仅看作是经过劳动改造了的对象。狭义的自然的人化即经过人改造过的自然对象，如人所培植的花草等等，也确乎是美。但社会越发展，人们便越要也越能欣赏暴风骤雨、沙漠、荒凉的风景等等没有改造的自然，越要也越能欣赏像昆明石林这样似乎是杂乱无章的奇特美景，这些东西对人有害或为敌的内容已消失，而愈以其感性形式吸引着人们。……所以，应该站在一种广阔的历史视野上理解"自然的人化"。……因此，"自然的人化"涉及的是人类实践活动与自然的历史关系。尽管这种关系在未经改造过的大自然身上完全看不出来，感知不到。按前述美是真善统一的观点，如果说就社会美而言，善是形式，真是内容的话，那么自然美便恰恰相反，真是形式，善是内容。

（《美学四讲》，1989 年）

　　自然的人化，是我关于美感的总观点，它又可分为两个方面。

　　第一，感官的人化。……感官人化的特点，从哲学上讲，就是马克思讲的感性的功利性的消失，或者说感性的非功利性的呈现，我认为这是马克思在《手稿》中的一个很深刻的思想，他十分强调人的感觉和需要与动物不同。动物的感官完全是功利性的，只是为了自己的生理性的生存。人的感官虽然是个体的，受生理欲望支配，但经过长期的"人化"，逐渐失去了非常狭窄的维持生理生存的功利性质，再也不仅仅是为了个体的生理生存的器官，而成为一种社会性的东西，这也就是感性的社会性。

　　第二，情欲的人化。这是对人的动物性的生理情欲的塑造或陶冶，与人是具有感性欲望的个体存在的关系极为密切。人有"七情六欲"，这是维持人的生存的一个基本方面，它的自然性很强。这些自然性的东西怎样获得它的社会性？例如"性"如何变成"爱"？性作为一种欲望要求，是动物的本能，人作为动物存在，也有和动物一样的性要求。但是动物只有性，没有爱，由性变成爱却是人独有的。像安娜·卡列尼娜、林黛玉的爱情，那是属于人类的。因此，人们的感情虽然是感性的，个体的，有生物根源和生理基础的，但其中积淀了理性的东西，有着丰富的社会历史的内容。它虽然仍然是动物性的欲望，但已有着理性渗透，从而具有超生物的性质。弗洛伊德讲艺术是欲望在想象中的满足，正是看到了人与动物的这种不同。

《批判哲学的批判》，再三说明了这一点。其中曾引马克思的话："男女之间的关系是人与人之间的直接的、自然的、必然的关系。在这种自然的、人类的关系中，人同自然界的关系直接地包含着人与人之间的关系，而人与人之间的关系直接地就是人同自然界的关系，就是他自己的自然的规定。因此，这种关系以一种感性的形式、一种显而易见的事实，表明属人的本质在何种程度上对人说来成了自然界，或者，自然界在何种程度上成了人的属人的本质。因而，根据这种关系就可以判断出人的整个文明程度。"这即是说"性欲成为爱情，自然的关系成为人的关系，自然感官成为审美的感官，人的情欲成为美的情感。这就是积淀的主体性的最终方面，即人的真正的自由感受。"

（《美学四讲》，1989 年）

因此，外在自然事物的性能和形式，既不是在人类生产之前就已经是美的存在，就具有审美性质；也不是由于主体感知到它，或把情感外射给它，才成为美；也不只是它们与人的生物生理存在有同构对应关系而成为美；而是由于它们跟人类的客观物质性的社会实践合规律的性能、形式同构对应才成为美。因而美的根源出自人类主体以使用、制造工具的现实物质活动作为中介的动力系统。它首先存在于、出现在改造自然的生产实践的过程之中。C.Geertz 曾强调指出，人性包括人的某些生理性能，也是文化历史的产物。我们对从猿到人的研究，也说明从人手、人脑到人性生理—心理结构（包括如逻辑、数学观念、因果律观念等智力结构、意志力量等伦理结构和形式感受等审美结构）都起源于上述使用—制造工具的漫长的人类现实物质性的生产活动中。从美学看，这个史前期的悠久行程，在主体方面萌发和形成审美心理结构的同时，在客体方面即成为美的根源。

（《美学四讲》，1989 年）

58

在如醉如狂、热烈激荡的图腾歌舞中，在神秘的巫术礼仪的面罩下，动物性的本能游戏、自然感官和生理感情的兴奋宣泄与社会性的要求、规范、规定，开始混同交融，彼此制约，难分难解。这里有着个体身心的自然性、动物性的显示、抒发、宣泄，然而就在同时，这种自然性、动物性却正在开始"人化"：动物性的心理由社会文化因素的渗入，转化而成为人的心理；各种人的心理功能——想象、认识、理解等智力活动在产生，在萌芽，在发展，并且与原有的动物性的心理功能如感知、情感在联系，在交融，在组成，在混合。……图腾歌舞、巫术礼仪是人类最早的精神文明和符号生产。

（《华夏美学》，1987 年）

59

中国美学的第一个特征是乐为中心。美字的来源，如果用字（词）源学的方法来研究，较为流行的说法，是"羊大为美"。美来源于好吃，美味。但我不大同意这种传统的说法，

我倒同意一个比较年轻的同志萧兵的说法，他主张"羊人为美"。我认为所谓羊人，乃是一种图腾舞蹈，就是人戴着羊头在那里跳舞。这是原始社会最早的一种原始的巫术礼仪，它的表现形式就是原始歌舞。这不仅是一种娱乐，而且是当时的整个上层建筑。人们劳动之余就搞这种活动。这有很多作用：一方面是认识的作用。因为在这类活动中要模拟打猎等等动作，再现生产劳动中的种种情况，这就锻炼了自己，认识了对象；另一方面就是团结群体组织社会的作用。我们现在社会中表现为各种分工和各种规章制度不同形式，这在原始社会是混在一起的。但它是最早区别于生产活动的一种社会性的必要活动，它包含了后代所有政治的、科学的、道德的、艺术的内容，是以一种图腾的形式表现出来的。我把它叫做巫术礼仪或原始歌舞。它实际上起了团聚、维系社会组织、训练社会成员的作用。同时又包含着认识客观对象，训练技能，甚至体育锻炼等等，什么都包

含进去了。而所有这些都离不开歌舞。歌舞有一定的节奏，一定的声音，后来还用乐器伴奏（可能开始时是打击乐）。这样，就逐渐发展为音乐的"乐"。所以这个"乐"实际上不限于音乐的意思，还包含着原始社会这整个方面的活动内容。

（《走我自己的路·关于中国美学史的几个问题》，1981 年）

60

为什么废墟能成为美？为什么人们愿意去观赏它？因为它记录了实践的艰辛历史，凝冻了过去生活的印痕，使人能得到一种深沉的历史感受。……青铜器为什么不要擦光，它本是金光闪闪的，但它身上的斑斑绿苔记录了历史的沉埋，使它的社会美增添了更深沉的力量。

（《美学四讲》，1989 年）

61

人创造了大量的物质文明，从石头工具到航天飞机。人也创造了丰富的内在的东西，这就是人的文化心理结构。我们的心理结构实际上保存了历史的各种文明，其中同样包括美感在内。人一方面创造物质文明，同时也创造精神文明。精神文明并不是空洞的东西，它既表现在物质形态如各种艺术作品中，又表现在人的心理结构中。而人的这种心理结构正是人类千百万年以来创造的成果。教育学科之所以伟大，正因为它有意识地为塑造人的文化心理结构而努力。人要获得一种结构、一种能力、一种把握世界的方式，而不只是知识。知识是重要的，但知识是死的，而心理结构则是活的能力或能量。人的心理结构至少表现在智力、意志、审美等三方面。这三方面就形成了人类把握世界的主体性，就是使人区别于动物的人性。

（《李泽厚美学旧作集·美感的二重性与形象思维》，1981 年）

62

我一直认为，美学不能等同于艺术论，它远远不只是艺术哲学。生活中的实物造型可算作实用艺术，但美学也远远不只是这个方面。人的生活怎么安排都与美学有很大关系，社会的和个人的生活节奏、色彩如何？感性的节奏是生活秩序的一部分。一个社会或群体必须建立一种感性的秩序。有和谐、有矛盾、有比例、有均衡、有对称、有节奏、有各种各样的关系，有张有弛。社会生活、生产，要有节奏、韵律，所谓张弛有致。安排得好，很舒适，安排不好就乱糟糟的。个人的生活和工作也如此。人对世界的改造、把握、安排就包含了很深刻的美学问题在里面。从幼儿时期开始，就可以培养他的感性秩序，这种感性秩序对一个人的成长，一个人的智力发展、意志锻炼和对世界的感受能力，以及对他的身心健康都是有好处的。从这个角度看，美育、美感、审美都不是一个狭窄的问题，它是主体方面的人化的自然这个大问题。

（《李泽厚美学旧作集·美感的二重性与形象思维》，1981 年）

63

人该走出语言。如何走出？这个问题非常难。海德格尔强调诗，诗就不是日常语言了；也就是说，不是知性语言。他已经提出这个问题。我的哲学提"情感本体"，当然也就是诗了，哲学当然是"思"，但它又是"诗"，又与历史相统一（"积淀"），因此，这就是诗、思、史三合一。

其实，走出语言的问题，也就是人性问题，就是诗、思、史怎样合一的问题。我认为，中国传统哲学在这方面能够提供一些东西，在某种意义上说，这也就是如何将现代哲学与中国传统哲学融合在一起；它们不是机械地加在一起，也不是用某种现代的东西去套传统，或用传统套现代。

美学在这个过程中能起很大作用。在这十几年中，我搞康德，搞中国思想史，又搞美学，似乎很不相干。实际其中有某种联系。

（《世纪新梦·与王德胜的对谈》，1994 年）

卷七 哲学

哲学是干什么的？

1

哲学应该是大众的，哲学美学恰恰不是专门化的美学。因为哲学并不就是科学，也不只是分析语言，它主要是去探求人生的真理或人生的诗意。谁都有人生，因此谁都可以去寻求那人生的真理，去领会那人生的诗意。

（《美学四讲》，1989 年）

2

我在一些文章里说过，哲学研究什么？哲学研究命运，人类的命运和个人的命运。你个人的命运是由你自己去选择去决定的。此外，历史到底是偶然的，还是必然的，现在太强调必然性，其实，每个人都参与创造历史，每个人的前途是自己决定的，你自己负责任。因此，强调个体意识并不是坏的。至于萨特哲学本身，我喜欢萨特这个人，他的哲学我并不太喜欢。我不喜欢海德格尔这个人，但对他的哲学更喜欢一些。我认为萨特的哲学比较浅，例如，萨特对死亡的看法比海德格尔就要浅得多。死亡的问题是个很大的问题，每个人只能活一次，你时时刻刻意识到你会死，才能把握住你生的价值，你活着怎么办？死是不可避免的，是别人不能替代的，这的确是独特的问题。

（《走我自己的路·文化讲习班答问》，1986 年）

3

我想，哲学的用处之一是可能喜欢提问题，在大家觉得没问题的地方发现问题，让人去想。……

我想哲学的功用是刺激人去想。恩格斯认为，学点哲学史，可以使人聪明一些。哲学的功用也许就在于制造一些基本概念，以提供视角，探索道路，从而对人生根本问题进行理论性思维。这也许是哲学的一点用处吧！

（《世纪新梦·为儒学的未来把脉——在马来西亚的演讲》，1996 年）

4

我曾说过，哲学是研究人的命运的。所以它才是"人生之诗"，从而具有那永恒的魅力。谁能不关怀命运呢？所以，我不认为哲学只是分析语言的学科，也不认为哲学只是科学方法论，不管这种方法论的范围如何广大，哲学始终是科学加诗。这个"加"当然不是两种事物的拼凑，而是指具有这两个方面的内容、因素或成分。它有科学的方面和内容，即有对客观现实（自然、社会）的根本倾向作概括领悟的方面，但并非某种科学的经验论证；同时它也有特定时代、社会的人们的主观意向、欲求、情致表现的方面，其中总包含有某种朦胧的、暂时还不能为科学所把握所规定的东西，这东西又总与人的存在或本质、人生的价值和意义、人的命运和诗情纠缠在一起。每一个时代、每一种学派都将对这些涉及人类价值的基本课题和语词作出自己的重要回答和应用。正因为这些回答和应用涉及的经常是整个人生或世界，它就影响、支配和决定对其他许多问题的回答和探讨。

（《美学四讲》，1989 年）

5

没有纯粹的哲学，哲学总是自己时代意识和人生之诗的精华。它是精华，可以抽象而高远，似乎不食人间烟火，它是自己的人生，所以总与自己时代的伦理、科学和艺术有深刻的瓜葛和牵连。哲学总包涵、包括或代表着自己时代的科学主流中的某些东西，是这些东西的升华或抽象。正如笛卡尔哲学与当时的数学、洛克与心理学、康德与牛顿、黑格尔与当时科学中的进化观念、现代哲学与语言学……的关系一样，美的哲学亦复如此。在众多的美的哲学中，它们也常各有所侧重，各方包含着不同方面的科学内容或疑问。

（《美学四讲》，1989 年）

6

我所研究的是美学、中国思想史和康德哲学，但我的兴趣还是在哲学本身。哲学到底研究什么呢？简单一句说，就是研究"命运"：人类的命运、中国的和个人的命运。这就是我所关心的。这是抽象的大问题，所以在我的文章里从来没有这样说过，只说些比较具体的问题，例如我的三本中国思想史论（古代、近代、现代）实际是在谈中国的命运，想将来如有可能再提高概括一下。又如讲康德的那本书，也讲了个体的命运，意思是认为个人的命运应该自己选择，自己决定、自己主宰、自己负责，不是让别人去安排自己的命运。

（《走我自己的路·答香港学者杜耀明问》，1987 年）

7

问：所以你说哲学是科学加诗？

答：这也意味哲学是介于科学和诗中间的东西。不同的哲学有不同的倾斜或偏重。

总之，因为哲学的主题是命运，关怀和研究命运不可能是科学，命运不是规定好的，不是可证伪、可观察到或只待人们去发现的客观法则、规律。当某种哲学等同于科学之日，也是它的结束之时。

哲学是抒写现在、展望未来的诗。因为命运不是宿命，而是人（人类、民族、集团、个体）对自身的意识——反省过去、把握现在、走向将来，它拥有不是理性所能规范、限定的主体意向、愿欲和情绪。所以它才包含并指向某种信仰。

（《实用理性与乐感文化·哲学答问》，1989 年）

8

问：那么哲学的功能何在？

答：功能不在感染（诗），不在教导（科学），只在启悟。所以哲学是智慧，这智慧不是知性认识，也不是情感陶冶，而是诉于情理结构整体的某种追求、探询和了悟。

每个普通人都可以有这种哲学的时刻，例如，人常有生活不过是在作梦，还有一个什么东西在这个梦的背后，梦醒之后将如何，或者一切只是梦，无所谓醒不醒……这种感受或思想，便涉及了哲学。所以，哲学主要是提供某种对世界和人生的看法、角度、眼界或思路，从而可能给人提供某种生活和心灵的境界。

（《实用理性与乐感文化·哲学答问》，1989 年）

康德在某些方面比黑格尔高明，他看到了认识论不能等同也不能穷尽哲学。黑格尔把整个哲学等同于认识论或理念的自我意识的历史行程，这实际上是一种泛逻辑主义或唯智主义。这种唯智主义在现代受到了严重的挑战，例如像存在主义即使没有提出什么重大认识论问题，却仍无害其为哲学。人为什么活着？人生的价值和意义？存在的内容、深度和丰富性？生存、死亡、烦闷、孤独、恐惧等等，并不一定是认识论问题，却是深刻的哲学问题。它们具有的现实性比认识论在特定条件下更为深刻，它们更直接地接触了人的现实存在。人在这些问题面前更深切地感受到自己的存在及其意义和价值。把一切予以逻辑化、认识论化，像黑格尔那样，个体的存在的深刻的现实性经常被忽视或抹掉了。人成了认识的历史行程或逻辑机器中无足道的被动一环，人的存在及其创造历史的主体性质被掩盖和阉割掉了。

（《实用理性与乐感文化·康德哲学与建立主体性的哲学论纲》，1980 年）

10

研究哲学史可以有两种角度或方法。一种是历史的，即从历史的角度来研究哲学思想的内容形式、体系结构、来龙去脉，搞清它们在历史上的地位、作用、影响以及它们社会的、时代的、民族的、阶级的根源或联系，包括考据、文字的训诂、说明等等。这种研究方法以传授知识为主，可能是研究哲学史的主要方法。但是，也可以有另外一种哲学的角度或方法，即通过研究哲学史或历史上某些哲学家来表达某种哲学观点。用中国的古话说，前者是"我注六经"，后一种是"六经注我"。克罗齐说一切历史都是当代史。其实在某种意义上，更加可以说一切哲学史都是当代哲学史。

（《实用理性与乐感文化·康德哲学与建立主体性的哲学论纲》，1980 年）

11

我以为要真正了解中国古代辩证法，要了解为什么中国古代的辩证观念具有自己特定的形态，应该追溯到先秦兵家。兵家把原始社会的模糊、简单而神秘的对立项观念如昼夜、日月、男女即后世的阴阳观念多样化和世俗化了。它既摆脱了巫术宗教的神秘衣装，又不成为对自然、人事的纯客观记录，而形成一种在主客体"谁吃掉谁"迅速变化着的行动中简化了的思维方式。它所具有的把握整体而具体实用，能动活动而冷静理知的根本特征，正是中国辩证思维的独特灵魂，使它不同于希腊的辩证法论辩术，而构成中国实用理性的一个重要方面。

（《中国古代思想史论·孙老韩合说》，1984 年）

12

历史积淀的人性结构（文化心理结构、心理情感本体）对于个体不应该是种强加和干预。何况"活着"的偶然性（从生下来的被扔入到人生旅途的遭遇和选择）和对它的感受，将使个体对此本体的承受、反抗、参与，大不同于建构工具本体，而具有神秘性、不确定性、多样性和挑战性。生命意义、人生意识和生活动力既来自积淀的人性，也来自对它的冲击和折腾，这就是常在而永恒的苦痛和欢乐本身。

宗教信仰命运，文艺表达命运，哲学思索命运。

人性、情感、偶然，是我所企望的命运主题，它将诗意地展开于 21 世纪。

（《实用理性与乐感文化·第四提纲》，1989 年）

哲学如何走出语言

13

　　人类的文化、文明和人的思想是靠理性来发展的。但是，人的生命本身是非理性的，需要非理性的刺激。它或者叫做理性的解毒剂也好，或者叫做理性的补充也好，或者叫做理性的动力也好，都需要这个东西。哲学不可能是纯理性的，也不可能是纯非理性的。诗不是理性的，是情感的。哲学恰恰是站在科学与诗两者之间的东西。它不能成为纯理性的，但它表现的方式却是理性思辨的方式。譬如尼采的哲学，或者是禅宗的哲学，都有很多非理性的东西。分析哲学完全理性化，就成为一种技术。

　　……

　　人既不是机器，也不是动物。强调非理性，强调要人还原为个体的、当前的存在，不要人类的历史，不要什么意义，认为意义本身就是没有意义，这就是动物性的存在。另一方面，科学主义、理性主义、分析哲学把人变成机器，像机器的部件、齿轮、螺丝钉，人就是 robot，这也太可怕了。哲学要从这两种倾向中走出来。

（《世纪新梦·哲学探寻录》，1994 年）

14

今日有反哲学的哲学：眼前即是一切，何必思前顾后？目标意义均虚无，当下食、色才真实。这大有解构一切陈规陋习及各类传统的伟功，但也就不再承认任何价值的存在。无以名之，名之曰"动物的哲学"。

今日有专攻语言的哲学：医疗语言乃一切，其他无益且荒唐。于是，细究语词用法，厘清各种语病，技术精而又巧，却与常人无关。无以名之，名之曰"机器的哲学"。

今日有海德格尔哲学：深求人生，发其底蕴，知死方可体生。读《存在与时间》有一股悲从中来、一往无前的冲力在。无以名之，名之曰"士兵的哲学"。

当然，还有各种传统哲学和宗教及其变种，林林总总。其中，基督教神学最值重视。它自神而人，超越理性。在全知全能的上帝面前，海德格尔的 Being 也相形见绌。高耸入云的十字架，在阳光中灿烂辉煌，崇高圣洁，直接撼人心魂，人生真理岂不在是？命运归宿岂不在此？无怪乎有论者要强调"圣爱"高于伦理，与康德强调道德律令在先、道德感情在后、后者低于前者恰好相反。于是，人生只是一种情感，这是一种普泛而伟大的情感真理。是邪非邪？

（《世纪新梦·哲学探寻录》，1994 年）

15

现代哲学构造了语言的迷宫，认为这就是实在，就是人的"家园"。其实，人的存在的基本需求，从吃饭到精神归宿，都不是语言，把中介当成实体从而取消实体，反对"本质主义"，是当今哲学的一大特点。这也不奇怪。这个世纪是科技最发达的时代，科技是靠语言、符号来表现的。

人该走出语言。如何走出？这个问题非常难。海德格尔强调诗，诗就不是日常语言了；也就是说，不是知性语言。他已经提出这个问题。我的哲学提"情感本体"，当然也就是诗了，哲学当然是"思"，但它又是"诗"，又与历史相统一（"积淀"），因此，这就是诗、思、史三合一。

其实，走出语言的问题，也就是人性问题，就是诗、思、史怎样合一的问题。我认为，中国传统哲学在这方面能够提供一些东西，在某种意义上说，这也就是如何将现代哲学与中国传统哲学融合在一起；它们不是机械地加在一起，也不是用某种现代的东西去套传统，或用传统套现代。

美学在这个过程中能起很大作用。这十几年中，我搞康德，搞中国思想史，又搞美学，似乎很不相干。实际其中有某种内在联系，也很早有人看出来了。

（《世纪新梦·与王德胜的对谈》，1994 年）

16

中国哲学也充满情感，它从来不是思辨理性。但是，它也不是这个"走向十字架"的情感真理。以"实用理性"、"乐感文化"为特征的中国文化，没去建立外在超越的人格神，来作为皈依归宿的真理符号。它是天与人和光同尘，不离不即。自巫史分家到礼崩乐坏的轴心时代，孔门由"礼"归"仁"，以"仁"为体，这是一条由人而神，由"人道"现"天道"，从"人心"建"天心"路。从而，是人为天地立"心"，而非天地为人立"心"，这就是"一个人生"（天人合一：自然与社会有历史性的统一）不同于"两个世界"（神人有殊：上帝与包括自然界与人类社会在内的感性世界相区别）和中国哲学所谓"体用一源，显微无间"的本根所在。

（《世纪新梦·哲学探寻录》，1994 年）

17

使用—制造工具的实践、生活，在逻辑上也在时间上先于、高于语言、交谈。如果哲学总是"从头说起"，那么，这个"头"应该就在这里。

维特根斯坦把语言游戏看作是生活方式，从日常生活中来探究、追寻语言，也表现了有比语言更根本的东西。其实，马克思主义哲学的要点即在这里，即把生活、实践当作比语言更根本的东西，并且以使用—制造工具的实践，当作社会生活的基础，把这当作人的本体存在；所以马克思主义哲学是社会存在的本体论（卢卡契）或人类学历史本体论（亦即主体性实践哲学）。前者过分强调理性、社会、群体，不能提出心理（情感）的问题。

（《实用理性与乐感文化·关于主体性的第三个提纲》，1985 年）

几十年来一直萦绕着我的，是如何"走出语言"的问题。所谓"走出语言"，是指走出当今语言哲学的牢笼。……我本不大相信语言是人的家园或人的根本。中国传统使我想到，凭借它也许能突破当今哲学的某些界限和窘境。

……

我正是要回归到认为比语言更根本的"生"——生命、生活、生存的中国传统。这个传统自上古始，强调的便是"天地之大德曰生"、"生生之谓易"。这个"生"或"生生"究竟是什么呢？我以为这个"生"首先不是现代新儒家如牟宗三等人讲的"道德自觉"、"精神生命"，不是精神、灵魂、思想、意识和语言，而是实实在在的人的动物性的生理肉体和自然界的各种生命。其实这也就是我所说的"人（我）活着"。人如何能"活着"，主要不是靠讲话（言语—语言），而是靠食物。如何弄到食物也不是靠说话，而是靠"干活"，即使用—制造工具的活动。"干活"不只是动物式动作，而是人使用工具的"操作"，"操作"是动作的抽象化、规则化、理性化的成果，并由它建立抽象的感性形式，这就是"技艺"的起源，也是思维、语言中抽象的感性根源。它以理式的规范力量对待世界，成为人所独有的把握、认识和领悟，是人所独有的自由力量，这也就是"理性内化"的进步过程，是人的语言的发生、发展的真正基础。可见，说话只是人活着的必要条件而非充分条件，"干活"却是必要兼充分。当然，说话（语言）在"干活"中起了极为重要的作用，甚至是"干活"不可分割的组成部分，社会分工发展后，某些人说话就是干活，可无论如何毕竟是第二位的，而且其语义仍然大部分与"干活"相关。即使高科技的语言可等同于或本身即是工具实践，但它们毕竟只是"人活着"使用—制造工具中的一个组成环节或部分而已。它们还是为"人活着"服务的，"生生"仍然居首要位置。郭店竹简说"天生百物人为贵"，可见人的生存、生活、生命又是诸生命中之首位。这是"人类中心说"吗？不是。这是从人出发，以人为本，而不是从上帝、理性或语言出发。这也就是当年（上世纪六十年代）我为什么要从人类起源（即"人类如何可能"）来探究这个"走出语言"的可能出口。

（《中国哲学如何登场？——李泽厚 2011 年谈话录》，2011 年）

"积淀"一直很重视生理因素，其中包括个体之间的差异。总之，一方面反对社会生物学（social biology），将人还原为动物；另方面反对社会构造论（social construction theory），认为人只是意识构建的社会产物，而比较赞成新近的生物社会科学（biosocial science），我认为，它将成为"走出语言"趋向心理的科学基础。

我强调人之所以为人，人之所以有不同于神性和动物性的人性（human nature），人之所以拥有动物所没有的各种能力和情感，是人类自己通过历史和教育创造出来的，人造就了人自己。人之所以能如此造就，是因为"学而第一"。

人类并非自然进化的结果，而是人自己把自己建立起来的，人类不是靠基因变化而是在长期使用—制造工具的过程中造就了自己。人从原始人类到现在，基因未有大变，但差异不是很大甚至极大吗？

（《中国哲学如何登场？——李泽厚 2011 年谈话录》，2011 年）

哲学是生存的智慧

20

　　中国哲学所追求的人生最高境界，是审美的而非宗教的（审美有不同层次，最普遍的是悦耳悦目，其上是悦心悦意，最上是悦志悦神。悦耳悦目并不等于快感，悦志悦神不同但可相比于宗教神秘经验）。西方常常是由道德而宗教，这是它的最高境界。你进入教堂中就会深深地感到这一点，确乎把人的精神、情感、境界提到一种相当深沉的满足高度，似乎灵魂受到震撼和洗涤。读陀思妥耶夫斯基的《卡拉玛佐夫兄弟》，也是这样。其特征之一是对感性世界的鄙弃和否定。……中国的传统与此不同，是由道德走向审美。孔子最高理想是"吾与点也"；所以说，"逝者如斯夫，不舍昼夜"，对时间、生命、存在有很大的执著和肯定，不在来世或天堂去追求不朽，不朽（永恒）即在此变易不居的人世中。"慷慨成仁易，从容就义难"，如果说前者是怀有某种激情的宗教式的殉难，固然也极不易；那末后者那样审美式的视死如归，按中国标准，就是更高一层的境界了。

（《走我自己的路·中国美学及其他》，1982 年）

21

　　人们爱说儒学是"生命哲学"，其实，生命哲学并不在那如何玄妙的高头讲章中，而就在这活生生的人们的情理结构里，这才是源泉所在。作为生命，作为人性，它们包含着情感，它们是历史的产物。如果要求哲学回到生命，回到人生，便也是要求回到历史，回到这个情深意真的深层结构。而这，也正是我所盼望的第二次文艺复兴。第一次文艺复兴是从神的统治下解放出来，确认了人的感性生存；第二次文艺复兴则盼望人从机器（物质机器和社会机器）的统治下解放出来，再一次寻找和确认人的感性自身。面对当前如洪水般的悲观主义、反理性主义、解构主义，儒学是否可以提供另一种参考系统，为创造一个温暖的后现代文明作出新的"内圣外王之道"（由某种乐观深情的文化心理结构而开出和谐健康的社会稳定秩序）的贡献呢？从而，儒学命运难道不可以在崭新的解释中再一次获得雄伟的生存力量和世界性的普泛意义吗？

（《世纪新梦·初拟儒学深层结构说》，1996 年）

因之，目前资本主义世界中的科学哲学、分析哲学、结构主义等等可说是无视主体性本体的冷哲学（方法哲学、知性哲学），而萨特的存在主义、法兰克福学派等则可说是盲目夸张个体主体性的热哲学（造反哲学、情绪哲学），它们都应为主体性实践哲学所扬弃掉。现代思潮中的悲观主义、反历史主义和反心理主义也将被抛弃。人与自然、社会与个体、情感与理智、历史与心理、理想与现实的悲剧性的冲突和分裂应该被克服，为弗洛伊德所发现的个体生物性的存在和为存在主义所发现的个体精神性的存在的巨大对峙应该消除。回到感性的人，回到美，回到历史，将与个体的全面成长相并行。哲学并不许诺什么，但它表达希望。它是科学加诗。上帝死了，人还活着。主体性将为开辟自己的道路不断前行。

（《实用理性与乐感文化·关于主体性的补充说明》，1983 年）

我现在提出社会性道德和宗教性道德的区分，我想把儒家传承的这套东西与现代社会的规范接上。

中国的特点是没有宗教，而儒家代替了宗教，但是从古代一直到毛泽东，都是把宗教性道德和社会性道德混为一体，一讲就是学雷锋，无私奉献，牺牲自己，这恰恰把两种道德搞到一起了，结果培养出大量的伪君子，这是症结所在。首先要把两个东西分开，宗教性道德是你个人的……中国叫安身立命，西方叫终极关怀，是你个人追求的理想，想成圣成贤，想上天堂什么的，但社会性道德是大家共同遵守的基本生活规则和内心协议，这两个分开来，再讲它们的关系。罗尔斯（John Rawls）有个观点与我接近，叫"相互重叠的共识"（overlap consensus），相当接近于我讲的社会性道德。不是讲主义、不是讲善，而是一种政治哲学。我认为社会性道德，也叫公德，是大家必须遵循的行为规范，是内心的道德。

这跟法制社会接上头了，它建立在以个人利益和社会契约为基础的现代社会之上，所以它的普遍性很大，不仅中国，国际上也应该共同遵守。……我认为不应该由宗教性道德来决定、规范社会性道德，而是起某种引导作用。

（《走我自己的路（对谈集）·伟大的真理就是简单的》，1998 年）

Hegel 嘲笑孔子思想不算哲学，因为没有对形上本体的反思和对世俗有限的超越。

今道友信教授则解说孔子"成于乐"是对时空的超越，而达到"在"（Being）。

其实，均不然。孔子有对形上的反思和对超越的追求，但它没有采取概念思辨的抽象方式，而出之以诗意的审美。孔子所追求的超越，也并不是对感性世界和时空的超越，而恰恰就在此感性时空之中。它不是"在"（Being）而毋宁是"生成"（Becoming），"成于乐"作为个体人格的完成，密切关乎生死和不朽，此亦即时间问题。

（《华夏美学》，1988 年）

与其他许多宗教教主或哲人不同，孔子以世俗生活中的情感快乐为存在的本体和人生的极致。孔学的人格理想是"圣贤"，这"圣贤"不是英雄，不是希腊神话、荷马史诗里的赫赫神明和勇猛武士。这"圣贤"也不是教主，不是那具有无边法力能普度众生的超人、上帝。儒家的"圣贤"是人间的，与凡人有着同样的七情六欲、饮食男女，同样有着自然性、动物性的一面。他之所以为"贤"，是由于道德。他之所以为"圣"，则由于不但有道德，而且还超道德，达到了与普遍客观规律性相同一。这种"圣"在外在功绩上，能"博施于民而能济众"，在内在人格上，大概就是孔子的"从心所欲不逾矩"了。这既是"成于乐"，也是"游于艺"。

……总之，孔子讲的这种快乐，既是"学而时习之"，又是"有朋自远方来"；既是对外在世界的实践性的自由把握，又是对人道、人性和人格完成的关怀。它既是人的自然性的心理情感，同时又已远离了动物官能的快感，而成为心灵的实现和人生的自由，其中积淀、融化了人的智慧和德行，成为在智慧和道德基础上的超智慧、超道德的心理本体。达到它，便可以蔑视富贵，可以甘于贫贱，可以不畏强暴，可以自由做人。这是人生，也是审美。而这，也就是"仁"的最高层次。

（《华夏美学》，1988 年）

26

孟子紧紧遵循着孔子，但气概是更为阔大伟壮了。因为作为核心的个体人格是更为突出了，主体的人是更加高大了，"仰不愧于天，俯不怍于人"，"富贵不能淫，贫贱不能移，威武不能屈"；在任何事物之前无需退缩，在天地面前无所羞惭和恐惧，从而就不必低首于任何力量，不必膜拜于任何神灵。这样的主体人格观念难道还不刚强伟大吗？

这，也就是中国的阳刚之美。由于它是作为伦理学的道德主体人格的呈现和光耀，从而任何以外的图景或物质形式展示出来的恐惧悲惨，例如那种种鲜血淋漓的受苦受难，那尸横遍地的丑恶图景，那恐怖威吓的自然力量，……便不能作为这种刚强伟大的主体道德力量的对手。这里要突出的恰恰是正面的道德力量的无可匹敌。是"自反而缩，虽千万人，吾往矣"的勇敢、主动和刚强。如果说，Kant 的崇高是以巨大的丑的外在形式来呈现道德理性的胜利，那么孟子这里则以道德理性的直接正面呈现为特征。从而，崇高在这里不但不再是古代集体劳动的物质成果，而且也不是自然物质的硕大外在形式，它直接成为道德力量在个体生命中的显示。这道德力量能直接与宇宙相交通，与天地相合一，从而也不再需要任何神力天威，不需要借助于巨大物质形态或狞厉的神秘象征。个体人格的道德自身作为内在理性的凝聚，可以显现为一种感性的生命力量。

（《华夏美学》，1988 年）

27

由于宋明理学的缘故，人们经常只把孔孟看做儒学正统；其实，没有荀子这根线索，儒学恐怕早已完结。"没有荀子，便没有汉儒，没有汉儒，就很难想象中国的文化是什么样子。"孟、荀是儒学不可或缺的双翼。

荀子的特点在于强调用伦理、政治的"礼义"去克制、约束、管辖、控制人的感性欲望和自然本能，要求在外在的"礼"的制约下去满足内在的"欲"，在"欲"的满足中去推行"礼"。"欲"因"礼"的实行而得到合理的满足，"礼"因"欲"的合理满足而得到遵循。如果说，孟子是以先验的道德主宰、贯注人的感性而得到"人性（社会的理性）善"的话；那么荀子则以现实的秩序规范改造人的感性而提出"人性（生物的自然感性）恶"。这是分道扬镳，但又同归于如何使个体的感性积淀社会的理性这一孔门仁学的共同命题。

（《华夏美学》，1988 年）

28

可见，孔门仁学由心理伦理而天地万物，由人而天，由人道而天道，由政治社会而自然、宇宙。由强调人的内在自然（情、感、欲）的陶冶塑造到追求人与自然、宇宙的动态同构，这就把原典儒学推到了顶峰。宇宙、自然的感性世界在这里既不是负性的（如在许多宗教那里），也不是中性的（在近代科学那里），而是具有肯定意义和正面价值的，并且具有一种情感性的色调和性质。这是孔、孟、荀肯定人的感性存在和生成、重视感性生命的基本观点一种世界观的升华。

这感性世界的肯定性价值，不是上帝或人格神所赋予，而是通过人的自觉意识和努力来达到。在这里，天大，地大，人亦大，天人是相通而合一的。从而，人可以以其情感、思想、气势与宇宙万物相呼应，人的身心作为一切规律和形式（包括艺术的一切规律和形式），也正是自然界的宇宙普遍规律和形式的呼应。

（《华夏美学》，1988 年）

29

庄子的"大美"既是儒家《易传》乾卦刚健美的提升，又是它的极大补足。之所以说提升，是由于庄子的"大美"更高蹈地进入了那无限本体；之所以说补足，是由于庄子的"大美"特别着重与主体人格理想的密切联系，而不同于乾卦着重与外在世界相关。所以庄子的"天地有大美而不言"，虽呈现为外在的客观形态，实质却同样是指向那最高的"至人"人格。这样，就在追求理想人格这一层次上实现了儒道互补。有了庄子这一补充，儒家的理想人格便变得脱俗非凡，特别是它那"与天地参"的气概便变得浑厚自如了。

（《华夏美学》，1988 年）

儒道相互渗透的结果，将审美引向深入，使文艺中对一草一木一花一鸟的创作的欣赏，也蕴含着、表现着对人生的超越态度，有了这一态度，就给现实世俗增添了圣洁的光环，给热衷于人际伦常和名利功业者以清凉冷剂，使为种种异己力量所奴役所扭曲者回到人的自然、回到真实的感性中来。这种"回到"，并非要人降低到生物水平，使社会性泯灭，而是要求超越特定的社会性的限制，在感性自然中来达到超感性。这种超感性不只是社会性、理性，而是包容它而又超越它并与宇宙相同一的积淀感性。同时，有了儒道的这种互补，使中国士大夫知识分子更易于建立起其心理的平衡。这平衡不仅来自生活上人与自然的亲切关系，而且也来自人格上和思想情感上的人际超越。

（《华夏美学》，1988 年）

31

儒道的交融互补有两条道路。一条是政治的，可以郭象等人为代表，以儒注庄，认名教即自然，消除了庄学中那种反异化的解放精神和人格理想，这是以庄学中的"安时顺化"，"处于材与不材之间"的混世精神来补足和加强儒学中的"安贫乐道"、"知足常乐"的教义。一条是艺术的，即这里讲的陶诗和山水花鸟画。它固然也有"安贫乐道"的顺俗一面，但主要却是对世俗人际的抗议、超越和解脱。因为在这里，庄子的反异化、超利害、对人世一切的否定性的负面命题，转化为出淤泥而不染的超脱、独立等肯定性的正面价值，即是说，道家的否定性论断和超世形象转化成为现实生活和文艺、美学中的儒家的肯定性命题和独立人格。这不但是对儒家原有的"危行言逊"、"其智可及也，其愚不可及也"的极大提升，而且成为"自然的人化"的高级补足：自然在（1）生活（2）思想情感（3）人格这三个方面都成了人的最高理想，它们作为"人的自然化"的全面展开（生活上与自然界的亲近往来，思想情感上与自然界的交流安慰，人格上与自然界相比拟的永恒形象），正是儒道互补的具体实现。

（《华夏美学》，1988 年）

32

"故知一死生为虚诞，齐彭殇为妄作"。庄子那种"一死生"要真正化为某种情感态度即彻底地无情，实际上很难办到。"人非草木，孰能无情？"因此，对死亡的自觉选择和面临死亡的本体感受，就恰好反过来加深了儒学传统中对人生短促的情感关注。于是，为屈原所突出的选择死亡便不只是对死亡的悲哀，而且是在死亡面前那种执著顽强、不肯让步的生的态度。这里，选择死亡的情感实际又是坚守信念的情感，死的反思归结为生的把握：既然连死都愿意选择，那又何况于"贬"、"窜"或其他？所以，在既"贬"且"窜"之后，仍然执著于生存，坚守着自己的信念、情感，仍然悲愤哀伤于人际世事，这也就是屈原的情操传统。这传统为后世士大夫知识分子所承继下来，将"岁寒，然后知松柏之后凋也"、"匹夫不可夺志"的儒学传统填满了真挚情感，使内心的"情理结构"具有了深沉的生死蕴涵，而达到了人生存在的应有的感情深度。

（《华夏美学》，1988 年）

33

天人合一的观点过去是受批判的，一直被说成是中国哲学史上唯心论的糟粕。我的看法恰恰相反，我认为，天人合一是中国哲学的基本精神。因为它所追求的是人与人、人与自然的和谐统一的关系。我们搞美学史，一方面要建立在马克思主义的基础上，另一方面要继承中国的传统。马克思讲人化的自然。中国的天人合一，恰恰正是讲人化的自然，当然，马克思主义是在近代大工业的基础上讲人化的自然，中国则是在古代农业小生产基础上讲这个问题。这里确有本质的不同。中国长期以来是小生产的农业社会，而农业生产与自然的关系极大，所以人们很注意与自然界的关系，与自然界的适应。为什么汉代董仲舒以及后来许多人老注意阴阳五行呢？那就是重视天与人的关系。天就是自然，人就是人类。我觉得这是中国哲学史上和文化史上很重要的一点。尽管它强调的是人顺应自然，但毕竟注意到人必须符合自然界的规律，要求人的活动规律与天的规律、自然的规律符合呼应、吻合统一，这是非常宝贵的思想。

（《走我自己的路·关于中国美学史的几个问题》，1981 年）

34

《周易》讲"天行健，君子以自强不息"，就是讲人应该像天一样不息地运动。这就是儒家的非常积极的精神。在人与自然的关系上，中国美学强调的，是一种亲密友好的关系。因此不讲自然界的荒凉、恐怖、神秘等那些内容，而是要求人顺应自然规律去积极地有所作为。《周易》说的"天地之大德曰生"，是肯定生命，肯定感性世界，肯定现实世界，不像佛教，抛弃生命。包括宋明理学家，也都是对生命采取肯定态度的，认为自然界充满了生机和生气，像春天一样生气蓬勃生意盎然。这些都是来源于天人合一的思想。孔夫子讲："逝者如斯夫，不舍昼夜。"他对时间的流逝，作了一种富于人的情感的说法，使人想到了人的存在的意义，涉及了人的存在的一些本质问题。孔子又说："智者乐水，仁者乐山。"这是把自然与人、与人的品德或人的性质作了一种比拟同构的关系了解。他以水流的经久不息比喻人的智慧，以山的稳实坚定比喻人的操守。这是非常好的比喻。这是在自然里面发现人的因素，并且把它与人联系起来。这不也是天人合一的一个方面，一种表现吗？

（《走我自己的路·关于中国美学史的几个问题》，1981 年）

35

我觉得中国思想与四大文化关系最为密切，这就是兵、农、医、艺（首先是艺术）。因为这四个东西与中国民族的生存发展的实际关系最为密切。中国远古打仗打得最多，中国兵书之所以出现得那么早那么成熟，就是因为极其频繁复杂的战争积聚了大量的经验。中国的农学在汉代便已相当发达。医也是，几千年来还在用。农、医从两方面保证了中华民族发展到了十亿人口，占世界人口第一位，这从全球文化角度讲是一个奇迹。由此可见，中国的思维乃至中国文化都与实用的东西联系得比较密切，所以我把中国思维叫做实用理性。实用理性以儒家为主体，其他各家也是。中国哲学的唯物论不大发达，在众多的哲学大师中，大多数都不是唯物论。孔子、老子、孟子、董仲舒、朱熹、王阳明都不是。但是他们都有辩证法，中国的辩证法有其特点。有人把朱熹比黑格尔，把老子比赫拉克利特，但中国的辩证法与西方的辩证法实际上有很大的不同。在西方希腊，"辩证法"这个词本来就是指一种辩论术，就是在辩论中发现和揭露概念的矛盾、思维中的矛盾，从而把你辩倒，所以我说它是概念的辩证法。中国的辩证法则主要是行动的辩证法，我认为它是从兵家中来的。

（《走我自己的路·中国思想史杂谈》，1985 年）

36

我在排列中国十哲中，把庄子名列第二。原因之一就在他有这种高度智慧和思辨能力。至今你也无法用理知推论来否定整个人生——宇宙不过是"蝶梦庄周"的一场空幻。佛家之所以能打动人心，也在于此。而"宇宙——自然物质性协同共在"之所以更具优胜性，如上所说，在于它以每个人都有的时空经验为依托。这所谓经验依托的缘由却仍然是"人活着"这一历史性的存在。"理性的神秘"以及它生发出深刻的敬畏以及神秘感情，可以使"人活着"更具意义和力量；即使你设想这经验、这"活着"也不过是一场梦，是"空"或"无"，但你却仍然把这个"空"或"无"不断地继续下去。即使人生短促，生活艰辛，生存坎坷，生命不息，从而人生如幻，往事成烟，世局无常，命途难卜，不如意事常八九，但人却仍然是在努力地活下来活下去。佛教来中国，转换性地创造出"日日是好日""担水砍柴，莫非妙道"的禅宗。这即是"天地境界"：即使空无也乐生人世，何况还有那个协同共在的天地，人生并不空无而是充满了历史的丰富。"逝者如斯夫，不舍昼夜"（《论语》），"及时当勉励，岁月不待人"（陶潜），不需要去追求另个世界，这也是我把孔子排在十哲第一的原因。

（《人类学历史本体论·关于"美育代宗教"的杂谈答问》，2008 年）

我 的 哲 学 观

37

我的哲学为什么叫人类学本体论或历史本体论，就是认为这个东西是历史的，来自人类本身。有人认为实践美学就是讲劳动而已，认为太低级了，而审美是非常高级的。高级的东西怎么能从这个低级的东西里面出来呢？其实，他们不知道，在生产、制造和使用工具的过程当中，群体的要求就是价值，通过巫术礼仪等程序，慢慢地将其制度化，慢慢地变成伦理规则。在中国，伦理、宗教和政治三合一。周公制礼作乐，然后孔子把它内在化，落实为心理的和伦理的要求。它们与审美是有深刻关系的。"美"这个字无论中西在早期都具有"善"的含义或与"善"连在一起的。而它们都首先来源于狭义的实践即使用—制造工具的漫长的人类历史过程中。

（《李泽厚近年答问录（2004—2006 年）·实践美学发言摘要》，2004 年）

38

人的活动是有意识有目的的，他利用自然规律以实现自己的目的，这种目的常常是有限的，从自然得来的（例如维持生存）。但重要的是，"目的通过手段和客观性相结合"，产生和得到了远远超越有限目的的结果和意义。……人在为自然生存的目的而奋斗的世代的社会实践中，创造了比这有限目的远为重要的人类文明。人使用工具创造工具本是为了维持其服从于自然规律的族类生存，却留存下了超越这种有限生存和目的的永远不会磨灭的历史成果。这种成果的外在物质方面，就是由不同社会生产方式所展现出来的从原始人类的石头工具到现代的大工业的科技文明。这种成果的内在心理方面，就是在不同时代社会中所展现出来的审美和艺术。个人的生命和人维持其生存的目的是有限的，服从于自然界的，人类历史和社会实践及其成果却超越自然，万古长存。这正是人类有意识有目的的社会实践亦即思维与存在的同一性的伟大见证。这也正是审美和艺术具有永久魅力和不可重复性的根本原因。

（《批判哲学的批判：康德述评》，1979 年）

39

孔子曰："温故而知新，可以为师矣。"回顾是为了在历史中发现自己，以把握现在，选择未来，是对自己现在状态的审察与前途可能的展望。这种发现、把握、选择、审察、展望，都包含有自己的历史性的"偏见"在内。这"偏见"其实也就是某种积淀下来的文化心理结构和本体意识。

什么是本体？本体是最后的实在、一切的根源。依据以儒学为主的华夏传统，这本体不是自然，没有人的宇宙生成是没有意义的。这本体也不是神，让人匍匐在上帝面前，不符合"赞化育"、"为天地立心"。所以，这本体只能是人。

本书作者在哲学上提出人类学本体论（亦即主体性实践哲学），即认为，最后的实在是人类总体的工艺社会结构和文化心理结构，亦即两个"自然的人化"。外在自然成为人类的，内在自然成为人性的。这个人性也就是心理本体，人的自然化是这本体的不可缺少的另一方面。

（《华夏美学》，1988 年）

40

心理本体的重要内涵是人性情感。它有生物本能如性爱、母爱、群体爱的自然生理基础，但它之所以成为人性，正在于它历史具体地生长在、培育在、呈现在、丰富在、发展在人类的和个体的人生旅途之中。没有这个历史——人生——

旅途，也就没有人性的生成和存在。可见，这个似乎是普遍性的情感积淀和本体结构，却又恰恰只存于个体对"此在"的主动把握中，在人生奋力中，在战斗情怀中，在爱情火焰中，在巨大乡愁中，在离伤别恨中，在人世苍凉和孤独中，在大自然山水花鸟、风霜雪月的或赏心悦目或淡淡哀愁或悲喜双遣的直感观照中，当然也在艺术对这些人生之味的浓缩中。去把握、去感受、去珍惜它们吧！在这感受、把握和珍惜中，你便既参与了人类心理本体的建构和积淀，同时又是对它的突破和创新。因为每个个体的感性存在和"此在"都是独一无二的。

《中庸》说，"人莫不饮食也，鲜能知味也。"对以儒学为主的华夏文艺——审美的温故，从上古的礼乐、孔孟的人道、庄生的逍遥、屈子的深情和禅宗的形上追索中，是不是可以因略知人生之味而再次吸取新知，愈发向前猛进呢？

是所望焉。

（《华夏美学》，1988 年）

我的哲学之所以叫人类学本体论或主体性实践哲学，正是因为我一直不欣赏从恩格斯到普列汉诺夫、列宁而由斯大林集大成的所谓辩证唯物主义即自然本体论。马克思本人没有对独立于人的自然作多少讨论，他既未肯定，也未否定，这基本上是个旧唯物主义的命题。马克思感兴趣和所发现、论证的是人类的生产实践活动作为社会存在和发展的基础，具有首要地位（即所谓第一性）。这是一个历史事实。马克思强调人的实践主动改造自然、改变世界，从而自然成为人的自然。这也就是我在哲学和美学论著中所再三讲的"自然的人化"。正因为此，我在《批判》一书里反对把实践作过分宽泛的甚至无所不包的解释，如法兰克福学派把理论研究、文化批判也称作实践（praxis），……。我认为这些都离开了马克思的唯物史观。现在不是要离开而是要深入发展这一基本观点，所以我在《批判》一书中反复强调使用工具制造工具是人类的最基本的实践，是它们直接维系人的物质生存的社会存在和现实生活，即吃、喝、穿、住，衣食住行，并以此区别于动物界。

至于离开人的自然界以及有关问题，是神学、科学和科学方法论（如科学哲学）的问题，有些还是语言问题。例如，宇宙为什么存在？时空是无限的还是有限的？我认为是用产生在人类社会生活中的语言、词汇放在一个非人类社会生活的对象上，正如用尺来称肉一样，牛头不对马嘴，并无意义可言。

（《实用理性与乐感文化·哲学答问》，1989 年）

42

我在《批判》一书、主体性提纲以及关于中国思想史论的著作中，在肯定人类总体的前提下来强调个体、感性和偶然，这正是希望从强调集体（人类、阶级）、理性和必然的黑格尔——斯大林式的"马克思主义"中解放出来，指出历史是由人主动创造的，并没有一切事先都规定好了的"客观"规律。所以，我所谓"人类总体"不能等同于任何"集体主义"的概念。相反，我以为，任何集体（如阶级、国家）对个人都不应成为权威概念和外在压迫，个人决不能是无足轻重的工具或所谓"历史狡计"的牺牲品。

（《实用理性与乐感文化·哲学答问》，1989 年）

43

人类作为区别于其他动物类的主体性，随着工具本体和语言系统的确立，早已不成问题，目前的关键是作为个体的主体性。马克思主要讲了前一个主体性（类的主体性），后马克思主要要讲后一个主体性（个体主体性）。

个体主体性表现在近现代西方思潮和当代中国的人道主义呐喊中，它们大都只是对各种异化的抗议和反抗，并无真正坚实的理论成果。

如前所述，异化既有其在人类行进的历史长河中的无可避免性、合理性和必然性，从而与这种抗议和反抗便经常构成了二律背反的历史悲怆。

今天这悲怆便呈现为我称之为"历史主义和伦理主义的二律背反"。

（《实用理性与乐感文化·哲学答问》，1989 年）

44

恶作为推动历史前进的杠杆与善作为人类本体的价值，只有在度过尖锐矛盾冲突的漫长历程后，才能逐渐缓和、协调和一致。这也就是个体的主体性从集体主体性中彻底解放出来，使"每个人的自由发展是一切人的自由发展的条件"（马克思恩格斯：《共产党宣言》），亦即当伦理主义（当然包括人道主义）等同于历史主义的时候，个体主体性才能真正全面充分地建立起来。也许太乐观了，因为这种矛盾冲突很可能长期甚至永久存在下去。

但今天应该为此远景而展望而奋斗，否则人生和生活将更为黯淡。如何将人道主义、伦理主义具体地注入历史，使生产人性化，生活人道化，交往人情化，从而使个体主体性从各种异化下挣脱和发展起来，也许是可以开始着手努力的事情。这可称之为"社会的人化"，与上面的"人的社会化"恰相对应。

（《实用理性与乐感文化·哲学答问》，1989 年）

45

弗洛伊德关于无意识的理论假设其实有很大的文化上的局限。至少从中国的文化和历史角度看，无意识并不只是一个由动物性与本能构成的领域。我提出"文化心理结构"，就是试图提出另一种把握人类心理机制的理论假说，我认为人是一种超生物的社会存在物。文化心理结构强调文化和理性在无意识领域的融合过程。换句话说，在制造和使用工具这个前符号、前语言的物质实践的漫长过程中，通过文化积淀，无意识已被开始理性化（附带说一下，我从根本上不赞同 20世纪主宰西方的以语言为中心的思想。在这个重要领域，我们亟须作出反思，克服新的"语言形而上学"或"语言拜物教"。我们可以把人类的侵犯性和野蛮的、非理性的行为视为受压抑的动物性本能的残留，但更应注意它们与起源于社会、物质实践和群体活动的文化和社会行为相渗透相融合的方面，在这个意义上，教育就显得尤其重要。

（《世纪新梦·与杰姆逊的对谈》，1994 年）

46

不敢这么说，因为我没专门研究过政治学。但我提出的"历史与伦理的二律背反"（1980）"历史在悲剧中前行"（1999）"两德论"（1994）和"经济发展→个人自由→社会正义→政治民主"四顺序论（1995、1999），"要社会理想，不要理想社会"（1994），以及"欧盟是走向世界大同之道"（1992、2002）等，可以在我的人类学历史本体论基础上展开政治哲学系统。但我没能力做了。……

在内圣方面，我以"未知生，焉知死"来渗入海德格尔，在外王方面，我以"新一轮儒法互用"来化解自由主义。我以为，从上述庆生、厚生、乐生和天地人共存的珍惜、爱恋的情本体出发，以维护血缘家庭并扩而充之为基础，它所产生的己群和谐以及身心和谐、天人和谐，将高于主要以理性裁决为特征的"正义"。这就是上面讲的中国传统宗教性道德（天、地、国、亲、师）对现代社会性道德（自由、平等、人权、民主）的"范导和适当构建"。

我坚持法治，辅以人情，而不是相反。但又重视传统德治人治中的情本体精神如何能注入现代法治中。我也重视作为"治人者"的各级官员们的道德，但首先仍然是公德，即遵循法律、按章办事、尽忠为国、献身职守，包括救火队员、战场官兵的奋勇牺牲，这都是公德。至于这些公德如何与他们的个人信仰和对人生价值、生活意义的追求（私德）相衔接或不衔接，那就属于宗教——美学范围了。

（《伦理学纲要·新一轮儒法互用》，2009 年）

47

重个体即重偶然、特殊、独创，所谓"以美启真""以美储善"是也。我的哲学最终以审美为指归，意即在人类学历史本体论经由积淀成为个体创造性活动的哲学。

（《论语今读》，1998 年）

48

"度"以其实践性格在感性操作层构建思维规则。"度"以其成功经验在理性思维层生产辩证智慧。

（《实用理性与乐感文化·论实用理性与乐感文化》，2004 年）

49

"恰到好处"即"恰当"。"恰当"为"和"、为"美"，这也就是"度"。我以为，"度"是中国哲学特别是中国辩证法的特点和主要范畴。所谓"过犹不及"，$A \neq A + A -$，《左传》中的"直而不倨，曲而不屈"、"哀而不愁，乐而不荒"；

《论语》中的"威而不猛"、"恭而安"等等，都是讲这一范畴。今日语言中的"分寸感"，同此。艺术或任何成功的创造都有赖于掌握这个"度"——"分寸感"，这也就是美，"增之一分则太长，减之一分则太短"。这是行动中掌握火候的能耐，而大不同于仅供思辨的抽象（如"质""量"）。这是中国辩证思维的要点，也就是"中庸"："中庸之为德也，其至矣乎"。

（《论语今读》，1998 年）

50

什么是"度"？"度"就是"掌握分寸，恰到好处"。为什么？因为这样才能达到目的。人类（以及个人）首先是以生存（族类及个人）为目的。为达到生存目的，做事做人就必须掌握分寸，恰到好处。

人（人类及个人）要做的第一件事，就是维持肉体生存，即食、衣、住、行。要衣食住行，就要进行"生产"，所以，这个"恰到好处"的"度"首先便产生和出现在生产技艺中。动物也生存，也掌握"恰到好处"，那是出生后生物族类本能不断训练的结果。……

我曾以"人类如何可能"从根本上回答"认识如何可能"。（见《批判》）"人类如何可能？"来自使用—制造工具。其关键正在于掌握分寸、恰到好处的"度"。"度"就是技术或艺术（art），即技进乎道。可见，"度"之关乎人类存在的本体性质，非常明显而确定。没有这个技艺的"度"，人类就不能维持生存，族类（以及个体）就不存在。

（《历史本体论》，2001 年）

51

人类既依靠生产技艺中的"度"的掌握而生存、延续，而维系族类的存在。"度"便随着人类的生存、存在而不断调整、变化、扩大、更改。它是活生生的永远动态的存在。也只有从这里去解释"生生"（《易传》），才是历史本体论的本义。……

你看见那《周易》阴阳图的中线吗？那是曲线而非直线，这即是"度"的图像化。它不仅表明阴阳未可截然二分，不仅表明二者不仅相互依靠相互补足，而且也表明这二者总是在变动不居的行程中。这正好是对"度"的本体性所作的并扩及整个生活、人生、自然、宇宙的图式化。那曲折的中线也就是"度":阴阳（即动静,见拙作《己卯五说·说巫史传统》）在浮沉、变化、对应以至对抗中造成生命的存在和张力。

（《历史本体论》,2001 年）

52

可见,所谓"历史"在这里含有两层含义。一是相对性、独特性,即"历史"是指事物在特定的时空、环境、条件下的产物（发生或出现）。一是绝对性、积累性,指事物是人类实践经验及其意识、思维的不断的承继、生成。人是历史的产儿,同时具有这两个方面的内容。传统的马克思主义更着重前一方面,我更注重后一方面。因为后一方面（历史的积累性、绝对性）正关乎人类的本体存在。人类通过其各地区各种族各文化传统亿万人体成员的有限性、相对性、独特性来获取其积累性、绝对性和普遍性。人类因之而对个体成员提供历史创造者的必要的前提和条件,任何个体的创造性、独特性都是站在这块人类历史的基地上而不断开拓和升高的。

（《历史本体论》,2001 年）

53

Darwin 指出,自然界无必然法则（law）可寻,关键正在个体偶发,是个体的自发变异开放着进化的必然。个体为适应环境所作的奋斗、努力,可以造成种类的革新和延续。在人类,亦然。个体所具有的意识（包括无意识）的这种偶然性和自发性,正是包含情感、想象在内的合理性,而与审美相通。它可以表现为灵感、顿悟种种形态,而与以概念、范畴为形态的理性认知相区别。"以美启真",正是这种领悟、感受、体验和把握,而非普遍、抽象的认识和理解。"以美启真"可以成为对个体独特性的开发,亦即对人的自发性、偶然性的开放,这即是自由。尽管个体是历史的儿女,心理是文化积淀的产物,但由于个体由先天、后来的不同从而所积淀的文化成果有巨大差异,这种由个体承担的偶然性,便极具个别性、差异性、独特性、具体性和多元性,成为实践操作活动中和认识思维领域中创造性的真正源泉和动力。个体存在的价值在这个认识论中也鲜明地凸显出来。……关键在"此",这个独一无二的此时此刻与世界、与自然、与他人相联的存在。这个存在既是客观的历史成果;却又是主观孤独的处境,更是向前原创的基地。只有它,能超越那普遍必然的客观社会性,不断开创出自己(扩而及于群体——人类)的自由天地。

(《历史本体论》,2001 年)

54

有意思的是,"文化大革命"以为改造人心(思想情感)便能改造社会,又恰好与香港、台湾坚决反对共产党的"现代新儒家"在哲学上如出一辙,都是以道德作为人的根本、实在。"现代新儒家"主要代表牟宗三称自己的哲学为"道德的形而上学","文革"以"狠斗私字一闪念"、"灵魂深处闹革命"的"共产主义道德"作为人的最高实现。我的"历史本体论"就是要尖锐地反对这些,回到"人活着"的物质基础,回到马克思的唯物史观,以"吃饭哲学"来对抗"斗争哲学",反对以各种道德的名义将人的生活和心理贫困化和同质化。

(《实用理性与乐感文化·课虚无以责有》,2003 年)

55

新一代教授们还鼓吹海德格尔,现在,海德格尔哲学在中国大学哲学系中流行。我以为海德格尔将本真从非本真中剥离出来,提供了一个黑暗的深渊。人们念念不忘那"无定的必然"(死亡),满怀激情向前冲行,像士兵一样,但这样并不能找到 Being。我论证中国儒道互补的哲学传统,特别是儒家、孔子强调"一个世界"(这个尘世世界)的真实性和真理性,将这个世界的各种情感:男女、亲子、朋友、家庭、同胞、乡里、自然界(山水花鸟)之间的欢娱、悲伤、快乐、苦痛、相聚、离别、怀念、追思……提到哲学角度,确认自己历史性存在的本体性格,倒可能消解那巨大的人生之无。语言不是存在之家,历史—心理才是。中国哲学的重新发展可能消化海德格尔,也正好对应多元、动荡、偶然性巨大的 21世纪的后现代人生。这里不只是解构,重要的是重构,它使哲学从 20 世纪西方主流中脱身出来,走出语言,迈向心理,个体独特性、命运偶然性和对它们的超出将成为主题。我希望未来成熟了的心理学（今天心理学还处于襁褓阶段），将成为哲学的重要伙伴。沿着以前的线索，我的哲学将历史与心理结合起来，从马克思开始，经过康德，进入中国传统，马克思、康德、中国传统在我的哲学中融成了一个"三位一体"，已非常不同于原来的三者。

（《人类学历史本体论·哲学自传》，2003 年）

56

中国是巫史传统，所以是"一个世界"、"天人合一"，不同于强调灵肉分割的两个世界，从而乐生、庆生，并不认为在这个世界中的生存是"原罪"，必需因此而求拯救或赎罪，中国传统非常关注这个世界的现实苦难，"民胞物与""救民水火""先天下之忧而忧，后天下之乐而乐"，并希望在地上建立理想的大同世界，并不只求或专求个人的灵魂不朽、精神超越之类的赎救。

我的"吃饭哲学"正是针对这些大讲"精神生命""灵魂拯救""心性超越"而轻视、漠视、鄙视现实物质生活而发，我有意用了"吃饭"这种"庸俗""粗鄙"的词语、概念，来起刺激作用。我说我是"活学活用"维特根斯坦，语言的意义就在使用中。"吃饭哲学"如同我提出的"西体中用"（针对"中体西用"）、"儒学四期"（针对"儒学三期"）一样，它们起了词语的刺激作用，也展示了它们的重要内涵。总之，我认为，讲生命首先便应讲人们的物质生命即衣食住行的日常生活（everyday life），人必须首先活着，有物质生命，才可能有精神生命和灵魂拯救之类。而且这"精神生命""灵魂拯救"，按照中国传统，也不一定是皈依上帝或某种宗教，而也可以是审美的天地境界。这境界因为"以美储善"，包含"知其不可而为之""杀身成仁，舍生取义"等巨大的道德心性和牺牲精神，便远远不只是感性的愉悦，更不是无情感的逍遥。康德以文化—道德的人，我以文化—道德—审美的人，回答"人是什么"这个课题。

（《批判哲学的批判·附录：循马克思、康德前行》，2007 年）

57

总之，我的哲学不是超然世外的思辨，也不是对某些专业题目的细致探求，而是在特定时代和宏观环境中与各种新旧观念、势力、问题相交错激荡的产物。

我从"人活着"就要吃饭，就要使用—制造工具、产生语言和认识范畴开始，通过"为什么活"即人生意义和两种道德的伦理探求，归宿在"活得怎样"的美学境界中。美学、哲学、历史（思想史）在我的哲学发展中形成了另一个"三位一体"。G·德勒兹《哲学是什么》一书认为哲学是制造概念以思考世界。我通过制造"内在自然的人化""积淀""文化心理结构""人的自然化""西体中用""实用理性""乐感文化""儒道互补""儒法互用""两种道德""历史与伦理的二律背反""理性化的巫传统""情本体""度作为第一范畴"等概念，为思考世界和中国从哲学上提供视角，并希望历史如此久远、地域如此辽阔、人口如此众多的中国，在"转换性的文化创造"中找到自己的现代性。我垂垂老矣，对自己的未来很不乐观，但对中国和人类的未来比较乐观。这可能与我的历史本体论哲学仍然保留着某种被认为"过时了"的从康德到马克思的启蒙精神以及保留着中国传统的乐观精神有关系，尽管今天这可能在中国很不时髦，但我并不感到任何羞愧。

（《人类学历史本体论·哲学自传》，2003 年）

58

本来，在研究美学时，我对康德最感兴趣。后来我由他的美学扩展到他的认识论、伦理学和历史哲学。我将康德与马克思连接了起来。我以"主体性实践哲学"又称"人类学本体论"（这个世纪我简称之为"历史本体论"，意义未变），反抗当时的正统意识形态。我以"人类如何可能"来回应康德的"认识如何可能（先天综合判断如何可能）"，认为社会性的人类物质生产活动是人类认识活动的本质和基础，认为认识论放入本体论（关于人的存在论）中才能有合理的解释。我将皮亚杰儿童发展理论嫁接到人类学，认为以使用—制造工具的实践为根本的社会活动与人们"先验"的认识形式有重要关系，是这些普遍形式的"物质"基础。我以人类的"客观社会性"来解读康德的"普遍必然性"，以为并没有康德说的那种普遍必然的先验理性，只有属于人类的普遍心理形式即人性能力，它在物质实践——生活基础上产生，具有并非意识约定的"客观社会性"。我把康德的先验形式逐一解读为经由人类生活实践所历史形成的文化心理结构，我称之为"积淀"。我提出"积淀"应从"人类（共同）的""文化（共同）的"和"个体的"

三个层面进行剖析，认为认识是"理性的内化"，表现为百万年积累形成似是先验的感性时空直观、知性逻辑形式和因果观念；伦理是"理性的凝聚"，表现为理性对感性欲求的压抑、控制和对感性行为的主宰、决定；审美则是"理性对感性的渗透融合"。"积淀"理论重视理性与感性、社会与自然、群体与个体、历史与心理之间的紧张以及前者如何可能转换成后者，最终落脚在个体的独特性和创造性，以获取人的自由：认识的自由直观，伦理的自由意志，审美的自由享受等等。

（《人类学历史本体论·哲学自传》，2003 年）

59

在我这个马克思与康德的交会中，历史成了中介。"人是什么"是康德提出的最后一问，康德晚年走向人类学，未完成的"第四（历史）批判"是康德哲学的终点，却正是我的历史本体论的主题。生活—历史的偶然性和积累性是我关注的要点。如前所说，"历史本体论"特别重视操作活动对认识的基础作用，从而对科学技术和社会生产力的发展采取肯定态度，因为它带来"人活着"在物质方面的巨大改善。但又非常重视由现代科技发展所带来的各种可怕的异化，认为"人活着"正处于双重异化中，异化的感性使人成为纵欲的动物；异化的理性使人成为机器的奴仆，"人是什么"变得很不清楚了。根据我的积淀理论，人不应只是理性主宰感性，也不只是感性情欲动物，而是理性如何渗入、溶解在感性和情欲之中，以实现个体存在的独特性。因此，我设想第二次文艺复兴：第一次文艺复兴使人从神的统治下解放出来，今日的文艺复兴使人需要从机器（科技机器和社会机器）的统治下解放出来。这解放不是通过社会革命，而是通过寻找人性。

（《人类学历史本体论·哲学自传》，2003 年）

60

用中国眼光发明的"积淀说"、"情本体"、"度作为第一范畴"、"美学是第一哲学"等等，这些视角和概念，可以是世界性的。

我的哲学的出发点不是"言"，而是"为"（实践，行健，"君子以自强不息"），是人类的生存经验。于是，"度"就不能不成为第一范畴了。理性是靠"度"才成长起来的，"历史建理性"，此之谓也。

（《中国哲学如何登场？——李泽厚 2011 年谈话录》，2011 年）

61

我至今记得，当我读到他（指皮亚杰——编者注）讲"内化结构是早先进行的实物动作在头脑中的结晶性的积淀"时，真是大喜过望，因为与我从人类学哲学视角想到的完全一致。这是七十年代的事了。但皮亚杰未重视物质工具在动作中的作用，不能提出使用—制造工具的巨大意义。

杜威从哲学上讲动作与建构理性的关系，但对他来说，什么都是工具，这就反而掩盖了原始人类使用的石器、木器这些最初物质工具的极端重要性。它的重要性不但改变和极度延长了人类器官、肢体的原生物生理性，而且也具体建构起人的理性。杜威仍然缺少人类学的历史视角，与皮亚杰有同样的重大缺失。

总之，"人类如何可能"是个很根本的问题，似乎哲学上还没有人这么讲过。

（《中国哲学如何登场？——李泽厚 2011 年谈话录》，2011 年）

62

马克思从使用工具讲到生产力的发展，如何构造了外在的生存方式，讲生产关系和上层建筑，这很重要，这是讲人文，从外在的社会的层面探讨。而我是讲人性，讲使用和制造工具带来人自身的变化，讲内在心理的变化，文化—心理结构的形成，这一点上次已讲过了。记得很早以前，我便提出过与马克思的"深层历史学"（唯物史观）相平行对照的"深层心理学"。这"深层"不同于弗洛伊德或拉康，是指"文化—心理结构"。

（《中国哲学如何登场？——李泽厚 2011 年谈话录》，2011 年）

63

不是在孤独荒野中呼喊超验的上帝——耶稣，而是就在这无所凭依的物质世界和人际关联的艰难跋涉中去创造形式，寻得家园。如我在 1994 年《哲学探寻录》所说，"活在对人生对历史对自然宇宙的情感交合、沟通、融合之中……是泯灭了主客体之分的审美本体或天地境界。

64

　　我曾为突出特色而片面地说过，中国哲学是"生存的智慧"（如"度"的艺术），西方哲学是"思辨的智慧"（如 Being 的追寻）；十多亿人口和五千年未断的历史是前者的见证，迅猛发展的高科技和现代自由生活是后者的见证，各有优长和缺失。我所想探究的，正是中国传统的优长待传和缺失待补，以及如何传如何补，我以为"转化性创造"是关键。这对我来说，就是以孔老夫子来消化 Kant、Marx 和 Heidegger，并希望这个方向对人类未来有所献益。……"阐旧邦以辅新命，极高明而道中庸"（冯友兰），为多代学人所深望，亦拙诸作所向往，幸希读者三留意焉。

（《伦理学纲要·序》，2009 年）

65

　　以宗教性道德即儒家说的"安身立命"（make one's home, a sense of spiritual belonging）和西方说的"终极关怀"（ultimate concern）来"范导和适当构建"现代性社会道德。将身体（body）、欲望（desire）、个人利益（personal interests）和公共理性（public reason）向"情"（emotion and feeling）复归，使人从空泛的人是目的（康德）和空泛的人是此在（海德格尔）走向人间世界各种丰富、复杂、细致的情境性、具体性的人。以孔老夫子来消化康德、马克思和海德格尔，奋力走进世界中心。这就是人类学本体论所想探索的。

（《伦理学纲要》，2010 年）

编后记

　　三年前，我编选的《李泽厚论教育·人生·美——献给中小学教师》出版后，反响不错，2013 年，还荣幸入选"大夏书系·十年经典"；尤其是书后的 60 则哲思短语，颇受称道。于是，该书责编永通君约我再编一本《李泽厚话语》，话题不限教育，人生命运，历史哲学，从家国天下到日常生活，凡能给人以思想和智慧启迪的，无所不包。在和李泽厚先生沟通过程中，先生态度一如既往，明确反对。用他在上一本书序言的话说，就是"我从不认为我的文章有那么大的作用和影响。我想，人贵有自知之明，不能一到老来便发狂。"他也曾说过，他常念叨孔老夫子的话，"及其老也，血气既衰，戒之在得"，看到一些学术老人到晚年却有此病，更要自加警惕。这一次，先生更明确指出反对的原因：其一，我觉得我这人和那些话没有那么重的分量值得去摘，这会引起人们的反感、嘲笑和漫骂，包括可能伤害到你们；其二，摘录不能甚至反而可能漏失主要的东西，即断章取义。

　　我当然没有因李先生旗帜鲜明的反对态度而就此罢手。这些年来，我同老先生交往不少，他的性格态度我是有所领教的。从写他的诗歌释读，到做他的学术年谱，包括编选那本《李泽厚论教育·人生·美——献给中小学教师》，没一件事是他爽然答应的，总是先坚决反对，反对的理由是这些东西没意义，不值得做；反对无效继之以劝阻，劝阻的理由是工作量太大、太繁琐，往往劳而无功；劝阻不成再拖，口头禅就是：等等再说，等等再说。我知道，李先生的这些话都是非常真诚的。和他的那些学术成就相比，我所做的这些对他个人来说，真的没有任何意义。名山事业，赫然已成；绚烂之极，归于平淡！但最终总是能打动李先生，这几件事，也都一件一件地做出来了。没有任何秘诀，惟一的法宝就是：理由！只有要足够的理由说服先生，先生就会同意。犹记得，2010年编选那本"论教育"时，我曾给先生写过一封信，其中有一段这样的话：

> 您一生致力于国人的思想启蒙，其实，广大中小学教师是一个同样需要启蒙的群体，因为，只有他们的觉醒，才有学生的觉醒，才有民族的未来。譬如，对传统文化，对历史进程的二律背反，对精神家园，对教育于人性的重要，对人生与美，对读书与治学，一线教师都尤其需要补上这一课！从这个意义上说，出版本书的意义是非常巨大的，绝不亚于学术著作。不知先生您以为然否？

正是在我寄出这封邮件之后，李先生才答应我编他的那个选本，而且之后还特地写了一篇序言，并将书名加了副标题——献给中小学教师。那么，这一次我又是如何打动李先生的呢？我的理由主要有三：（一）如前所述，"论教育"反响不错，哲思短语形式颇好，简明扼要，易懂易记；（二）可以让更多的人更深入地了解其思想体系，在社会转型加速、现代化困境日益凸显的今天尤为需要；（三）为确保质量，避免断章取义，力邀邓德隆先生和我共同擘画。这里，得说到本书的另一位编者邓德隆先生了。邓君乃商界精英，事业经营得红红火火，却于李氏思想研习精深，颇有心得。邓君也认为此书意义非同寻常，乐观其成，而且愿意共襄盛举。邓君的加盟，无疑增添了游说李先生的砝码。经不住我们两人的左说右劝，李先生最终还是同意了我们的请求，只是仍同上次一样："拒绝看编写的内容，包括如何编选和编选什么，一概不闻不问；并且对此书不负责任，功过是非，是好是坏，全由编选者负责。"同时，责邓德隆君负审稿之责。

为此，我们潜心沉进文本，夜以继日，乐此不疲。我们商定，两人齐头并进，各自为战，摘出初选文字后，再相互交换，取长补短。于是，日理万机穿梭于世界各地的邓总，常常出差带着李著，见缝插针，聚沙成塔。为了方便，干脆直接在书上划出语句，然后将整本书快递过来。在收到邓总寄来的第三本书之后，我发现了彼此之间的问题，明显的区别是，邓君摘录的话语偏重学术，概念术语较多，而我则在学术之外兼顾通俗。在和邓先生作了一番沟通之后，我们认为：李先生的学术观点原创性很强，价值极大，应该尽量收录。于是，我调整了原先的尺度，在两人分头选摘基础上，整合出了本书的初稿，交邓先生审读。几天之后，接到邓总电话，他的阅读印象是：感觉太沉重，远不如那本"论教育"好读。再一次商量的结果是：必须舍弃一定的学术性，尽量少选太艰深的内容；在充分体现先生思想观点的前提下，尽量多选通俗易懂的语段。这才符合本书作为普及性读本的编选初衷；将来有可能，可以再编"话语"的学术版。共识既成，重启炉灶，我重新投入又一轮的涵泳浸润之中。

冬去春来，暑热秋凉，三十年阅读李泽厚的漫漫途程，在这一年多的日子里仿佛又重新走过一回。"惟日孜孜，无敢逸豫"；如闻謦欬，何其幸哉！

书稿付梓之际，由衷感谢李泽厚先生的信任和鞭策！感谢邓德隆君的提点和襄助！同时，也感谢永通兄为本书的精心策划和编辑的细心校核。

舛误之处，敬希读者批评指正。

杨　斌

2014 年 3 月

附　李泽厚著作目录

《门外集》（长江文艺出版社，1957 年 12 月）

《康有为谭嗣同思想研究》（上海人民出版社，1958 年 8 月）

《批判哲学的批判：康德述评》（人民出版社，1979 年 3 月）

《中国近代思想史论》（人民出版社，1979 年 7 月）

《美学论集》（上海文艺出版社，1980 年 7 月）

《美的历程》（文物出版社，1981 年 3 月）

《李泽厚哲学美学文选》（湖南人民出版社，1985 年 1 月）

《中国古代思想史论》（人民出版社，1985 年 3 月）

《走我自己的路》（生活·读书·新知三联书店，1986 年 12 月）

《中国现代思想史论》（东方出版社，1987 年 6 月）

《华夏美学》（中外文化出版公司，1989 年）

《美学四讲》（生活·读书·新知三联书店，1989 年 8 月）

《世纪新梦》（安徽文艺出版社，1998 年 10 月）

《论语今读》（安徽文艺出版社，1998 年 10 月）

《己卯五说》（中国电影出版社，1999 年 12 月）

《浮生论学：2001 年李泽厚 陈明对谈录》（华夏出版社，2002 年 1 月）

《历史本体论》（生活·读书·新知三联书店，2002 年 2 月）

《实用理性与乐感文化》（生活·读书·新知三联书店，2005 年 1 月）

《李泽厚近年答问录》（天津社会科学院出版社，2006 年 12 月）

《人类学历史本体论》（天津社会科学院出版社，2008 年 5 月）

《伦理学纲要》（人民日报出版社，2010 年 1 月）

《哲学纲要》（北京大学出版社，2011 年 1 月）

《该中国哲学登场了？——李泽厚 2010 年谈话录》（上海译文出版社，2011 年 4 月）

《中国哲学如何登场？——李泽厚 2011 年谈话录》（上海译文出版社，2012 年 6 月）

《回应桑德尔及其他》（生活·读书·新知三联书店，2014 年 4 月）